한경 MOOK 한경MOOK는 빠르게 변화하는 사회 흐름에 발맞춰 시시각각 현상을 분석하고 새로운 대안과 인사이트를 제시하기 위한 무크 형태 단행본을 발행하는 한국경제신문사의 새 브랜드입니다.

한경 MOOK

해외 진출 성공 전략

주목해야 할 7개국 비즈니스 가이드

법무법인 율촌

PROLOGUE

탈세계화 시대와
기업의 해외 진출

'세계화의 시대'가 저물고 있습니다. 지난 30년간 세계화의 시대를 살아온 사람들에게 세계화는 영원히 지속되고, 당연한 질서처럼 여겨졌습니다. 하지만 밀물과 썰물처럼 세계화라는 흐름은 강약을 반복합니다. 대한민국은 세계화라는 흐름에 적절하게 잘 올라탔기에 중진국 덫을 넘어 선진국으로 도약할 수 있었습니다. 많은 것을 가져다주었던 세계화는 이제 저물고 있습니다.

가만 생각해보면 세계화라는 현상은 매우 독특하고 상식적이지 않습니다. 지구 반대편에서 각종 물자와 부품을 운반해 제품을 만들고, 다시 그것을 지구 반대편에 수출하는 것이 효율적이고 비용을 절감할 수 있다는 게 신기합니다. 역사적으로 세계화는 몇 차례 반복됐지만, 가장 확실한 세계화는 19세기 말 그리고 1990년대 두 차례 시작됐습니다. 세계화라는 현상이 나타나기 위해서는 몇 가지 전제 조건이 필요합니다. 첫째, 인식과 사고의 전환입니다. 19세기 영국을 중심으로 무역이 수출·수입국 모두에게 이익을 가져다줄 수 있다는 상대우위론이 등장했습니다. 이에 여러 국가가 이전의 중상주의적 사고에서 벗어나 적극적으로 교역에 나섰습니다. 20세기 후반에 미국을 중심으로 경쟁적인 시장이 가장 효율적이며 기업의 자유로운 활동이 보장돼야 한다는 신자유주의와 자유무역 확대가 대두했습니다. 둘째, 원활한 정보의 흐름입니다. 거래와 교역이 활발히 진행되려면 먼 곳의 시장 및 가격 동향을 정확하고 빠르게 알 수 있어야 합니다. 19세기에 해저 케이블을 통해 전해지는 전신이 그런 역할을 했습니다. 빠르게 전달되는 시장가격의 소식을 기반으로 교역은 투기에서 벗어나 합리적 활동으로 정착했습니다. 20세기 들어 인터넷이 보급되면서 제품의 기획과 생산이 분리, 각자의 역할을 수행할 수 있게 됐습니다. 셋째, 제품을 정확하고 빠르게 운반할 수 있는 운송수단의 보급입니다. 19세기의 증기선, 20세기의 컨테이너선은 해상 운송 비용을 극적으로 낮추며 세계화를 가능하게 했습니다.

세계화의 흐름 속에 기업은 최적 효율을 발휘할 수 있는 곳을 찾아 이동하기 시작했습니다. 시간이 지나면서 자연스럽게 많은 기업은 중국을 중심으로 글로벌 밸류체인(GVC)을 형성하게 됐습니다. 막대한 인구가 제공하는 저렴한 노동력, 중국 정부의 적극적 투자로 마련된 안정적 인프라 시설이 결합하면서 중국은 세계의 공장이 됐습니다. 증가하는 에너지 수요에 맞춰 셰일오일과 가스가 개발됐고, 러시아의 천연가스는 파이프라인을 타고 유럽에 대량으로 공급되면서

전력과 에너지 가격을 크게 낮췄습니다. 이런 과정에서 세계경제는 성장하면서도 물가는 오르지 않는 행복한 시절을 만끽했습니다. 세계적으로 중산층은 확대됐고, 절대빈곤은 국가 간 협력을 통해 크게 낮아졌습니다. 하지만 모두가 행복할 것 같은 이런 세계화의 흐름 이면에서 불평등, 빈부격차 확대와 같은 부작용도 커졌습니다.

세계화의 흐름 속에서 중국은 막대한 부를 축적했고, 이를 통해 본격적인 강대국으로서의 면모를 갖춰갔습니다. 2008년 글로벌 금융위기 이후 중국은 대규모 투자를 통해 경기를 부양했고, 침몰하던 자본주의 세계를 구원하는 역할을 수행했습니다. 하지만 중국의 급속한 성장은 미국과의 갈등을 초래했습니다. 과도한 무역흑자를 둘러싼 양국 간 갈등은 점차 본격적인 대립과 분쟁으로 촉발됐고, 2018년 무역분쟁을 시작으로 점점 첨예하게 진행되고 있습니다. 2020년 시작된 코로나19 팬데믹은 많은 국가가 중국이라는 단일 국가에 공급망을 절대적으로 의존한다는 것이 얼마나 위험한 일인지를 일깨워줬습니다. 공급망의 취약성은 미국을 비롯한 많은 국가에 안보 위협으로 여겨지기 시작했습니다. 이에 미국은 첨단 기술과 관련된 제조업을 중심으로 공급망 재편을 적극적으로 추진하고 나섰습니다. 하나로 통합됐던 시장은 점점 갈라지고 있으며, 공급망 역시 분리되고 있습니다.

기업들은 세계화 시대의 모델에서 벗어나 분리되는 시장에 맞춰 공급망을 재편하고, 각 시장에 투자해야 하는 상황에 직면했습니다. 효율적이지 않지만, 생존을 위해 어쩔 수 없는 상황에 내몰리고 있는 것입니다. 세계화의 시대는 막을 내리고 있지만 세분화되는 세계의 흐름과 각 국가의 상황을 더욱 잘 파악하고 이해하는 것이 생존의 핵심 요소로 자리 잡았습니다. 인구 감소와 고령화가 국내 생산 기반을 위협하고 있는 상황에서 해외 진출은 이제 선택이 아닌 필수입니다.

by - 최준영 법무법인 율촌 전문위원

CONTENTS

미국

004 **PROLOGUE**
탈세계화 시대와 기업의 해외 진출

OPENING
010 비즈니스 인사이트
데이터로 보는 해외 진출
012 칼럼 해외에선 한국이
매력적인 투자처일까?

SECTION 1 미국
p. 014

014 **주목해야 할 해외 진출 이슈**
시장과 투자의 연계를 요구하는
패권국가 미국

016 **Question 01**
왜 미국 진출을 고려해야 할까요?

018 **Question 02**
미국도 해외기업 유치를 위한
지원제도와 담당 기관이 있나요?

020 **Question 03**
각종 인허가 과정에서 우선적으로
고려해야 할 사항은 무엇일까요?

022 **Question 04**
인력 채용 및 노무관리에서 염두에
두어야 할 점은 무엇일까요?

024 **Question 05**
세금과 관련해서 주의해야 할 점은
무엇인가요?

026 **Question 06**
사업장을 철수하고자 할 때 진행해야
할 절차와 특별히 신경써야 할 점은?

028 **Question 07**
2022년 인플레이션 감축법의
시사점은 무엇인가요?

030 **Question 08**
미국에서 M&A를 추진할 경우 세금과
관련해 고려할 사항은 무엇인가요?

032 **Question 09**
외국투자자가 선호하는 법인의 형태와
장단점은 무엇인가요?

034 **Question 10**
미국에서 직접적으로 사업활동을 하지
않으면 미국에 세금을 납부할 의무가
없나요?

036 **Question 11**
연방세와 주세는 어떻게 구분되며,
미국 진출 시 이와 관련해 고려할
사항은 무엇인가요?

038 **Question 12**
투자이민이 궁금합니다

040 **Question 13**
미국의 주택, 빌딩 등 부동산에 투자할
경우 고려할 사항은 무엇인가요?

042 **사례로 보는 미국 해외 진출**

SECTION 2 중국
p. 044

044 **주목해야 할 해외 진출 이슈**
세계의 공장에서 자립경제 전환을
꾀하는 중국

046 **Question 14**
여전히 중국 진출을 고려해야 할까요?

048 **Question 15**
중국의 해외기업 유치를 위한
지원제도가 많이 축소 됐다는데
사실인가요?

050 **Question 16**
각종 인허가 과정에서 우선적으로
고려해야 할 사항은 무엇인가요?

052 **Question 17**
인력 채용 및 노무관리에서 염두에
두어야 할 사항은 무엇일까요?

054 **Question 18**
세금과 관련해 주의할 점은
무엇인가요?

056 **Question 19**
사업장을 철수하고자 할 때 필요한
절차와 특별히 신경 써야 할 점은
무엇인가요?

058 **Question 20**
중국 측과 조인트 벤처를 만들 때
주의사항은 어떤 것이 있나요?

060 **Question 21**
회사 설립 시 현물출자와
기술출자도 가능한가요?

중국

일본

062	**Question 22** 주식명의신탁도 신경 써야 한다는데 어떻게 해야 하나요?
064	**Question 23** 지식재산권 보호제도에는 어떤 것이 있으며 침해 시 대처 방안은 무엇인가요?
066	**Question 24** 안정적 투자를 위해 토지 및 건물 등을 구매하는 것이 가능한가요?
068	사례로 보는 중국 해외 진출

SECTION 3 일본
P.070

070	**주목해야 할 해외 진출 이슈** 디지털전환으로 부활을 꿈꾸는 넘버 3 국가 일본
072	**Question 25** 일본 진출은 한국 기업에게 어렵지 않나요?
074	**Question 26** 해외기업 유치를 위한 지원제도가 있나요?
076	**Question 27** 아날로그식 행정이 일반화되어 있다고 하는데 각종 인허가 과정에서 고려해야 할 사항은 무엇인가요?
078	**Question 28** 일본의 인건비가 의외로 저렴하다는데 사실인가요? 인력채용 및 노무관련하여 염두에 두어야 할 사항은 어떤 것이 있나요?
080	**Question 29** 일본에 진출한 기업들이 종종 세무 당국에서 조사를 받았다고 하는데, 세금 관련 주의점은 무엇인가요?
082	**Question 30** 일본에서 사업장을 철수할 때 절차와 특별히 신경써야 할 점은?
084	**Question 31** 외국인의 투자가 제한되는 업종이 별도로 정해져 있나요?
086	**Question 32** 일본에 진출할 경우 선호하는 법인 형태와 장단점에 대해 알려주세요
088	**Question 33** 핀테크 분야로 일본 진출을 모색하고 있습니다. 일본의 관련 규제 현황은 어떤가요?
090	**Question 34** 최근 기업의 인권존중에 대한 요구가 커지고 있는데 일본에서의 움직임은 어떤가요?
092	**Question 35** 2022년 개인정보법이 개정됐다고 하는데 어떤 점을 염두에 두어야 할까요?
094	사례로 보는 일본 해외 진출

SECTION 4 베트남
P.096

096	**주목해야 할 해외 진출 이슈** 새로운 GVC 핵심 국가로의 부상을 꿈꾸는 베트남
098	**Question 36** 베트남 진출과 투자, 늦지 않았나요?
100	**Question 37** 베트남에서 M&A 진행 시 유의 사항은?
102	**Question 38** 외국투자기업을 설립할 경우 인허가 과정에서 고려할 사항은 무엇인가요?

베트남

인도네시아

104	**Question 39** 현지 인력 채용 및 노무관리에서 염두에 두어야 할 사항에는 어떤 것이 있나요?
106	**Question 40** 베트남 투자와 교역 등에서 꼭 챙겨야 할 세제 혜택은 무엇인가요?
108	**Question 41** 사업장을 철수하고자 할 때 절차와 특별히 신경써야 할 점은?
110	**Question 42** 인프라 개발을 촉진하고자 하는 베트남 정부의 구체적인 움직임이 궁금합니다
112	**Question 43** 베트남 투자 진출 시 진입장벽은 어떤 것이 있나요?
114	**Question 44** 외국인이 주택을 비롯한 부동산에 투자하는 데 특별한 제한이 있나요?
116	**Question 45** 베트남 기업에 대한 M&A 진행 시 기업결합신고 과정에서 유의할 점은 무엇인가요?
118	**Question 46** 베트남 투자와 관련 소송, 중재제도는 한국과 어떻게 다른가요?
120	사례로 보는 베트남 해외 진출

SECTION5 인도네시아
p.122

122	**주목해야 할 해외 진출 이슈** 자원 부국에서 제조업 국가로의 변신을 꾀하는 인도네시아
124	**Question 47** 인도네시아 진출을 고려해야 하는 주된 이유는 무엇인가요?
126	**Question 48** 해외기업 유치를 위한 주요 지원제도는 무엇이고 담당기관은 어디인가요?
128	**Question 49** 각종 인허가 과정에서 우선적으로 고려해야 할 사항은 무엇인가요?
130	**Question 50** 인력 채용 및 노무관리에 있어 신경써야 할 점은 무엇인가요?
132	**Question 51** 세금과 관련해서 주의해야 할 점은 무엇인가요?
134	**Question 52** 사업장을 철수할 때 절차와 특별히 고려해야 할 사항은?
136	**Question 53** 인도네시아에서 M&A 진행 시 유의사항은?
138	**Question 54** 인도네시아 진출 시 유념해야 할 특수성은 어떤 것이 있나요?
140	**Question 55** 외국기업이 진출하는데 있어 지분이 제한되거나 현지기업과의 합작이 필수적인 업종이 존재하나요?
142	**Question 56** 진출 이후 현지 업체와 분쟁이 발생할 경우 인도네시아 법률상 어떠한 조치를 취해야 할까요?
144	사례로 보는 인도네시아 해외 진출

SECTION 6 이란
P.146

- 146 **주목해야 할 해외 진출 이슈**
  거대한 소비시장과 잠재력을 갖춘 페르시아의 후예 이란
- 148 **Question 57**
  미국이 이란 핵합의를 탈퇴하고 이란에 대한 경제 제재를 부활한 현 상황에서 이란 진출을 고려할 필요가 있나요?
- 150 **Question 58**
  미국이 이란에 부과한 경제 제재는 어떻게 구성돼 있나요?
- 152 **Question 59**
  이란 제재를 위반한 경우 구체적으로 어떤 제재를 받나요?
- 154 **Question 60**
  이란에 대한 경제 제재 속에서 인도주의적 거래는 가능한가요?
- 156 **Question 61**
  EU의 중재로 이란 핵합의를 부활하는 협의가 이란과 미국 사이에 진행 중이라고 하는데 그 진행상황은 어떠한가요?
- 158 **Question 62**
  이란 핵합의가 부활할 경우 미국의 경제 제재가 해제 또는 완화될 수 있나요?
- 160 **Question 63**
  한국에 수조원 규모의 이란 소유 동결 자금이 있는데 이란 거래처 미수금을 이 자금에서 회수할 수 있나요?
- 162 **사례로 보는 이란 해외 진출**

SECTION 7 러시아
P.164

- 164 **주목해야 할 해외 진출 이슈**
  전쟁 그리고 제재와 보복을 이어가는 러시아
- 166 **Question 64**
  러시아의 우크라이나 침공으로 국제사회가 러시아에 대한 경제 제재를 강화하는 현 상황에서 러시아 진출을 고려해야 하나요?
- 168 **Question 65**
  미국과 EU가 러시아에 대해 부과한 경제제재는 어떻게 구성돼 있나요?
- 170 **Question 66**
  한국이 실시하고 있는 러시아에 대한 제재의 주요 내용은 무엇인가요?
- 172 **Question 67**
  대러시아 제재를 위반하면 구체적으로 어떤 제재를 받게 되나요?
- 174 **Question 68**
  러시아에 대한 인도주의적 거래는 가능하다는데 구체적인 내용은 무엇인가요?
- 176 **Question 69**
  러시아에 대한 경제 제재의 해제 또는 완화 가능성이 있나요? 그 경우 미리 준비해야 할 사항은 무엇인가요?
- 178 **Question 70**
  러시아도 대러 제재 동참국에 대한 맞불 제재를 시행 중이라고 하는데 그 구체적인 내용은 어떻게 되나요?
- 180 **사례로 보는 러시아 해외 진출**

CLOSING

- 182 해외 진출 주의사항 이것만 알자!
- 184 스페셜리스트

이란

러시아

OPENING

비즈니스 인사이트 데이터로 보는 해외 진출

코로나19로 글로벌 가치사슬(GVC) 재편이 화두로 떠올랐습니다. 이에 국내 기업들은 해외 진출 전략을 수정하거나 진출 지역 다변화를 모색하고 있습니다. 2022년 러시아의 우크라이나 침공으로 에너지 가격 급등, 물가상승에 따른 금리인상, 중국 봉쇄에 따른 공급망 타격 가능성 등 불확실성 증대로 외국인직접투자(FDI) 유입 규모는 축소될 전망입니다.

다만 각국의 대규모 경기부양책 집행, 다국적기업들의 여전한 투자 동력, 코로나19 이후 회복이 더딘 일부 유럽연합(EU) 국가들의 투자 확대 가능성 등은 FDI 감소세를 일부 상쇄할 것으로 보입니다.

자료: 한국수출입은행 세계 FDI 동향 및 전망, 2022년 8월
※ 유엔무역개발협의회(UNCTAD) 'World Investment Report 2022'에서 발췌

FDI
FOREIGN DIRECT INVESTMENT

2019~2022년 국가별 FDI 추이
(단위: 100만 달러)

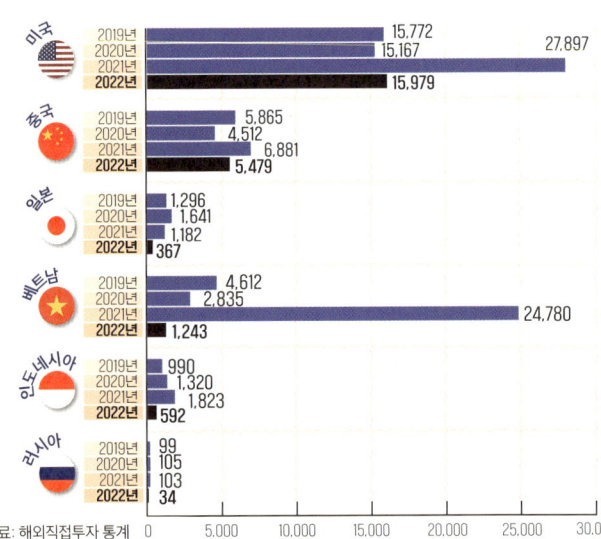

국가	2019년	2020년	2021년	2022년
미국	15,772	15,167	27,897	15,979
중국	5,865	4,512	6,881	5,479
일본	1,296	1,641	1,182	367
베트남	4,612	2,835	24,780	1,243
인도네시아	990	1,320	1,823	592
러시아	99	105	103	34

자료: 해외직접투자 통계

2019~2021년 세계 FDI 유입 추이
(단위: 억 달러)

연도	투자액
2019년	14,806
2020년	9,631
2021년	15,823

2021년 세계 FDI 규모는 전년 1조 달러 대비 64% 증가한 1조5800억 달러를 기록했습니다. 저금리 등 우호적인 투자 환경에 따른 PF(Project Financing)와 M&A 활성화, 각국의 경기부양책 추진이 긍정적 영향을 미쳤습니다. 2021년 FDI 유입액은 회복세를 보였습니다. 코로나19 봉쇄 조치 완화에 따른 보복 수요 증가, 저금리에 따른 조달 비용 감소, 정부 지원 확대는 다국적기업의 수익성 확대에 기여했습니다. 다국적기업은 높은 수익성을 바탕으로 인프라 구축 관련 PF, M&A에 적극적으로 투자한 것으로 나타났습니다.

2019~2021년 각국 FDI 유입 추이
(단위: 100만 달러)

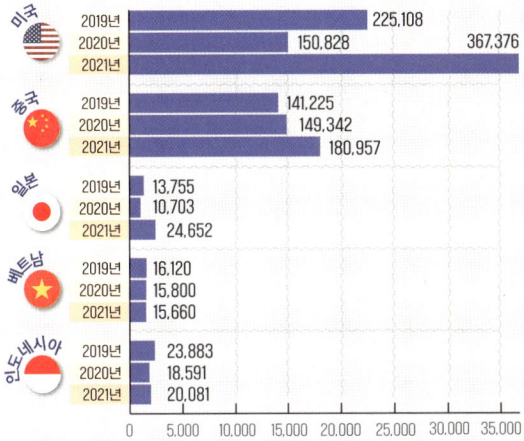

미국
- 2019년: 225,108
- 2020년: 150,828
- 2021년: 367,376

중국
- 2019년: 141,225
- 2020년: 149,342
- 2021년: 180,957

일본
- 2019년: 13,755
- 2020년: 10,703
- 2021년: 24,652

베트남
- 2019년: 16,120
- 2020년: 15,800
- 2021년: 15,660

인도네시아
- 2019년: 23,883
- 2020년: 18,591
- 2021년: 20,081

※ 버지니아제도, 케이만제도 등 조세피난처 제외, 2021년 기준

M&A 투자 동향
(단위: 10억 달러)

투자액 증감률 **53%**   투자 건수 증감률 **43%**

산업	투자액		증감률 (%)	투자건수		증감률 (%)
	2020	2021		2020	2021	
전체	475	728	53	6,201	8,846	43
정보통신업	80	136	69	1,248	2,114	69
의약품 제조업	56	73	31	211	223	6
금융보험업	28	72	157	562	733	30
도소매업	18	63	255	495	663	34
운수창고업	7	53	651	224	324	45
자동차 제조업	17	42	144	41	81	98
전문 서비스업	11	41	268	447	689	54
전자기기 제조업	40	38	△4	165	311	88
부동산업	22	35	57	327	420	28
행정지원 서비스업	6	28	413	206	303	47
기타	190	147	△23	2,275	2,985	31
농업	25	28	11	658	639	△3
제조업	228	239	5	1,136	1,674	47
서비스업	221	461	108	4,407	6,533	48

2021년 M&A 투자액은 전년 대비 53% 증가한 7280억 달러를 기록했습니다. 산업별로 서비스업은 4610억 달러로 역대 최고치를 달성했고, 정보통신업(미국 알티미터 그로스가 싱가포르 그랩을 340억 달러에 인수)과 제약(영국 아스트라제네카가 미국 알렉시온을 390억 달러에 인수) 부문이 팬데믹 수혜 업종으로 M&A가 가장 큰 폭으로 증가했습니다.

PF 투자 동향
(단위: 억 달러)

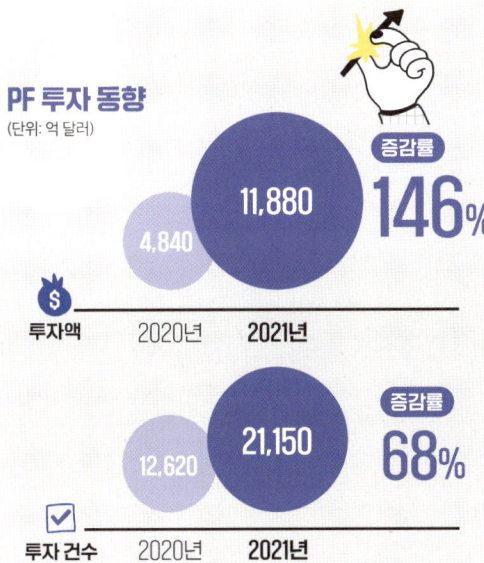

투자액: 2020년 4,840 / 2021년 11,880 — 증감률 **146%**

투자 건수: 2020년 12,620 / 2021년 21,150 — 증감률 **68%**

2021년 PE 투자 건수는 전년 대비 68% 증가한 2115건이며 이는 최근 10년간 연평균 건수의 3배에 달합니다. 투자액 역시 처음 1조 달러를 돌파했습니다.

그린필드투자 동향
(단위: 억 달러)

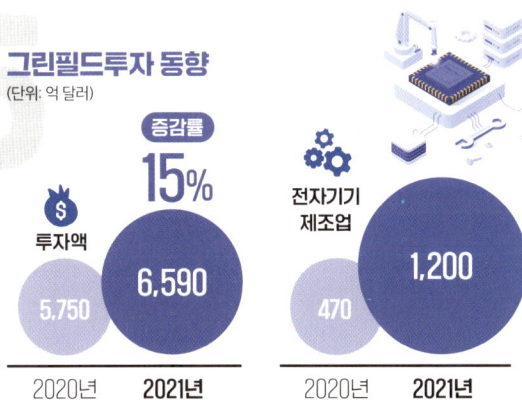

투자액: 2020년 5,750 / 2021년 6,590 — 증감률 **15%**

전자기기 제조업: 2020년 470 / 2021년 1,200

그린필드투자는 해외 진출 기업이 투자 대상국에 생산 시설을 직접 설립해 투자하는 방식으로 FDI의 한 유형입니다. 2021년 그린필드 전체 투자액은 6590억 달러로 전년 5750억 달러 대비 15% 증가했습니다. 특히 반도체 수요 증가에 따라 시설 투자 증대로 전자기기 제조업은 1200억 달러를 기록했습니다.

OPENING

해외에선 한국이 매력적인 투자처일까?

국내 기업들의 해외 진출에 가속도가 붙고 있습니다. 삼성·SK·현대차·LG 등 4대 그룹은 최근 미국에 수백억 달러 규모의 투자 계획을 내놨습니다. 반도체와 전기차, 전기차 배터리 생산 공장을 지어 미국 시장 공략을 강화할 방침입니다. 여기엔 주요 공급망의 자국중심주의를 골자로 한 미국의 '인플레이션 감축법(IRA)' 영향도 있습니다. 무엇보다 중요한 건 기업 입장에서 미국이 포기할 수 없는 매력적인 시장이라는 것입니다.

한국 경제도 그동안 비약적인 성장을 거듭했습니다. 2021년 코로나19 사태 속에서 수출·수입액을 합한 연간 무역액이 사상 최대인 1조2596억 달러로 세계 무역 순위 8위에 올랐습니다. 1인당 국민총소득(GNI)은 3만5168달러로 사상 최대치를 기록하기도 했습니다. 전 세계에서 1인당 GNI가 3만 달러를 넘고, 인구가 5000만 명 이상인 국가는 미국·일본·영국·프랑스·독일·이탈리아·한국 등 7개국뿐입니다. 하지만 해외 유수 기업의 한국 진출 소식은 좀처럼 접하기 힘듭니다.

외면당하는 한국

한국경영자총협회(이하 경총)가 발간한 '우리나라 해외직접투자·외국인직접투자 현황과 시사점' 보고서에 따르면 2000년 이후 경제성장을 고려한 한국의 해외직접투자(ODI)가 주요국보다 월등히 높게 증가한 반면, 외국인직접투자(FDI)는 비교적 낮게 증가한 것으로 나타났습니다. 쉽게 말해 한국 기업의 해외직접투자는 활발했지만, 해외 기업의 한국 투자는 그렇지 못했다는 것입니다.

경총이 2000~2021년 ODI 및 FDI 증가율을 국내총생산(GDP) 증가율과 비교한 결과 한국의 해외직접투자 증가율은 2465.7%로 GDP 증가율(212.0%) 대비 11.6배로 나타났습니다. 반면 한국에 대한 외국인직접투자 증가율(501.9%)은 GDP 증가율보다 2.4배 높은 데 그쳤습니다. 영국(5.5배), 프랑스(3.7배), 이탈리아(3.3배), 미국(3.1배)보다 낮은 수준으로 분석됐습니다. 같은 기간 한국의 투자 순유출은 3105억 달러에 달했습니다. 반대로 같은 기간 미국은 3조7163억 달러, 영국은 9685억 달러가 순유입되며 한국과 큰 온도차를 보였습니다.

투자 의지 꺾는 규제

한국에 대한 외국기업의 투자가 부진한 이유로 열악한 국내 투자 환경을 지적하는 목소리가 나옵니다. 상대적으로 협소한 내수 시장, 과도한 시장 규제, 취약한 조세 경쟁력 등이 국내 투자 결정에 부정적 영향을 미쳤다는 것입니다.

세계지식재산권기구(WIPO)에 따르면 정부의 민간에 대한 규제 정도를 지수화한 한국의 규제환경지수는 68.2로 경제협력개발

기구(OECD) 38개국 중 하위권인 35위에 머물러 있습니다. 이 지수는 높을수록 규제 환경이 좋은 것으로 평가됩니다. 미국이 91.0점으로 10위, 일본이 91.4점으로 9위입니다. 규제가 상대적으로 까다롭다는 평가를 받는 프랑스(88.3점·15위)와 독일(81.1점·22위)도 한국과 큰 차이를 보입니다.

OECD에 따르면 한국의 시간당 노동생산성은 41.8달러(28위)로 미국(74.2달러·7위), 독일(66.9달러·12위), 일본(48.1달러·21위) 등 주요국과 비교했을 때 크게 뒤처지는 것으로 나타났습니다. 높은 법인세도 기업이 투자를 꺼리는 요인입니다. 한국의 법인세 최고세율은 2017년 OECD 38개국 중 20위였으나 2022년 10위로 급등했습니다. 한국은 2018년 최고세율(지방소득세 포함)을 24.2%에서 27.5%로 인상했습니다. OECD 평균 법인세율은 21.5%입니다.

기업하기 어려운 나라

더욱 큰 문제는 한국이 외국인에게만 '기업하기 어려운 나라'가 아니라는 겁니다. 한국경제연구원에 따르면 2014년 '해외진출기업복귀법'을 제정한 이후 2021년까지 114개 기업만을 국내로 복귀시키는 데 그쳤습니다. 그만큼 한국은 국내 기업 입장에서도 '돌아가고 싶지 않은 나라'입니다. 같은 기간 미국의 리쇼어링 기업은 6839개에 달했습니다. 미국의 경우 2020년 1484개, 2021년 1844개로 최근 들어 유턴기업이 더욱 늘고 있습니다. 한국경제연구원의 '미국 인플레이션 감축법 발효에 따른 대응방향 검토' 보고서에 따르면 IRA법에 따라 전 세계 주요 산업 생산시설의 미국 쏠림현상이 심화할 수 있다고 보고 있습니다.

국내 리쇼어링·투자에 대한 세제지원 확대 등 다양한 지원이 필요하다는 지적이 나옵니다. 예를 들어 현대차는 미국 조지아주 공장에 총 7조8000억원을 투자해 8100개 일자리를 창출하고, 미국 정부로부터 약 2조3500억원 규모의 세액공제(IRA 30%)를 받을 예정입니다. 또 텍사스주에 20년간 총 250조원을 투입해 11개 반도체 공장을 만들 예정인 삼성전자도 미국 반도체 지원법에 따라 약 62조5000억원 세액공제를 받을 것으로 보입니다. 한국도 이런 파격적인 지원이 있어야 글로벌 기업의 투자를 끌어낼 수 있다는 것입니다.

이와 함께 규제완화에 대한 필요성도 나옵니다. 산업계는 대표적인 규제로 상법·공정거래법 등이 정한 지주회사 기준을 꼽았습니다. △대기업집단 내부 거래 규제 △금산분리 △감사위원 선임 시 최대주주와 특수관계인의 의결권을 3%로 제한하는 '3%룰' 등이 그것입니다. 이와 함께 주 52시간제와 비정규직 보호법 등 경직된 노동규제도 완화해야 한다고 주장합니다. 최대 60%인 대주주 상속세율 역시 '탈(脫)한국'을 부추기고 있다고 지적합니다. 이번 무크가 한국 기업의 성공적인 해외 진출을 돕는 역할과 함께 한국이 세계 시장에서 어떤 상황에 놓여 있는지 돌아보는 계기가 됐으면 합니다.

by - 최진석 한국경제신문 사회부 법조팀장

SECTION 1
지금 주목해야 할 해외 진출 이슈

시장과 투자의 연계를 요구하는 패권국가 미국

미국은 명실상부한 세계 최대의 경제력을 보유한 패권국가입니다. 제2차 세계대전 이후 세계질서의 형성과 변화를 주도해온 미국은 다시 새로운 질서 형성을 시도하고 있습니다. 그 핵심에는 중국에 대한 견제와 경쟁이 있습니다. 2018년 이후 본격화된 미·중 갈등은 바이든 행정부 출범 이후 오히려 더 격화되고 있습니다. 양국의 대립은 관세에서 시작해 첨단기술, 환율로 확대됐으며, 최근에는 대만을 둘러싼 무력 대치로 수위를 높여가고 있습니다.

#공급망 재편

미국은 지난 30년 동안 본격적인 세계화의 시대를 이끌었습니다. 미국이 주도한 새로운 통상 질서는 국제무역기구(WTO)로 구체화됐고 세계화의 흐름을 뒷받침하고 있습니다. 신자유주의와 자유무역, 그리고 경제적 효율성이 중시되면서 보이지 않는 시장이 가장 효율적이며 국가의 간섭과 영향력은 최소화되는 것이 좋다는 미국의 믿음이 보편적인 이론으로 받아들여졌습니다. 하지만 미국이 주도했던 세계화의 흐름 속에서 만들어진 글로벌 가치사슬(GVC)은 중국의 급속한 성장을 가능하게 했고, 결과적으로 미국의 패권을 위협할 수준의 경제력을 갖추게 됐습니다.

뒤늦게 중국의 위협을 인식한 미국은 1차적으로 중국으로부터 자국의 기간산업과 첨단기술을 보호하기 위한 조치들을 트럼프 행정부 시절에 시행했습니다. 수출통제개혁법(ECRA), 수출통제법(ECA), 외국인투자위험심사현대화법(FIRRMA) 및 해외직접생산규정(FDRR) 등이 대표적입니다. 이를 통해 미국은 중국에 의해 이루어진 각종 인수합병(M&A)에 대해 직접적 통제와 제재를 강화했습니다. 뒤이어 출범한 바이든 행정부는 '100 Day Review'를 통해 반도체, 2차전지, 핵심 광물, 의약품 4개 부문의 공급망 검토와 분석 결과 미국이 얼마나 취약한 상황에 놓여 있는지 파악하게 됩니다.

#첨단기술

이 과정에서 미국은 제조업과 공급망에 대한 근본적인 인식을 전환하게 됩니다. 더 이상 잠재적 적대 세력인 중국에 의존할 수 없다는 판단과 더불어 향후 미중 대결의 핵심은 첨단기술이라는 점을 명확하게 규정합니다. 첨단기술의 보호와 더불어 중국에 압도적으로 의존하고 있는 GVC 재편을 통해 중국의 힘을 약화시키고 미국 중심의 새로운 산업생태계와 일자리 창출을 혁신하

#공급망 재편 #첨단기술 #보조금 #보이는 손 #인센티브

면 경제적 안정과 국가안보를 강화할 수 있다는 새로운 전략을 마련하게 됩니다.

#보조금

2022년 4월 백악관에서 발표한 현대미국 산업전략(Modern American Industrial Strategy)은 미국이 산업 전략 수립과 시행에 적극 나설 것임을 분명히 했습니다. 미 의회가 주도한 법률 역시 이러한 기조를 뒷받침하고 있습니다. 반도체법(CHIPs and Science Act)은 반도체 분야에 527억 달러의 예산을 직접 투자하도록 하고 있으며, 이 가운데 390억 달러는 반도체 제조업체에 직접 보조금으로 지급하도록 규정했습니다. 또한 지원금을 받은 기업은 중국에 향후 10년간 관련 시설의 구축 및 확장을 금지하도록 함으로써 중국과 미국 중 어느 쪽을 택할 것인지 양자택일을 강요하고 있습니다.

#보이는 손

4300억 달러 규모의 재정투자를 명시한 인플레이션 감축법(Inflation Reduction Act, IRA)은 미국의 제조업 부활과 산업생태계 형성, 미래산업 경쟁력 강화라는 목적을 분명히 하고 있습니다. 배터리에 대해 제공하는 보조금은 핵심 광물 및 부품에 대한 조건을 충족할 것을 전제로 하고 있으며, 이러한 조건 대부분은 미국 또는 동맹국에서의 생산·제조를 요구하고 있습니다. 시장 개방과 투자를 교환하는 새로운 형태의 시스템이 구축되고 있는 것입니다.

#인센티브

미국 시장에 진출하기 위해서는 이제 미국 또는 북미 지역에 대한 투자를 전제로 하는 상황이 됐습니다. 연방정부뿐 아니라 주정부들도 이러한 상황 변화에 맞춰 기업의 투자와 진출을 유치하기 위해 다양한 인센티브와 지원책을 제시하고 있습니다. 세분화되는 시장과 분절되는 상황 속에서 많은 기업들은 미국에 대한 투자 확대를 선택이 아닌 필수로 여기고 있습니다. 하지만 투자에 앞서 다양한 요소를 고려해야 합니다. 여러 가지 규정과 제도에 대한 이해, 그리고 지역별로 상이한 지원책을 정확히 파악하고 판단하는 것이 매우 중요합니다. 우리는 미국에 대해 잘 안다고 생각하지만 실제로 구체적인 정보에 대해서는 부족한 점이 많습니다. "급할수록 돌아가라"는 속담처럼 신중하고 차분한 접근이 필요합니다.

SECTION 1

USA

Q01 왜 미국 진출을 고려해야 할까요?

A01 미국은 제조 산업, 경제 재건에 막대한 금액을 지출할 준비가 돼 있지만, 기술과 노하우가 부족한 상황입니다. 기술 제품을 생산하는 한국 기업이라면, 최적화된 사업 개발 전략과 프로세스를 확보하는 것이 중요합니다.

세계적으로 가장 견실한 성장을 하는 국가는 미국입니다. 미국의 2021년 국내총생산(GDP) 성장률은 5.7%로 나타났고, 2022년 2.3%를 기록할 전망입니다. 2023년과 2024년에도 다른 국가에 비해 양호한 성장을 할 것으로 예측됩니다. 양호한 경제성장과 더불어 최근 인플레이션 감축법(IRA)을 통해 미국 내에서 생산되는 2차전지, 전기자동차 관련 산업과 반도체 및 친환경 에너지 등에 큰 폭의 세금 공제 등 각종 혜택을 제공하고 있습니다. 기업 투자에 대한 인센티브를 확대하고 있는 것이죠. 세계 최대 시장인 미국이 자국 내 첨단 제조업을 육성하기 위해 노력하기 시작한 만큼 미국 진출을 위한 제반 여건은 그 어느 때보다 좋다고 할 수 있습니다.

첨단 제조업 육성 전략 본격화

미국은 2022년 IRA 발표 이외에도 중국과의 경쟁에서 앞서기 위해 자국 산업의 육성과 기술에 대한 보호정책을 강화하고 있습니다. 아울러 잠재적 적대세력으로 간주하고 있는 중국에 대한 의존도를 낮추기 위해 노력하고 있습니다. 특히 반도체, 2차전지, 핵심 광물 및 의약품 등 기존에 해외 의존도가 높은 분야의 대외 의존도를 낮추기 위한 정책을 바이든 행정부는 적극적으로 추진하고 있습니다. 트럼프 정부 시절부터 시작된 자국 산업 보호정책은 IRA를 통해 본격적으로 시행됐으며, 앞으로도 보조금 및 다양한 세제 혜택을 제공할 것으로 예상됩니다.

제도적으로 살펴보면 IRA와 더불어 새롭게

용어 설명

IRA(Inflation Reduction Act)
미국이 자국 내 친환경 에너지 공급망을 탄탄하게 하기 위해 4300억 달러를 투입한다는 내용 등을 담은 인플레이션 감축 법안이다.

제정된 '반도체법(CHIPS & Science Act)'은 반도체와 관련한 제조, 조립, 테스트 기계 또는 연구개발(R&D)을 위해 시설과 장비에 대한 투자를 장려하기 위한 법률입니다. 미국은 반도체 사업 강화를 위해 540억 달러를 투입할 예정입니다. 세액 지원 보조금과 별도로 생산 설비, 공장 건설 등에 투자에 25%의 연방 세액공제 혜택을 제공할 예정이며, 그 대상은 2026년 12월 31일 이전에 건설을 시작하는 설비 및 공장으로 정했습니다.

한국의 10대 미국 수출 품목은 자동차, 반도체, 자동차 부품, 컴퓨터, 무선통신기기, 석유제품, 플라스틱 제품, 원동기와 펌프, 냉장고, 고무 제품 순입니다. 바이든 정부의 공급망 재편을 위한 미국 내 생산 확대 정책에 따라 한국의 2차전지, 반도체, 전기차 등 첨단기술 산업의 미국 진출 필요성이 높아지고 있습니다. 미국 제조업 부흥 전략에 적극적인 파트너로 참여할 경우 다양한 혜택을 받을 수 있을 뿐 아니라 미래의 지정학적 리스크에서도 자유로울 수 있습니다.

미국 투자의 단기적 리스크

미국의 인플레이션은 2020년 5월 최저점인 0.12%를 기록한 이후 2022년 10월 기준 8.20%까지 급격하게 증가했습니다. 연방준비제도(FED)의 공개시장위원회(FOMC)에서 기준금리 인상을 지속해 인플레이션을 감소시키려 노력하고 있지만 미국의 물가상승 추이는 계속되고 있습니다. 금리인상으로 인해 2023년 상반기부터는 미국 가계와 기업들의 대출 부담이 증가할 것은 확실합니다. 금리인상이 계속될 경우 경제는 침체에 빠질 수 있으며, 이에 따른 투자와 소비 감소가 발생하고 부동산시장 역시 하락세로 접어들 가능성이 높습니다. 경기침체와 금리인상은 금융시장에도 영향을 미쳐 채권과 주식시장 모두 약세가 이어질 전망입니다. 일정 수준의 금리인상과 다소간 경기하강은 인플레이션을 진정시켜 이후 다시 건전한 성장의 발판이 될 수 있지만, 과도할 경우 향후 몇 년에 걸쳐 여러 가지 부정적인 상황을 초래할 수 있습니다. 미국 진출과 투자 확대는 2022년 현시점에서 선택이 아닌 필수로 여겨지지만, 투자 시기와 규모는 면밀한 검토가 필요합니다.

한국의 대미 수출 품목

순위	품목	금액(달러)	비중	증가율
1	자동차	128억	18.1%	15%
2	반도체	64억	9.0%	18%
3	자동차 부품	53억	7.4%	41%
4	컴퓨터	40억	5.6%	16%
5	석유제품	34억	4.8%	93%
6	무선통신기기	26억	3.6%	11%
7	선박 해양 구조물 및 부품	22억	3.1%	7.903%
8	건설지 및 축전지	21억	2.9%	194%
9	냉장고	17억	2.4%	53%
10	합성수지	15억	2.2%	105%

자료: K-star, 2021년 9월 기준

700억 달러

AI 반도체 매출이 2020년 230억 달러(한화 약 28조원)에서 2025년 700억 달러(한화 약 86조원)로 성장할 전망이다(2022년 미국 실리콘밸리 무역관 작성, 미래 신산업 핵심동력 미국의 인공지능 반도체 시장 동향).

인플레이션(Inflation)

화폐가치가 하락해 물가가 지속적으로 상승하는 경제 현상을 말한다.

주요국 실질 GDP 성장률

국가	2020	2021	예측 2022	예측 2023	2022년 4월 WEO 전망치와 차이 2022	2022년 4월 WEO 전망치와 차이 2023
미국	-3.4	5.7	2.3	1.0	-1.4	-1.3
한국	-0.7	4.1	2.3	2.1	-0.2	-0.8
호주	-2.1	4.8	3.8	2.2	-0.4	-0.3
브라질	-3.9	4.6	1.7	1.1	0.9	-0.3
캐나다	-5.2	4.5	3.4	1.8	-0.5	-1.0
중국	2.2	8.1	3.3	4.6	-1.1	-0.5
프랑스	-7.9	6.8	2.3	1.0	-0.6	-0.4
독일	-4.6	2.9	1.2	0.8	-0.9	-1.9
인도	-6.6	8.7	7.4	6.1	-0.8	-0.8
인도네시아	-2.1	3.7	5.3	5.2	-0.1	-0.8
일본	-4.5	1.7	1.7	1.7	-0.7	-0.6
필리핀	-9.5	5.7	6.7	5.0	0.2	-1.3
러시아	-2.7	4.7	-0.6	-3.5	2.5	-1.2
영국	-9.3	7.4	3.2	0.5	-0.5	-0.7

자료: World Economic Outlook, 2020년 6월

WEO: 국제통화기금(IMF)에서 발간하는 세계 경제 전망 보고서

SECTION 1

USA

Q02
미국도 해외기업 유치를 위한 지원제도와 담당 기관이 있나요?

A02 미국의 외국인투자 유치 활동은 연방정부보다 주정부 차원에서 활발하게 이뤄지고 있습니다. 미국의 각 주정부는 해당 주의 경제 개발, 고용 창출 등을 위해 토지 무상 제공, 각종 세액공제 또는 감면, 보조금 지원 등 다양한 혜택을 제공합니다.

많은 국가와 마찬가지로 미국 역시 해외 기업의 투자 유치를 강력히 희망하고 있습니다. 해외 기업의 진출과 투자 확대는 일자리 창출과 더불어 각 지역의 발전을 가져올 수 있기 때문입니다. 미국 연방정부와 주정부 모두 해외 기업 유치를 위한 다양한 제도와 인센티브 등을 운영하고 있으며, 이를 전담하는 기관 역시 활발하게 활동하고 있습니다.

용어 설명

SelectUSA
미 상무부(Dept. of Commerce) 산하의 무역기구(International Trade Administration) 소속 SelectUSA는 연방정부 차원의 외국인 투자 진흥 기관이다.

대표적 투자 유치 기관은?

대표적인 기관이 미 상무부 소속의 SelectUSA 입니다. SelectUSA는 설립 이후 현재까지 해외 기업의 1410억 달러에 이르는 투자를 유치하면서 16만2000개 이상의 일자리를 창출하는 등 미국의 대표적 투자 유치 기관으로 자리매김했습니다. SelectUSA는 기업이 무엇을 필요로 하고 어떤 지원을 요구하고 있는지를 파악해 그에 적합한 제도와 지역을 소개하는 역할을 하고 있습니다.

기업의 해외 진출 과정에서 발생하는 여러 가지 문제는 종종 특정 부처의 권한을 넘어서곤 합니다. 이 경우 문제 해결에 많은 시간과 비용이 소모됩니다. 미국은 이러한 불편을 해소하기 위해 연방부처 산하 기관들이 협력해 문제를 해결하도록 IIWG(Interagency Investment Working Group)라는 협력 기구를 구성해 운영하고 있습니다. IIWG는 국무부·재무부·국방부·법무부·내무부·농무부·상무부·노동부·재향군인부·보건복지부·주택및도시개발부·교통부·에너지부·교육부·국토안보부·환경보호국·중소기업청 등 중앙행정기관과 더불어 수출입은행, 미국 무역대표부(Office of the US Trade Representative, USTR) 등 투자 및 기업 진출과 관련한 다양한 기관이 참여하고 있습니다. SelectUSA는 협력체인 IIWG의 의장 역할을 수행하면서 연방 기관과 협력해 조정을 강화하고, 비즈니스 투자 결정에 영향을 미치는 구체적이고 광범위한 문제에 대응하기 위한 지침과 정보를 제공합니다. IIWG는 해외 투자자의 미국 비즈니스 투자를 촉진하고 투자 결정에 영향을 미치는 문제 해결을 지원하는 역할도 수행하고 있습니다.

IAC와 OIA 비교

미국 투자자문위원회(US Investment Advisory Council, IAC)는 해외 기업의 입장에서 상무부 장관에게 외국인직접투자(Foreign Direct Investment, FDI) 유치와 지속적인 지원 프로그램 개발 및 실행에 대해 조언하는 위원회 성격의 기구입니다. IAC의 구성원은 매우 다양한데 기본적으로 산업, 기업, 협회, 지역, 주 및 지역 경제 개발 조직 및 기타 조직을 대표하는 약 40명의 비즈니스 또는 경제 리더들로 구성돼 있습니다.

재무부 소관인 투자사무국(Office of Investment Affairs, OIA)은 미국에 진출한 해외 기업과 미국 기업의 투자 환경 모니터링, 그리고 미국 국가 안보에 영향을 미칠 수 있는 미국 기업 합병 및 인수를 관리하는 기구입니다. 일반적인 해외 투자자 보호와 투자 증진보다는 미국 기업과 산업을 보호하는 역할을 하는 기구로서 미국 진출 및 투자에 대해 안보와 보호의 관점에서 점검하는 역할을 하고 있습니다.

기업 유치를 위한 지원제도

미국의 해외 기업 진출 및 투자 유치를 위한 지원제도는 크게 연방정부와 주정부 차원으로 나눠볼 수 있습니다. 먼저 연방정부의 해외 투자 육성 프로그램은 '재개발 지역 및 투자 활성화 지역 특별 연방 세금 인센티브'가 대표적입니다. 이 제도는 연방정부가 지정하는 미국 내 특별 지정 지역에서 지역 주민을 고용하는 사업체에 연방세 인센티브를 부여함으로써 기업 이익을 보장해주는 동시에 지역 발전을 도모하는 제도입니다. 이 제도의 인센티브는 당해 또는 이월 사용이 가능

약 40억 달러

삼성전자가 미국 파운드리 제2공장 투자를 통해 연방정부의 반도체 프로젝트와 지방정부의 재산세 환급, 용수·전력 등 간접 인센티브까지 미국 현지에서 받는 인센티브는 약 4조8000억원에 달할 것으로 추산된다(2021년 11월 기준).

해 이윤 규모와 발생 시기를 적절히 관리하면 납세 부담을 줄일 수 있습니다.

최근 미국은 재생에너지와 관련한 투자를 늘리는 추세입니다. 관련 제도로는 '재생에너지 투자 세금 공제'가 있습니다. 재생에너지 프로젝트에 대한 자본 투자를 확대하기 위해 연방정부가 제시하는 자격 요건을 갖춘 기업 및 투자자가 부담해야 하는 연방 소득세를 경감시켜주고 있습니다. 재생에너지와 관련한 투자를 고려한다면 잘 활용해야 하는 제도입니다.

주정부 차원의 프로그램도 매우 다양합니다. 일정한 요건을 충족할 경우 다양한 세액 공제는 물론 기업의 자금 확보를 지원하는 직접 대출 또는 보증 지원도 대다수 지역에서 시행하고 있습니다. 주정부 지원 프로그램 상당수는 일정 수준 이상의 신규 고용을 전제로 하는 경우가 많아 이를 고려해야 합니다. 미국 내 50개 주는 모두 여건이 다르고 추구하는 목표와 기존 산업구조 및 경제적 여건 등이 상이하므로 투자 지역을 결정하기에 앞서 지원 프로그램 규모와 조건 등을 면밀하게 검토해야 합니다.

국내 5대 그룹 미국 투자 계획 현황

기업	삼성전자	SK그룹	현대차·기아	LG에너지솔루션	롯데케미칼
투자 확정 금액	170억 달러	520억 달러	179억 달러	140억 달러	4조원 중 60%
내용	미국 텍사스주 반도체 2공장 건립	2030년까지 배터리, 수소, 에너지 솔루션 등	미국 조지아주 전기차 공장, 자율주행, UAM 등	미국 내 배터리 공장 건립	2030년까지 배터리 소재 사업

자료: 각 사, 2021년 1월 기준

SECTION 1

USA

Q03
각종 인허가 과정에서 우선적으로 고려해야 할 사항은 무엇일까요?

A03 미국에서 활동하는 사업체는 사업 활동이 이뤄지는 연방정부 및 주정부에 신고해, 비즈니스 라이선스를 받아야 합니다. 요구되는 인허가를 받지 않고 사업 활동을 하면 과태료, 벌금 등의 문제가 발생할 수 있습니다.

비즈니스 라이선스

연방정부 | 대부분 중소기업의 경우 연방정부는 라이선스나 허가를 요구하지 않습니다. 그러나 연방 기관에서 규제하는 특정 유형의 업종은 연방기관이 발급하는 면허 또는 허가가 필요합니다. 이러한 업종은 농업, 주류, 항공, 총기류, 탄약·폭발물, 어류·야생동물, 상업적 어업, 해상운송, 광업·시추, 원자력에너지, 라디오·텔레비전 방송, 운송·물류 등 폭이 매우 넓고 규정도 다양합니다. 따라서 영위하고자 하는 사업이 연방정부의 면허 또는 허가가 필요한지를 먼저 확인해야 합니다. 만약 면허와 허가가 필요하다면 담당하는 연방기관에 연락해야 합니다. 업종에 따라 연방기관이 요구하는 사항이 다르기 때문에 본격적인 사업 착수 이전에 확실하게 확인해야 시간과 비용을 줄일 수 있

용어 설명

주정부
행정부, 입법부, 사법부 3부로 구성되며, 각부는 연방정부의 각부와 동등한 기능 및 영역을 지닌다. 각 주의 행정 수반은 주지사이며, 주지사는 일반투표를 통해 선출되고, 임기는 대체로 4년(몇몇 주에서는 2년 임기)이다.

습니다. 통상적으로 연방정부의 기관에서 발급하는 면허나 허가를 취득하기 위해 많은 시간이 소요되기 때문에 충분한 여유를 가지고 진행해야 합니다.

주정부 | 일부 주의 경우 주정부가 발급하는 면허를 취득하도록 하는 경우가 있습니다. 앨라배마, 알래스카, 델라웨어, 플로리다, 오하이오, 네바다 및 워싱턴 주 등이 대표적입니다. 대부분의 주에서는 일단 면허를 취득하면 주 어디에서나 사업을 영위할 수 있으며, 별도의 지역 제한이 없는 경우가 대부분입니다. 그러나 일부 주에서 해당 사업의 수행 과정에서 폭넓은 교육과 훈련이 필요하다고 판단하거나, 소비자에게 잠재적 위험을 가할 수 있다고 간주하는 경우 추가적인 면허 또는 인증을 받도록 하는 사례가

있습니다. 일반적으로 의료 전문가, 변호사, 회계사, 건설 계약자 및 기타 건설 관련 직종, 이발사 및 미용사, 건축가 및 엔지니어, 부동산 중개인 및 판매원, 사립 탐정 및 기타 보안 서비스 등이 여기에 해당합니다. 세부 사항은 주정부의 관련 규정을 검토해보시기 바랍니다.

시·카운티 | 모든 영업장은 기본적으로 카운티(County)에서 발급하는 사업 면허가 있어야 합니다. 업주는 사업장이 속한 카운티에 신청해야 합니다. 카운티는 사업장 주소에 근거해 신청한 지역에서 신청인이 원하는 사업을 할 수 있는지 도시계획상 규정(Zoning)부터 확인합니다. 예를 들어 주류 면허가 제한된 곳에서 술집을 하고자 신청할 경우 해당 면허 발급을 거부합니다. 또한 일부 카운티는 신청인의 사업이 도시계획상 규정에 부합할 경우에도 영업장 내 주차 시설 부족 등을 이유로 면허 발급을 제한하기도 합니다. 그러므로 세부 규정을 꼼꼼히 확인해야 합니다.

기타 허가

소방 허가 | 카운티에 따라 인화성 물질을 취급하는 업소는 소방국에서 허가를 받아야 하는 경우도 있습니다. 대부분의 업종에서는 필요 없지만, 기본적으로 사업장 내에서 화기를 취급하는 업소는 발급받아야 하는 것으로 여겨지고 있습니다. 다만 소방 허가(Fire Department Permit)는 모든 카운티가 요구하는 면허는 아니기 때문에 확인이 필요합니다. 별도의 소방 허가가 필요 없을 경우 카운티에서 영업장에 대한 주기적인 소방 점검만 실시할 때도 있습니다. 따라서 사업을 시작하기 전에 카운티의 소방 허가 규정을 자세히 검토해야 합니다.

대기 및 수질 오염 컨트롤 허가 | 연소 과정에서 대기를 오염하거나 특정 기준에 해당하는 폐수를 발생시키는 업종은 대기 및 수질 오염 컨트롤 허가(Air and Water Pollution Control Permit)를 받아야 합니다. 최근 들어 환경문제에 대한 관심이 높아지면서 시 또는 카운티 차원에서 대기나 수질을 오염하는 업종에 대한 감시를 강화하고 있습니다. 이러한 허가에 관한 사항은 환경보호청(EPA)에 문의해 확인하는 것이 가장 정확합니다.

간판 허가 | 카운티에 따라 업소의 간판을 규제하므로 간판 허가(Sign Permit)를 받아야 합니다. 카운티에서 사업체 간판의 크기나 밝기, 위치 등에 관한 규정을 두고 있으므로 이를 잘 숙지해야 합니다. 간판 설치 공사가 끝난 후 철거당하는 수난을 겪지 않으려면 사전에 조례를 확인하거나, 가게가 입점한 건물주의 승인을 받아야 합니다.

보건 허가 | 식당이나 음식을 판매하는 도매상과 소매상은 카운티에서 보건 허가(Health Permit)를 받아야 합니다. 허가 신청을 접수하면 카운티 보건국이 허가증을 발급하기 전에 업소를 현장 방문해 업소의 위생상태를 검사합니다. 위생 검사에 합격하지 못하면 면허가 발급되지 않으므로 기본적인 사항이지만 세심히 신경 써야 합니다.

> **용어 설명**
> ### 환경보호청 (Environmental Protection Agency, EPA)
> 미국 내 환경오염과 공해 방지에 관한 여러 가지 대책을 마련하고, 관련 정책을 통합적으로 추진하기 위해 1970년에 설치한 정부기관으로, 환경보전을 책임지고 있는 행정 기관이다.

SECTION 1

USA

Q04

인력 채용 및 노무관리에서 염두에 두어야 할 점은 무엇일까요?

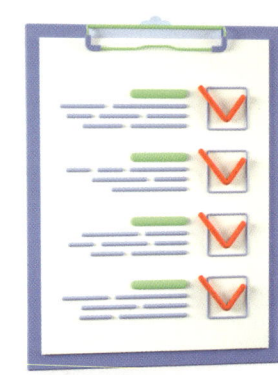

A04 미국의 근로기준법은 최저임금, 초과근무에 따른 기준, 임금과 근로시간에 관한 기록보관 의무 등 임금 산정 및 지급, 근로시간 관련 규정, 미성년자 노동 금지 조항을 포함하고 있다는 점에 유의해야 한다.

미국은 우리나라의 근로기준법과 달리 "법률에서 정하는 정당한 사유 없이는 종업원을 해고할 수 없다"라는 강제 규정이 없는 것이 고용관계의 핵심입니다. 사업주나 근로자 양측 모두 정당한 이유의 존재 여부를 떠나 고용관계는 언제라도 종료될 수 있다는 점을 원칙으로 인식하고 있습니다. 이처럼 자유로운 고용과 해고는 미국 노동시장의 장점이자 단점으로 작용하고 있습니다.

고용과 해고 자유로운 고용 제안서

미국에서는 일반적으로 고용계약서를 대신

주 40시간

미국은 1주 40시간 탄력근로제를 시행하고 있다. 다만 '화이트 칼라 익셉션' 제도를 시행해 초과근무, 야근이 필수인 전문직은 기업이 자체 근로시간제, 임금 구조 등을 정할 수 있다.

해 고용 제안서(Job Offer Letter)를 사용합니다. 고용 제안서에는 사업주가 근로자에게 연봉, 복지 혜택 및 근무 조건 등 제반 사항들을 제안하고 근로자가 이를 검토해 동의하는 경우 서로 서명함으로써 고용관계가 성립하게 됩니다. 많은 경우 고용 제안서에는 별도의 고용 기간을 명시하지 않습니다. 즉 고용관계가 유지될 경우 급여 및 근로조건 등은 명확하게 사업주가 이행해야 할 책임이지만 이를 종료하는 것은 자유롭다는 의미입니다.

이와 같은 방식은 임의 고용관계 원칙이라 합니다. 근로기준법에서 정한 별도의 특별한 사유가 없이는 종업원을 해고할 수 없다는 우리나라의 법률과 비교하면, 미국의 노동법은 사업주에게 유리한 것으로 받아들여집니다. 하지만 겉으로 보이는 모습과 달리 미국에서도 해고는 여러 가지 고려할 사항이 많습니다. 대표적으로 차별과 관련한 여러 법률과 규정의 저촉 여부를 비롯해 공공 이익과 복지에 끼치는 영향, 노조가 있을 경우 단체협약에서 규정한 사항 등 다양한 고려 사항이 있기 때문에 이를 위반하거나 저촉할 경우 소송 등 어려운 상황에 직면할 수도 있습니다.

미국에도 공정근로기준법(Fair Labor Standards Act)은 존재합니다. 미국의 근로기준법은 최저임금, 초과근무에 따른 기준, 임금과 근로시간에 관한 기록보관 의무 등 임금 산정 및 지급, 근로시간 관련 규정에 초점을 맞추고 있으며 미성년자 노동 금지 조항을 포함하고 있다는 점을 기억하면 좋습니다.

근로계약 관련 유의사항

차별금지법 | 미국은 대표적인 다인종·다민족 사회입니다. 다양한 민족과 인종이 공존하며 많은 갈등을 겪어왔기 때문에 다른 나라와 비교해 강력한 차별금지법을 갖추고 있습니다. 차별 금지는 미국 민권법(제7장)을 바탕으로 인종, 피부색, 성별, 종교, 출신 민족, 성정체성 등을 이유로 한 차별을 금지하고 있습니다. 차별 금지의 경우 연방정부 소속의 평등고용기회위원회에서 다루고 있으며, 이와 더불어 주정부에서 더욱 철저하게 감독하고 있습니다.

미국은 국가에 준하는 권한을 보유한 주들이 연합해 구성된 연방제 국가기 때문에 많은 경우 일반적인 중소 규모의 재판에서는 연방법보다 주법을 중심으로 진행한다는 점을 염두에 둬야 합니다. 고용과 관련한 소송은 대부분 배심원 재판으로 진행되는데 사업주에게 불리한 결정을 내리는 경우가 많습니다. 고용 및 해고와 관련한 갈등이 소송으로 이어지지 않도록 예방하는 것이 가장 바람직하며, 이를 위해 채용 시 고용 관련 분쟁이 발생할 경우 배심원 재판이 아니라 중재(Arbitration)를 통해 해결한다는 규정을 포함하고 이를 서면으로 확인받는 것이 대안이 될 수 있습니다.

비경쟁 협약 | 매도자에게 사업을 인수한 후 매도자가 매수자 인근에 사업장을 다시 열어서 동일 품목으로 경쟁한다면 기존 고객을 다 뺏기게 됩니다. 이 경우 권리금을 주고 사업장을 인수한 것이 허사가 될 수 있기 때문에 기존 사업장을 인수할 때에는 계약서 작성에 주의를 기울여야 합니다. 통상적으로 양측이 합의하는 일정한 구역 안에서, 일정한 기간 동안 동일 또는 유사한 업종으로 경쟁하지 않는다는 조항(Non-competition Clause, NCC)을 매매계약서에 넣고, 매도자가 동 조항을 위반할 경우 어떤 손해배상 책임을 질지를 규정하는 것이 일반적입니다. 다만, 구역의 범위가 너무 넓거나 제한 기간이 지나치게 길 경우, 또는 업종 제한 범주가 광범위할 경우 매도자의 생계권을 침해하는 것으로 간주해 소송을 거쳐 계약 자체가 무효가 될 수 있으므로 합리적 범위 내에서 규정하는 것이 바람직합니다.

> **연방제**
> 국가의 권력이 중앙정부와 주에 동등하게 분배돼 있는 정치 형태로, 자치권을 지닌 다수의 나라가 공통의 정치 이념 아래 연합해 구성된 구조다.

바이든 정부의 주요 노동정책

- 연방 최저임금 인상, 초과근무수당 지급 대상 확대
- 성별을 이유로 한 차별 금지 강화
- 산업 안정 보건 강화, 유급 병가 확대 등
- 노동조합 설립 및 단체교섭권 절차 간소화 및 권한 강화, 부당노동행위 방지
- 독립 계약자의 근로자성 판단 시 'ABC 검증 요건'을 연방 표준으로 도입

SECTION 1

USA

Q05

세금과 관련해 주의해야 할 점은 무엇인가요?

A05

외국인이 미국에서 사업 활동을 통해 벌어들인 모든 소득은 연방법상 과세 대상에 포함됩니다.

미국 관련 소득 | 외국인이 미국에서 무역이나 사업을 하고 있다면 어떤 소득이 미국과 연관 있는지 세심한 분석이 필요합니다. 미국 연방법상 외국인이 미국 사업 활동을 통해 벌어들인 모든 미국 원천소득은 과세 대상으로 간주됩니다.

자본자산 판매로 인한 수동 소득 및 이득은 미국 무역 또는 사업과 연결이 존재하는 경우에만 외국인의 미국 소득으로 인정

용어 설명

미국 관련 소득 (Effectively Connected Income, ECI)

외국 기업이 미국 내 영업 활동을 통해 발생시킨 소득으로, 일반 미국 기업과 동일한 방식으로 과세된다. 총소득에서 이 소득을 발생시키는 데 소요된 비용을 공제한 순소득에 대해 과세하며, 세율은 일반 법인세율과 동일하다.

되며 과세 대상입니다. 만약 자본자산이 미국 사업 활동과 연관이 있다면, 이는 미국에서 납세 대상입니다.

미국에 있는 회사 사무소를 통해 발생하는 특정 유형의 해외 원천소득은 **미국 관련 소득**(Effectively Connected Income, ECI)으로 간주될 수 있으며, 이는 납세대상입니다.

예를 들면 미국 무역 또는 사업의 적극적인 수행에서 파생했지만 △해외에 있는 무형자산 사용에 대한 임대료 또는 로열티 △미국에서 활발한 은행 업무 수행으로 인해 발생하거나 자체 계정을 위해 주식 또는 증권을 거래하는 것을 주요 사업으로 하

는 기업이 받는 외국 원천 배당금 또는 이자 △미국 사무소 또는 고정사업장을 통해 판매가 이뤄진 경우 재고자산 및 고객에게 판매하기 위해 보유한 자산을 미국 이외의 지역에서 판매함으로써 얻는 이익 등이 있습니다. 미국에서 직접적인 사업 활동을 하지 않더라도, 미국에서 발생한 소득이 위의 사례들처럼 미국 관련 소득(ECI)인 경우 미국에 세금을 납부해야 하는 위험이 있습니다.

고정사업장 | 다국적기업은 사업을 운영하는 국가에서 다양한 세금 시스템에 직면해 있습니다. 국가 간의 이중과세를 줄이거나 없애고, 국가 간 거래를 촉진하며, 세법의 관리 및 집행 부담을 완화하기 위해 국가는 일반적으로 조약 당사자(체약국)가 벌어들인 소득에 대해 과세하는 방법을 설명하고 정하는 조세조약을 체결합니다.

각 계약 국가의 조세조약에 기업의 활동이 체약국에서 고정사업장(Permanent Establishment, PE) 수준으로 상승하는지를 설명하는 조항이 포함돼 있습니다. PE의 존재는 체약국에 PE에 귀속되는 기업 소득에 대한 세금을 부과할 수 있는 권리를 부여하기 때문에 중요합니다.

여기에 체약국에 사업을 수행해 얻은 소득과 이자, 배당금 및 로열티와 같은 수동 소득이 포함됩니다(해당 소득이 PE에 귀속되는 경우). PE가 없으면 조약 적격 법인의 사업 이익은 원천소득세 과세 대상이 아닙니다(즉 미국이 원천 국가인 경우 미국의 연방 소득세만 과세 대상).

PE는 일반적으로 기업의 사업이 완전히 또

W-8BEN

외국 업체가 미국 업체가 아니라는 사실을 인증해 비과세 또는 면제를 받기 위한 서류다. 미국 내 소득세는 35%지만, 해당 업체가 외국 업체라면 30%의 원천징수세(Withholding Tax)를 적용받는다.

는 부분적으로 수행되는 원천 국가에 고정된 사업장이 있는 경우, 또는 기업에 대해 구속력이 있는 계약을 체결할 수 있는 권한을 원천 국가에서 갖고 있고 종속 대리인(간주 PE)이 미국에서 사업 활동을 하는 경우 등입니다.

판례와 예규 등을 살펴보면 미국 내 사업 활동을 수행했는지를 판단하는 기준은 조세조약에서의 PE에 해당되는지를 판단하는 기준보다 훨씬 더 낮은 수준이라는 것을 알 수 있습니다.

외국인의 미국 내 사업 활동이 조세조약상 고정사업장에 해당하지 않더라도 미국 세법상 미국 내 사업 활동을 수행한 것으로 간주할 수 있습니다. 그러나 조세조약이 체결된 경우 일반적으로 고정사업장에 귀속되지 않은 사업소득은 조세조약상의 사업소득 규정에 따라 면세되거나 낮은 세율로 원천징수될 것입니다.

W-8BEN | IRS Form W-8BEN은 미국 세금 원천징수 및 보고(개인)를 위한 수익적 소유자의 외국 신분증명서입니다. 이는 당사자가 미국인이 아니며, 해당 양식과 관련된 소득의 수익적 소유자임을 확인하는 용도로 사용됩니다. W-8BEN은 개인이 적용 가능한 소득세 조약에 따라 원천징수액 감소를 청구하는 데 사용할 수도 있습니다. 미국에서 독립적인 개인 서비스를 제공하는 비거주 외국인 개인이 제기한 조약 청구는 양식 W-8BEN 대신 IRS Form 8233에 따른 비거주 외국인 개인의 독립 및 특정 부양가족의 개인 서비스에 대한 보상 원천징수 면제에 따라 이뤄집니다.

SECTION 1
USA

Q06
사업장을 철수하고자 할 때 필요한 절차와 특별히 신경 써야 할 점은?

A06
법인 세적이 살아 있는 경우 자산 또는 자본금을 기준으로 과세될 수 있습니다. 미국 사업을 철수한다면 주정부의 납세필증을 첨부한 철수신청서를 제출하고, 철수증명서를 발급받아야 합니다.

기업이 여러 주에서 영업을 하다가 특정 주에서 철수하는 경우 반드시 주정부에 납세필증을 첨부해 철수신청서(Withdrawal Application)를 제출하고, 철수증명서(Withdrawal Certificate)를 받아야 합니다. 이런 절차를 거치지 않을 경우 몇 년이 지난 후에 생각지도 않았던 주정부 세금이 부과될 수 있습니다. 일부 주의 경우 법인 세적이 살아 있으면 매년 일정액의 세금을 내도록 하거나 소득이 없더라도 법인 자산 또는 자

> **용어 설명**
> **Chapter 7**
> '완전 파산'이라고 불리며 말 그대로 채무자가 가진 모든 자산과 부채를 함께 계산해 채무자의 자산 범위를 넘는 부채를 완전히 탕감해주는 절차를 말한다.

본금을 기준으로 세금을 내도록 하기도 합니다. 이런 경우 영업을 하지 않더라도 철수신청이 없으면 세금이 계속 부과될 수 있습니다. 만약 세금 신고를 하지 않으면 부과 제척 기간이 만료되지 않으므로 언제든지 주정부에서 세금을 부과할 수 있습니다.

개인사업자는 스스로 파산을 결정할 수 있지만 모든 유형의 파트너십은 공동 소유자의 동의가 필요합니다(서면 동의서를 반드시 받고 해산 문서를 제출). 사업체가 등록

된 주에서 LLC 또는 법인을 법적으로 해산하지 않으면 계속되는 세금 위험에 노출됩니다. 반드시 소득세 및 판매세에 대한 최종 보고서 처리가 필요합니다. 그리고 고용주 식별번호를 취소하고 연방과 주 세무 기관에 알리고 IRS의 파산 절차 체크리스트에 따라 사업을 폐쇄해야 합니다. 마지막으로 일부 주에서는 세금 및 고용 기록 등을 보관할 법적 의무가 있을 수 있습니다. 공통 지침은 3년에서 7년 동안 기록을 보관할 것을 권장합니다.

미국 국세청 (Internal Revenue Service, IRS)

미국 정부 조직법상 재무부에 귀속된 5개 산하 관청 중 하나로, 9만8000명의 직원이 근무하고 있으며 82억 달러의 예산을 쓰는 기관이다.

Chapter 11 파산

미국에서 파산 후 재개하는 대표적인 방법은 Chapter 11 파산(조직 개편)입니다. 법원이 승인한 조직 개편 회생계획에 따라 채권자와 채무자 간 부채를 조정해 채무자가 사업을 지속할 수 있도록 하는 제도입니다. Chapter 11 채무자는 통상 파산을 접수한 후 처음 120일 동안 구조조정 계획을 제출할 배타적 권리를 가지며, 채권자가 계획을 평가할 수 있도록 적절한 정보가 포함된 공개 진술서를 채권자에게 제공해야 합니다. 법원은 조직 개편 계획을 최종적으로 승인하거나 거부할 수 있습니다. 회생불능으로 판단될 경우에는 Captter 7로 전환되어 파산 관재인이 자산을 처분해 분배하는 청산 절차를 거치게 됩니다. 채무자는 또한 부담스러운 계약 및 리스를 종료하고, 자산을 회수하며, 수익성을 회복하기 위해 운영 규모를 조정할 수 있습니다. Chapter 11 계획에 잘 따르면 채무자는 일반적으로 통합 기간을 거쳐 부채 부담이 줄어들고, 사업이 재편된 상태로 새롭게 시작 할 기회를 얻습니다.

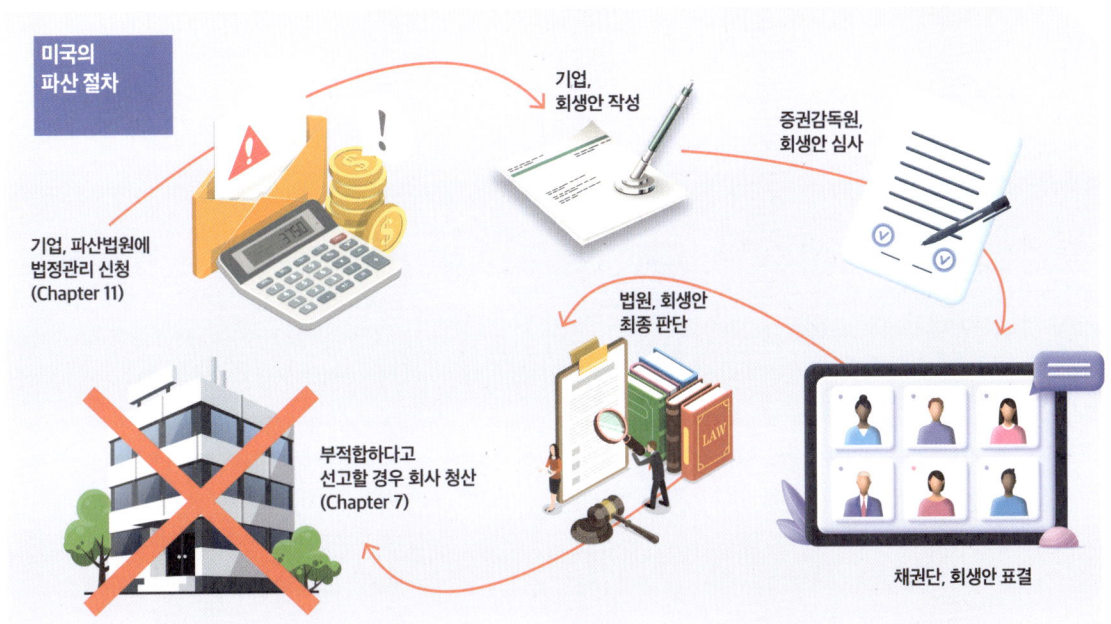

SECTION 1

USA

Q07

2022년 인플레이션 감축법의 시사점은 무엇인가요?

A07

인플레이션 감축법은 에너지 보안 및 기후 대응 투자, 최저 법인세율 15% 적용, 처방약 가격 개혁, 건강보험(ACA) 보조금 연장 등을 골자로 합니다. 특히 북미 생산 전기차에만 보조금을 지급하는 보조금 차별 조항은 한미 자유무역협정(FTA)상 보조금 등에서 상대국을 불리하게 대우할 수 없다는 '내국인 대우 의무규정'에 위배돼 논란이 일고 있습니다.

2022년 8월 12일 미 상원에 이어 하원을 통과하고, 8월 16일 조 바이든 미국 대통령이 서명해 확정된 인플레이션 감축법(IRA)은 국민 의료비 부담 감소와 더불어 바이든 정부가 추진하는 녹색에너지 이니셔티브 실행을 위한 보조금 지급을 포함해 각종 세제 혜택 및 재원 조달을 위한 법인세 최저세율 설정 등을 포함하고 있습니다. IRA는 웨스트버지니아주 상원의원인 조 맨친의 반대로 지난해 무산된 '더 나은 재건법(Build Back Better, 이하 BBB)'의 수정안입니다. BBB에 포함됐던 보육, 무상교육, 유급휴가 등 인적 인프라 관련 내용이 제외됐습니다.

ACA
정식 명칭은 환자보호 및 부담적정보험법(Patient Protection and Affordable Care Act)이다. 버락 오바마 전 대통령의 주도로 민영보험에만 의존하던 미국의 건강보험 시스템을 바꾸고, 모든 국민을 건강보험에 의무로 가입시키는 것이 핵심인 개혁 법안이다.

2027년 이후 재정 증대 효과 기대

바이든 정부는 향후 10년에 걸쳐 전기차, 청정에너지 등 분야에 3690억 달러를 투자해 세금 부담을 완화하는 한편, 의료 분야에도 640억 달러 규모를 지출해 미 국민의 건강보험 부담을 완화할 예정입니다. 재정지출 확대에 따른 재정적자 축소를 위해 제약사의 고객 환급액 확대(2650억 달러), 고소득자와 법인의 세금 인상, 세금 집행 강화(4720억 달러) 등의 내용도 포함하고 있습니다. 미 연방 예산위원회(CRFB)의 추산에 따르면 IRA 시행으로 2027년 이후 재정 증대 효과가 나타나, 2042년 누적 재정적자 감소 효과는 약 2조 달러에 달할 전망합니다.

IRA 시행에 따른 재정 효과 추정치 (단위: 10억 달러)

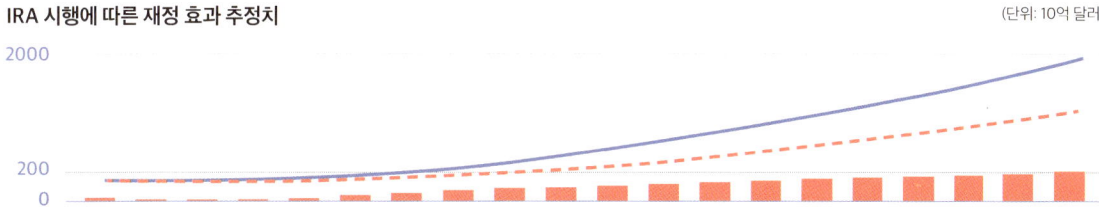

전기차 ㅣ 미국 내 생산된 전기차 신차 구매 시 2032년까지 최대 7500달러의 세액공제혜택을 제공하지만, 중국 등 비동맹국에서 생산·조립된 배터리를 사용하거나 이들 국가에서 수입된 핵심 원재료가 포함되는 경우 세액공제 대상에서 제외합니다. 즉 미국 또는 미국과 FTA를 체결한 국가에서 생산·가공했거나, 미국 내에서 재활용되는 배터리의 부품과 원재료의 비율을 충족시켜야 세액공제 혜택을 받을 수 있습니다. 업계에서는 전기차 배터리 보조금 차별 규정을 두고 FTA 등 통상 규범 위반 우려가 있다는 주장도 제기되고 있습니다.

친환경 에너지 인센티브 ㅣ 배터리, 전기차, 풍력터빈, 태양전지판 등 청정 기술 제조 설비 투자에 세액공제와 인센티브를 제공하고, 중요 광물 가공 및 생산시설을 자국에 유치하기 위한 세금 공제와 투자를 시행할 예정입니다.

헬스케어 ㅣ 2022년 일몰 예정인 ACA 시스템은 정부가 취약계층에만 건강보험 비용을 대신 지급하는 형태로 운영하고 있습니다. 이 제도가 일몰되면 ACA 수혜자(약 300만 명)의 건강보험료 부담이 커질 수 있어 2025년까지 지원을 연장하고 향후 지속하는 것

> **용어 설명**
> **메디케어**
> 미국 정부가 시행하는 사회보장제도로, 65세 이상 혹은 일정한 자격 요건을 갖춘 사람에게 건강보험 혜택을 제공하는 제도다.

에 대해서도 가능성을 열어뒀습니다. 또한 공공 건강보험인 메디케어가 특정 처방약 가격 협상을 할 수 있도록 했습니다. 대상자들이 의약품을 구입할 때 발생하는 지출과 관련해 연 2000달러로 상한선을 정하고, 특정 의약품 가격이 인플레이션 속도보다 빠르게 오르면 제약사는 고객에게 그 금액을 환급해야 한다는 규정을 포함할 예정입니다.

재원 확보 ㅣ 미국의 기준 법인세율은 21%지만, 각종 공제제도 등을 이용해 15% 미만의 법인세를 납부하는 경우가 많습니다. 이에 대해 최저 법인세율을 이익의 15%로 지정해 당기순이익 10억 달러 이상인 미국 내 기업에 부과하도록 했습니다. 이와 함께 자사주 매입의 경우 매입액의 1%를 소비세로 부과하도록 했습니다.

보조금 지급 대상이 되기 위한 연도별 배터리 부품 및 원재료 최소 비율 조건

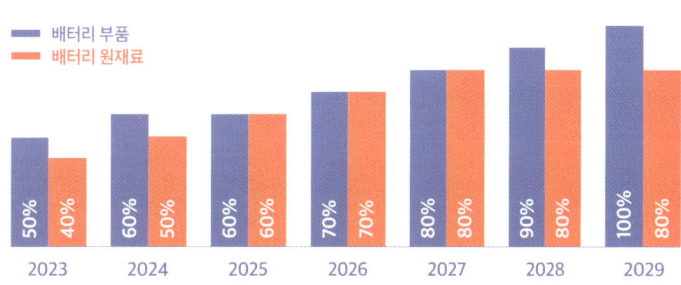

SECTION 1
USA
Q08
미국에서 M&A를 추진할 경우 세금과 관련해 고려할 사항은 무엇인가요?

A08 미국 기업 인수 시 해당 사법권과 어떤 세금 구조를 선택하느냐에 따라 세금 부담액의 차이가 크며, 인수 시점에서는 자금 조달 방법이 세금 부담액에 미치는 영향을 고려해야 합니다.

자산인수와 주식인수

자산인수에서 자산 획득 주체는 통상적으로 매우 제한적인 범위의 책임을 제외하고는 피인수 기업으로 인한 세무 리스크가 그리 크지 않습니다. 다만 거래 또는 비즈니스를 구성하는 자산을 취득하는 경우 상각 가능한 영업권이 발생할 수도 있다는 점을 기억해야 합니다.

자산인수 방식의 인수합병은 피인수 기업의 부채(소득세 포함)에 대한 부담이 없고, 피인수 기업의 일부 자산만 선택적으로 취득할 수 있으며, 피인수 기업의 수익은 인수 기업에 의해 반영되므로 전체적인 손실을 줄일 수 있다는 것이 장점입니다. 하지만 피인수 기업이 영위해오던 공급, 고용 및 기술 등 기존 계약에 대한 재협상 또는 계약 주체 변경, 기존 은행 대출 및 자산의 소유권 등록증의 변경이 필요합니다. 또한 주 및 지방 양도세가 부과될 수 있다는 점에 대해 주의를 기울여야 합니다.

자산인수가 아닌 주식인수 방식의 경우 피인수 대상 기업으로 인한 세무적 부담과 리스크를 승계한다는 점을 잊지 말아야 합니다. 모든 회계, 세금, 법적 권리 및 의무는 인수와 동시에 구매자에게 넘어오기 때문에 사전에 충분한 실사와 검토가 필요합니다. 하지만 주식인수 방식은 피인수 기업의 순영업손실(Net Operating Loss, NOL)을 사용해 전체 수익 규모를 줄여 납부세액 규모를 축소할 수 있으며, 기존 공급, 고용 또는 기술 계약의 혜택을 계속 유지할 수 있다는 장점이 있습니다. 하지만 피인수 기업의 법적·금전적 책임을 감당해야 하며, 기존에 영위하던 세제 혜택은 유지되지 않을 수 있다는 점을 고려해야 합니다. 또한 주식인수의 특성상 자산인수 방식에 비해 처분이 어려운 경우가 발생할 수 있고, 원치 않는 자산도 인수해야 한다는 것은 단점입니다.

6541억 달러
2021년 1분기 미국의 M&A 거래 규모는 6541억 달러로, 전년 동기 대비 160% 급증했다.

인수 법인 형태의 비교

인수자의 상황과 법인 형태에 따라 다른 과세 특징을 살펴보고, 미국 현지 지주회사, 외국 회사, 비거주 중간 지주회사 및 합작법인(Joint Venture) 형태 등을 고려해볼 수 있습니다.

현지 지주회사 | 미국 법인은 주식회사(C-corporation)로 설립하지만, 종종 피인수 회사를 위한 지주회사 또는 인수 수단으로 특수목적기구(Special Purpose Vehicle, SPV)가 사용됩니다. 주식회사의 특징인 법인세 납세의무에도 불구하고, 법인은 피인수 회사와 구매자 그룹 간 손실을 이용해 소득을 감소시킬 수 있는 장점이 있습니다. 하지만 취득 회사의 손실액 사용 여부는 미국 세법 Section 382에 따라 제한될 수 있습니다. 추가로 외국인이 미국 부동산 과다 법인의 주주인 경우 법인 소유의 부동산 양도가액의 15%를 원천징수하는 FIRPTA 세제의 영향도 함께 고려해야 합니다. 부동산 과다 법인은 총 자산의 50% 이상을 부동산으로 가지고 있는 법인을 의미합니다.

외국 회사 | 외국인 소유주는 일반적으로 미국 자회사의 기업소득에 대해 세금을 내지 않기 때문에 외국 기업은 미국 타깃 회사 주식을 구매하기 위한 수단으로 사용될 수 있습니다. 그러나 외국 기업에 송금되는 미국 피인수 기업의 배당금 또는 이자는 30%의 세율로 미국 원천세 규정에 적용받을 수 있습니다. 예를 들어 외국 기업의 부채를 상환하기 위해 미국 타깃 회사에서 배당하는 경우 미국 원천징수세를 고려할 필요가 있습니다. 추가로 인수한 미국 기업이 부동산 과다 법인일 경우 FIRPTA 이슈도 염두에 두어야 합니다.

비거주 중간 지주회사 | 미국 피인수 회사의 주식 취득은 잠재적으로 유리한 미국 및 외국 조세조약 혜택을 누릴 수 있는 미국(중간 회사)과 소득세 조약이 있는 관할구역에 거주하는 지주회사를 통해 구성될 수 있습니다. 그러나 구조의 혜택은 대다수 미국의 조세조약 또는 미국 연방 세법의 조세회피 방지 규정에 따라 조세조약 혜택이 제한될 수 있습니다.

합작법인(파트너십·LLC) | 여러 구매자가 함께 타깃 회사를 인수하는 합작투자는 파트너십 또는 유한책임회사(LLC) 형태로 시행할 수 있습니다. 파트너십과 LLC의 경우 법인 소득세는 없으며, 사업체에서 발생한 수익과 손실을 소유주 분배 여부와 관계없이 소유주에게 직접 세금이 매겨집니다. 외국인 소유주는 미국 과세와 함께 미국 원천징수세 및 미국 세금 보고서 제출 의무를 고려해 투자 구조를 구성해야 합니다.

> **용어 설명**
> **원천징수**
> 소득 또는 수입 금액을 지급하는 자(원천징수의무자)가 그 금액을 지급할 때, 상대방(원천납세의무자)이 내야 할 세금을 미리 징수하여 국가에 납부하는 조세 징수 방법 중 하나다.

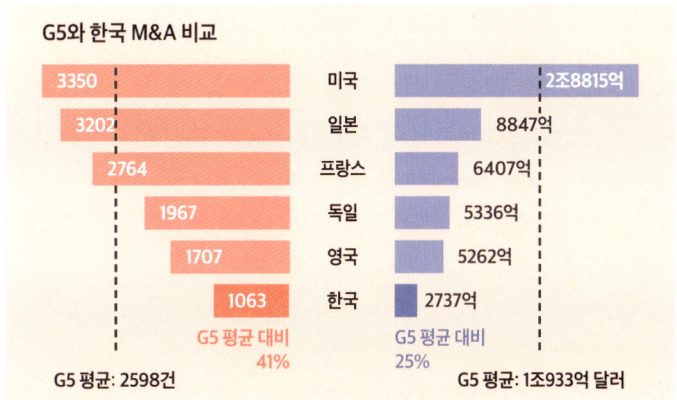

G5와 한국 M&A 비교

	건수		금액
미국	3350		2조8815억
일본	3202		8847억
프랑스	2764		6407억
독일	1967		5336억
영국	1707		5262억
한국	1063 (G5 평균 대비 41%)		2737억 (G5 평균 대비 25%)

G5 평균: 2598건 / G5 평균: 1조933억 달러

자료: 전경련, Capital IQ, 2012년 1월~2022년 1월 기준

SECTION 1

USA

Q09

외국투자자가 선호하는 법인의 형태와 장단점은 무엇인가요?

A09

미국에서 사업을 하기로 결정했다면 어떤 형태의 법인이 적합한지 결정해야 합니다. 본사가 한국에 있는 경우라면 미국에 독립법인 지사를 설립하거나 해외 지점, 연락사무소를 설립할 수 있습니다. 하지만 사업 형태에 따라 세금 신고 유형이 달라진다는 점에 유의해야 합니다.

미국의 법인 형태는 주식회사, 파트너십, 유한책임회사 등 다양합니다. 각각의 형태는 장단점이 있기 때문에 적절한 형태를 선택해 법인설립을 추진하는 것이 바람직합니다.

주식회사(C-Corporation) ㅣ 미국 주식회사는 한국의 주식회사 형태와 관련법이 유사합니다. 주식회사는 주식 발행을 통해 자본을 조달하는 법인입니다. 법인은 법으로 법인격이 부여되며 회사 소유와 경영을 분리하고, 세금은 일반 회사에 독립적으로 부과되며 투자자가 무한책임을 지는 것을 피하는 데 적합한 형태입니다. 다른 법인 형태에 비해 상대적으로 주식 등 지분양도가 쉬워 외부 투자자에게는 매력적인 투자 형태입니다. 미국 주식회사는 C-corporation과 S-corporation이 있습니다. C-corporation의 경우 미국 국세법(Internal Revenue Code, IRC)의 Subchapter C를 적용받습니다

3조 달러

미국 MZ 세대(미국 인구의 42%)의 소비 규모는 3조 달러(한화 약 4306조)로 추산된다(2020년 기준, KOTRA, 2022 미국 경제 동향 및 전망).

용어 설명
합명회사(General Partnership, GP)

무한책임사원만으로 구성되는 회사다. 즉 사원 전원이 회사 채무에 직접 연대무한책임을 지고 이에 대응해 각 사원이 업무집행의 권리 및 대표권을 지닐다.

다. 법인세는 법인 단계에서 납부해야 하고, 법인이 주주에게 배당금을 지급하는 경우 주주에게 개인소득세 또는 법인세 납부 의무가 있습니다. 반면 S-corporation은 IRC의 Subchapter S를 적용받습니다. 법인 단계에서 세금을 납부하지 않고, 파트너십과 같이 주주의 소득·손실을 귀속시켜 세금을 납부하며, 회사는 주주에 대한 법인 소득·손실의 자세한 내역을 미국 국세청(interlali Revnmue, IRS)에 보고할 의무가 있습니다. 하지만 의 주주 자격은 미국 시민권자나 영주권자이므로 한국 국적의 투자자는 활용할 수 없습니다.

파트너십 ㅣ 파트너십은 2명 또는 그 이상의 구성원이 공동으로 사업을 소유하고 운영하며 일부 파트너는 현금을 투자하고 일부는 기술, 부동산, 서비스 등을 제공하는 방식으로 참여하는 방식입니다. 파트

너십의 설립, 운영, 그리고 파트너들의 권리, 책임 등은 파트너십 협약(Partnership agreement)에서 상세하게 명시하고 있으며 파트너십은 이 협약에 따라 운영합니다.

파트너십의 종류는 채무와 무한 혹은 유한 책임을 지는지에 따라 구분이 가능합니다. 일반적인 합병회사(General Partnership, GP)는 파트너가 공동으로 파트너십을 운영하는 경우 사용되며 파트너들이 채무와 배상의무 등에 무한책임을 지는 형태입니다. 합자회사(Limited Partnership, LP)는 대표적으로 펀드에 많이 사용됩니다. 경영을 담당하는 소수의 파트너(General Partner)는 무한책임을 지며, 단순히 자본만 투자하는 다수의 파트너(Limited Partners)는 무한책임을 부담하지 않습니다. 유한책임회사(Limited Liability Company, LLC)는 변호사·공인회계사·의사 등의 과실로 인한 손해배상 의무가 종종 발생하는데, 그 배상의무가 일부 구성원의 행위로 인해 다른 파트너가 피해를 보는 것을 방지할 수 있는 형태의 파트너십입니다. 각 파트너들은 자신이 투자한 액수를 한도로 유한책임이 있으며, 파트너는 다른 파트너의 독립적이거나 승인되지 않은 행동으로 인한 책임은 지지 않으므로 개별 파트너는 다른 파트너의 잘못된 비즈니스 결정이나 위법행위로 인해 발생하는 공동책임으로부터 보호되는 형태로 무한책임을 배제하고 있습니다.

LLC | 유한책임회사(Limited Liability Company, LLC)는 개인사업체, 파트너십의 이점과 주식회사의 이점을 함께 가지고 있는 형태입니다. 미국 세무 목적상 주식회사 또는 파트너십으로(구성원이 2명 이상인 경우) 선택이 가능합니다. LLC는 세금 목적상 주식회사로 선택하는 경우에도, 파트너십과 유사하게 소유주 간 운영약정서(Operating Agreement)를 맺어 회사의 운영 문제와 소득분배 등을 상세하게 규정해야 합니다.

LLC는 주식회사와 같이 구성원에게 회사의 사업 또는 채무 관련 무한책임 의무가 없으며, 세법상 파트너십으로 선택할 경우 회사의 소득·손실을 구성원에게 배분·신고할 수 있습니다. LLC는 주별로 설립 요건 및 적용 법률이 다르며, 소규모 사업이라면 LLC가 유리합니다. 사업 규모가 커지는 경우 외부자본 조달의 어려움, 회계 처리의 복잡성 등 한계가 있습니다.

용어 설명

합자회사(Limited Partnership)
무한책임사원과 유한책임사원으로 구성되는 이원적 조직의 회사이다. 무한책임사원은 재산, 노무, 신용 중 어느 것이든 출자할 수 있고 회사의 경영에서 각자가 업무집행의 권리와 의무를 가질 뿐 아니라 회사채무에 관하여 직접 회사채권자에게 연대무한의 책임을 진다.

운영약정서(Operating Agreement)
사업 운영에 관한 기본 사항을 합의하고 이를 원활히 진행하기 위해 약정한 내용을 명시한 문서를 말한다.

법인 형태에 따른 장단점

구분	장점	단점
개인 사업	설립·해체 조건이 간단함.	구성원의 채무와 배상 의무 등에 무한책임이 있음.
General Partnership	설립·해체 조건이 간단함.	파트너의 채무와 배상 의무 등에 무한책임이 있음.
Limited Partnership	Limited Partners는 유한책임을 부담하는 경영진과 투자자 분리가 가능함.	General Partner는 무한책임을 부담함.
Limited Liability Partnership	파트너의 불법행위에 대한 책임이 없음.	각 주법에 따라 LLP 설립이 불가할 수 있으며, 특정 직업군에 한정해 가능함(변호사, 회계사 등).
C-corporation	• 주주가 유한책임을 부담함. • 상대적으로 주식 등 지분 양도가 용이하며, 외부 투자자에게 매력적인 투자 형태임. • 추후 기업공개(IPO)가 가능함.	• 연간 보고·공시의무, 정관, 내규 등 형식적인 측면에서 요구되는 사항이 많음. • 거버넌스 측면에서 엄격한 경영 구조를 준수해야 하며, 법정 규칙 및 제한이 확고함.
S-Corporation	법인 소득에 대해 법인에 과세하지 않고 주주의 소득으로 배분해 과세함.	미국 시민권자나 영주권자가 아닌 경우 주주가 될 수 없음.
Limited Liability Company	투자자가 유한책임을 부담함. 연간 보고·공시의무, 정관, 내규 등 형식적인 측면에서 요구되는 사항이 상대적으로 적음.	신주발행·인수에 따른 참여 및 기타 주식 관련 조치(스톡옵션 부여 등)를 활용할 수 없음.

SECTION 1

USA

Q10 미국에서 직접적으로 사업 활동을 하지 않으면 미국에 세금을 납부할 의무가 없나요?

A10 실질 체류기간 심사 기준을 충족하는 장기 체류자는 세법상 미국인에 해당합니다. 자산의 출처와 상관없이 전 세계에서 발생한 소득을 미국 세무 당국에 신고할 의무가 있습니다.

미국에 투자하는 입장에서 가장 신경 써야 하는 것은 세금 납부와 관련한 사항입니다.

거주자 여부
외국인의 세금과 관련해 가장 먼저 고려해야 할 사항은 본인이 미국 거주자인지, 비거주 외국인인지 확인하는 것입니다. 이에 따라 많은 것이 달라집니다.

미국 거주자 | 미국 거주자는 기본적으로 전 세계에서 벌어들이는 소득에 대해 미국 정부가 과세합니다. 미국 시민이거나 영주권자라면 해외에 거주하더라도 기본적으로 다른 미국 거주자와 같은 세율을 적용받고 세금을 납부해야 합니다. 시민권자나 영주권자가 아니더라도 실질적으로 미국에 거주하는 것으로 간주할 경우 미국 거주자로 판단해 과세 대상에 포함됩니다.

IRC 7701(b)(3)에 따른 실질적 체류 기간 심사(Substantial Presence Test)는 올해 체류 일수 31일 이상이고, 올해 체류 일수+전년 체류 일수의 3분의 1+전전년 거주 일수 6분의 1을 합해 183일 이상일 경우 미국 내 거주자로 간주합니다. 다만, 체류 기준을 충

1만 달러
미국 시민권자나 영주권자, 거주자가 해외 금융 계좌 각각의 연중 최고 현금 가액을 합해 1만 달러를 초과하면 신고 의무를 지게 된다.

족하는 경우에도 당해 연도 미국에서 체류한 일수가 183일 미만이고 당해 신고연도에 외국에 사업의 주된 장소(Tax Home)가 있으며, 외국과의 관련성이 더 밀접한 경우 비거주자로 판단합니다. 외국과의 관련성(Closer Connection)은 개인의 항구적 주거(Permanent Home), 가족의 거주 장소, 자동차·가구·의류·보석 등 본인 및 가족들의 소유물 보유 장소, 본인이 참여하고 있는 각종 정치·사회·문화 및 종교 기관의 위치, 개인 은행 계좌의 장소, 사업 행위의 장소, 운전면허증 등록지, 투표권 인정 국가 등을 종합적으로 고려합니다. 또한 미국에서 발급받은 비자의 종류 그리고 조세조약을 체결한 국가 등도 납세 여부에 영향을 줄 수 있습니다.

미국 비거주자 | 비거주자(Non-Resident Alien, NRA)는 영주권을 소지하지 않았거나 실질적 체류 기간 심사를 충족하지 않는 외국 시민입니다. 비거주자는 미국을 제외한 다른 국가에서의 소득에 대해 미국에 납세 의무가 없습니다. 단, 미국에서 발생한 소득과 관련해서는 미국 세금이 적용됩니다. 미국에서 발생한 소득의 대표적인 예로는 거래로 인한 배당금 및 자본이득, 이자소득 등이 있습니다.

비거주자가 투자한 미국 회사가 배당금을 지급하면 배당금에 대해 30%의 세금을 납부해야 합니다. 이 세율은 미국과 비거주자 국가 간에 조세조약이 체결된 경우 달리 적용될 수 있습니다. 한국 거주자의 경우 10~15%를 적용받습니다. 외국 회사로부터 받은 배당금은 미국에서 과세하지 않습니다. 주식 매각에 따른 자본이득 및 단기 자본이득 분배는 미국 납세의무를 유발하지 않습니다. 그러나 이 소득에 대해 신고해야 하고, 모국에서 세금을 납부해야 합니다. 일반적으로 미국에서 받은 이자소득은 미국에서 과세 대상이 아니라 거주하는 국가에서 과세합니다. 한국 거주자는 한미 조세조약에 따라 12%의 원천세가 부과됩니다.

실질 체류 기간 심사 기준을 충족하는 장기 체류자는 세법상 미국인에 해당합니다. 이에 따라 소득의 원천이 되는 자금 또는 재산의 출처와 관계없이 한국을 포함한 전 세계에서 발생한 소득에 대해 미국 세무 당국에 소득세 신고를 할 의무가 있습니다. 단, 미국 세법 및 한미 조세조약에 따라 별도로 규정하는 경우는 제외됩니다. 만약 한국에서 발생한 소득에 대해 한국 정부에 소득세를 납부한 경우 미국에서 외국납부세액공제(FTC)를 받게 됩니다. 따라서 한국에서 세금을 납부한 경우에도 미국 세무 당국에 빠짐없이 소득세를 신고해야 합니다. 한국에 납부한 소득세가 있으면 이중과세의 불이익을 당하지 않도록 외국납부세액공제를 받아야 합니다.

> **용어 설명**
>
> **외국납부세액공제 (Foreign Tax Credit, FTC)**
>
> 외국 소득에 대해 해당 국가에 납부한 소득세가 있다면, 세액공제로서 미국과 외국에 이중으로 세금을 납부하는 것을 방지해준다.

미국 세법상 거주자

183일 계산법

올해 체류 일수+전년 체류 일수 3분의 1+전전년 거주일수 6분의 1 > 183일

SECTION 1
USA
Q11

연방세와 주세는 어떻게 구분되며, 미국 진출 시 이와 관련해 고려할 사항은 무엇인가요?

A11 미국에서 소득이 있다면 연방세, 주정부세, 지방세를 납부해야 합니다. 미국은 연방정부, 주정부, 지방정부로 구성되며, 행정권, 입법권 및 사법권이 분리돼 있어 각각 독립된 과세 시스템을 갖추고 있습니다.

미국의 세금을 크게 연방정부 세금(연방세)과 주정부 세금(주세)으로 나눌 수 있습니다. 연방 소득세(Federal Income Tax)는 연방정부가 모든 시민과 거주자, 회사, 기타 납세자의 소득에 부과하는 세금입니다. 한국과 비교하면 소득세 또는 법인세가 여기에 해당한다고 이해하면 됩니다.

기본적으로 소득이 발생했을 경우 납부할 의무가 있기 때문에 소득이 없으면 납세의무도 없습니다. 하지만 소득이 있으면 납세의무가 발생하기 때문에 누락하지 않도록 잘 챙겨야 합니다. 여기에서 소득은 총소득에서 소득을 위해 지출한 경비를 제외한 순소득 개념입니다. 연방 소득세 납부는 기본적으로 소득신고에 기반하고 있습니다.

주별로 달라지는 세율 | 미국의 대부분 주는

세액공제
과세소득금액에 세율을 적용해 산출된 세액에서 세법에 규정한 일정액을 공제한 후 납부할 세액을 산정하는 제도.

거주자에게 연방 소득세와 별도로 주 소득세(State Income Tax)를 부과하고 있습니다. 주 소득세도 연방 소득세와 마찬가지로 모든 시민과 거주 외국인, 회사, 기타 납세자들의 소득에 부과합니다. 주 소득세는 각 주별로 세율 및 과세대상 등이 조금씩 다르

연방 소득세 세율 기준 (단위: 달러/미만)

세율	소득 구간			
	2021년		2020년	
	독신(1인)	부부 합산	독신(1인)	부부 합산
10%	9,950 미만	19,900 미만	9,875 미만	19,750 미만
12%	9,950~40,525	19,900~81,050	9,875~40,125	19,750~80,250
22%	40,525~86,375	81,050~172,750	40,125~85,525	80,250~171,050
24%	86,375~164,925	172,750~329,850	85,525~163,300	171,050~326,600
32%	164,925~209,425	329,850~418,850	163,300~207,350	326,600~414,700
35%	209,425~523,600	418,850~628,300	207,350~518,400	414,700~622,050
37%	523,600 이상	628,300 이상	518,400 이상	622,050 이상

자료: 연방국세청 IRS

기 때문에 해당 주의 관련 규정을 검토해야 합니다. 일반적으로 주 소득세 과세표준은 연방 소득세 과세표준을 기준으로 일부 사항에 대한 증감을 통해 산정합니다.

각 주는 해당 주 내에 충분한 관련 요소(Nexus)가 있는 개인 또는 법인에 대해 주 소득세를 부과합니다. 개인 납세자의 경우 이러한 관련 요소 존재 여부를 판별하는 게 비교적 용이합니다. 일반적으로 개인 납세자는 자신이 거주하고 있는 주와 근로 활동을 수행하고 있는 주에 모두 충분한 관련요소가 있는 것으로 봅니다. 따라서 거주지와 근로 활동이 다른 주에서 발생할 경우 개인납세자는 두 주에 모두 납세의무를 지게 됩니다. 이때 거주지 주에서는 근로지 주에서 납부한 주 소득세에 대한 세액공제(Tax Credit)를 허용해 이중과세 부담을 덜어줍니다.

주 내에서 영업 행위 했다면 과세 | 법인 납세자에 대한 관련 요소는 일반적으로 해당 주 내에서 영업행위를 했는지를 기준으로 판정합니다. 이러한 기준은 주마다 요구하는 최소한의 관련 요소가 다르기 때문에 혼란이 발생하곤 합니다. 대부분의 주는 해당 주 내에 종업원을 두고 고객을 유치하거나, 보관된 물품이 있거나, 혹은 판매 행위, 배달 행위, 주문 행위 등 구체적인 영업행위가 있으면 충분한 관련 요소가 있는 것으로 보고 과세합니다. 다른 주에서 설립된 회사에 대해 일반적으로 주 소득세를 부과할 수 없으나, 충분한 관련 요소가 발견될 경우 과세합니다.

많은 기업이 다수의 주에서 사업 활동을 영

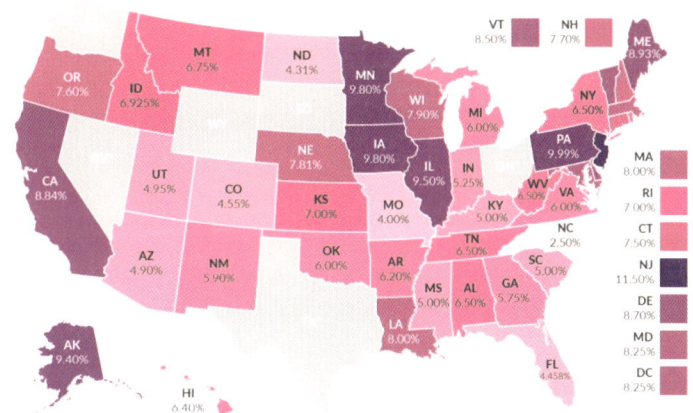

미국 주별 법인소득세율

자료: Tax foundation, 2021년 1월

용어 설명
지점세
외국법인의 국내 사업장(지점)에 대해 일반 법인세에 추가해 과세하는 일정한 부가세(Sur Tax)를 말한다.

위할 경우 관련 요소의 존재 여부를 따져 주별로 얼마만큼의 소득세를 부담해야 하는지 정하게 됩니다. 이때 회사 자산 가운데 어느 정도가 특정 주에 있으며, 총임금 중에서 어느 정도가 특정 주에서 지급됐는지, 총매출액 중 어느 정도가 특정 주 내에서 얻은 것인지를 따집니다. 이를 일정한 산식에 따라 계산한 백분율로 특정 주에서 과세대상 소득을 결정합니다.

법인에 대한 주 소득세와는 별도로 일부 주는 회사의 자본금 등을 기준으로 매년 일정액의 지점세(Franchise Tax)를 부과하기도 합니다. 지점세는 소득에 부과되는 세금이 아닙니다. 해당 주에서 회사를 운영하는 것을 허가해준 것에 대해 부과하는 세금이라고 보면 됩니다.

미국 투자와 운영 과정에서 한국과의 거래가 빈번하게 진행될 경우 국제거래와 관련한 세금 문제에 노출될 가능성이 높다는 점도 염두에 두어야 합니다.

SECTION 1

USA

Q12

투자이민이 궁금합니다

A12 한시적으로 중단한 미국 투자이민제도가 최근 재개되며, 중국·인도의 부유층이 몰리는 등 뜨거운 관심을 받고 있습니다. EB-5 투자이민은 미국 내에 설립된 신규 영리회사에 합법적 취득 증빙이 가능한 자신의 자본금을 투자해 10명 이상의 고용 창출을 입증할 경우 영주권을 발급해주는 이민 제도입니다.

미국 의회는 1990년 외국인투자 유치를 통한 고용증대와 경제 촉진을 꾀하기 위해 EB-5(Employment-Based-Fifth Preference) 투자이민 비자를 제정했습니다. 이후 1992년 시험 프로그램으로 간접 투자이민을 제정해 그 유효기간을 거듭 승인하며 오늘날에 이르렀습니다. EB-5 투자를 위해선 ① 새로운 비즈니스에 대한 투자여야 하며 ② EB-5 투자자당 최소 10개의 정규직 일자리 창출이 필요합니다. ③ 투자자당 최소 투자금은 지역센터(Regional Center)를 통해 투자하는 경우와 직접투자(Direct Investment)하는 경우 규모가 다릅니다. 지역센터를 통해 '고용 촉진 지역'에 투자하는 경우 최소 80만 달러의 투자가 필요하며, 그 외 지역은 105만 달러가 최저 기준입니다. 직접투자를 할 때 고용 촉진 지역에 투자하는 경우 최소 금액이 50만 달러이며, 그 외 지역은 100만 달러입니다.

> **용어 설명**
>
> **고용 촉진 지역**
> 인구 2만 명 이하의 소도시 또는 실업률이 미국 평균의 150% 이상인 지역을 말한다.
>
> **83만3900명**
> 연간 미국 이민자 수(2021년 기준)

지역센터 | 지역센터는 고용 촉진 지역 내에서 수출 증대, 새로운 일자리 창출, 자본투자 등을 통해 경제성장을 촉진하는 기업체나 대행업체 등을 의미합니다. 호텔·아파트단지 등을 조성하는 데 필요한 펀드를 EB-5 프로그램을 통해 모집한 자금, 은행 대출, 기타 투자자들의 자금과 합산해 투자하는 역할을 합니다. 투자자의 90% 이상은 지역센터를 이용한 간접투자(Indirect Investment) 방식을 택합니다.

2021년 6월 30일에 미국 의회가 이 제도에 대

한 연장 허가를 재승인하지 않아 존속 여부가 불투명해졌습니다. 이후 2022년 3월 15일 조 바이든 대통령이 연장 허가를 최종 승인하면서 2027년 9월 30일까지 연장됐습니다. 관련 법령인 '개혁 및 통합법'에서 투자자 보호, 투자자의 미성년자 영주권 신청 조건 개선, EB-5 프로그램 만기 시점 이후에도 기존 신청 건들의 진행이 가능한 무상 할당 조항을 포함했습니다. 기존 EB-5 신청에서 불편한 사항을 대폭 개선한 것이죠. 추가로 미국 이민국(US Citizenship and Immigration Services, USCIS)은 지역센터와 직접투자 모두에 보다 철저한 행정 절차, 기록 보관 등 엄격한 요구 사항 준수를 요구하고 있습니다. 모든 지역센터는 최소 5년에 한 번 미국 이민국의 감사를 의무적으로 받아야 합니다.

지역센터를 통한 허가 신청을 위해서는 미국 이민국에 I-924 지역센터지정신청서를 제출해야 합니다. 투자자별로 각 10개의 전일제 일자리를 2년 동안 창출할 수 있다는 증빙자료도 필요합니다.

대부분의 경우 EB-5 프로그램으로 받은 투자금은 지분 투자보다 대출 형식으로 많이 진행합니다. 이는 비자 프로그램 신청자들의 투자금 손실 위험을 낮추는 역할을 합니다. 다만, EB-5 신청자들은 모든 은행의 대출 원금과 이자를 정리한 이후에 투자 원금을 받을 수 있다는 사실을 기억해야 합니다.

기본적으로 EB-5 투자자는 운영사의 허락 없이 투자금 회수가 불가능합니다. 그리고 운용사는 투자자들의 영주권 획득 여부와 관련해 모든 책임을 지지 않는다는 점을 명심해야 합니다. 일반적인 EB-5 프로그램 계약서에는 "매년 미국에서 발행하는 비자 발급 수가 신청자 수보다 적으므로 영주권 획득 보장은 없다"라고 명시돼 있습니다. 많은 경우 영주권 획득이 무산되면 투자금을 반환하는 조건이 있지만, 반드시 그렇지는 않기 때문에 꼼꼼하게 검토해야 합니다.

직접투자 | 직접투자 역시 지역센터 방식처럼 동일한 프로젝트에 여러 투자자가 함께 투자할 수 있지만, 호텔·아파트단지 등 대규모 프로젝트보다 중·소규모 음식점, 도매·소매 업종에 적합하다는 게 일반적인 평가입니다. 직접투자는 프로그램 만기 시점이 없으므로 정부가 바뀌어도 지속 가능하다는 장점이 있습니다.

조 바이든 미국 대통령은 2022년 5월 미국 고용 보고서를 인용해 금리인상과 인플레이션 우려에도 일자리 39만 개가 늘었다고 발표했다.

주요국 이민자 증가율 (단위 : %)

- 캐나다 117.3
- 영국 51.4
- 미국 43.4
- OECD 평균 25.2
- 한국 -5.5
- 일본 -37.3

자료: OECD, 2021년 기준

I-924
미국 시민권과 이민 서비스(USCIS)를 위해 EB-5 지역센터에 제출하는 사전승인 청원서

투자이민 타임라인

Phase 1 : EB-5 비자 신청 ▶ Phase 2 : 영주권 발급 진행 ▶ Phase 3 : 미국 영주권 발급·투자금 회수(Exit)

Year 1 ─────────────────────── Year 5

Phase 1
EB-5 비자 신청 준비
- EB-5 투자자 모집
- 투자 프로젝트 검토
- EB-5 투자계약서 검토·협상 투자금 입금
- EB-5 신청서(Form I-526) 제출

Phase 2
영주권 진행 상황 모니터
- 지역센터 수익 모니터링 (투자금의 연 1~3% 예상)
- 프로젝트의 진행 상황 모니터링
- 10개의 일자리 창출 입증 서류 준비

Phase 3
미국 영주권 발급과 투자금 회수 준비
- 2년 동안의 조건부 영주권 기간 종료 후, 영구적인 영주권 신청을 위한 Form I-829를 제출
- Form I-829의 승인과 동시에 미국 영주권 발급 완료
- 초기 투자금 회수

SECTION 1
USA
Q13

미국의 주택, 빌딩 등 부동산에 투자할 경우 고려할 사항은 무엇인가요?

A13

한국 거주자, 즉 미국 세법상 비거주자로서 미국 부동산을 취득·보유·매도할 경우 단계별로 세금이 발생합니다.

최근 미국에 대한 기업 투자가 증가하면서 미국 부동산에 대한 관심이 높아지고 있습니다. 실제로 미국 내 부동산을 취득하는 한국인도 점차 증가하고 있습니다.

취득 단계 | 미국 부동산을 매입할 경우 우리나라와 같은 취득세는 부과되지 않습니다. 단독주택은 개인 명의로 매입하는 사례가 많지만 만약 임대사업을 위한 임대용 부동산을 구매하고자 할 때에는 책임을 한정하기 위해 유한책임회사(LLC) 형태로 구입하는 것이 일반적입니다. 미국은 우리나라와 달리 부동산 중개업자가 매수인에게 비용을 청구하지 않습니다. 중개업자에게 비용을 지불하는 것은 매도자입니다. 단, 부동산 매수자의 경우 매매 결제 과정에서 **에스크로** 수수료를 납부해야 합니다.

매입 과정에 필요한 자금을 한국에서 미국으로 송금할 경우 부동산 취득 이전에 외국환은행에 신고해야 하며, 부동산 취득 3개월 이내에 해외 부동산 취득 신고를 해야 합니다. 매년 5월에 이뤄지는 종합소득세 신고 기간 중에 해외 부동산 취득 및 임대명세서를 제출해 신고해야 합니다. 이때 임대소득이 있을 경우 타 소득과 합산해 신고하고 납부해야 합니다.

보유 단계 | 미국의 보유세는 주별로 많이 다르기 때문에 일괄적으로 이야기하기 곤란합니다. 캘리포니아주를 기준으로 살펴보면 매년 재산세는 주택 감정평가금액의 1~1.2%를 카운티에 연 2회 분할납부하게 됩니다.

> **용어 설명**
> **에스크로**
> 구매자와 판매자 간 신용 관계가 불확실할 때 상거래가 원활하게 이뤄질 수 있도록 제3자가 중개하는 매매 보호 서비스를 말한다.

매입한 당해에는 매입가가 감정평가금액이 되고, 이후 매년 감정평가가 이뤄집니다. 우리나라의 공시지가를 떠올리면 편리합니다. 단, 이 평가금액은 캘리포니아주의 경우 연 2% 범위 내에서만 증액이 가능하기 때문에 변동성은 크지 않습니다.

임대소득이 발생한 경우 거주자와 마찬가지로 미국 연방 세무 당국에 세금 신고를 하고 소득세를 납부해야 합니다. 납부 세액은 소득 구간에 따라 10~37%까지 달라지는데, 소득이 많을수록 부담해야 하는 세금액이 커지는 누진제 형태입니다. 세금 신고 시에는 미국 국세청(IRS)에서 납세자번호(ITIN)를 발급받아 진행합니다. 미국에 세금을 납부한 경우 한국에서는 종합소득에서 세액공제를 받을 수 있기 때문에 이중과세 우려는 없습니다. 그리고 해외 부동산은 국내 재산세나 종합부동산세의 과세 대상이 아니므로 별도의 보유세 부담은 없습니다.

양도 단계 | 미국에 있는 부동산을 직접 또는 간접 소유한 외국인이 그 부동산을 처분하는 경우 FIRPTA(Foreign Investment in Real Property Tax Act)에 따라 그 양도소득을 미국 내 사업과 관련된 소득으로 간주하고 원천징수합니다.

부동산을 직접 소유하는 경우는 ① 토지, 채굴되지 않은 자연자원 또는 수확되지 않은 농산물의 소유 ② 부동산에 영구적으로 부착된 건축물 등 개량물의 소유 또는 ③ 토지를 개발 및 사용하는 데 밀접하게 연관된 동산의 소유가 해당됩니다.

부동산을 간접 소유한 경우는 외국인이 미국 부동산 과다보유법인(U.S. Real Property Holding Company)의 지분을 소유한 경우가 있습니다. 미국 부동산 과다보유법인이란 회사가 소유한 미국 부동산의 공정 시가 가치가 미국 부동산의 공정 시가 가치, 해외 부동산의 공정 시가 가치 및 사업에 사용되는 자산의 공정 시가 가치를 더한 값의 50% 이상을 구성하는 회사입니다. 외국인의 부동산 처분으로 FIRPTA가 적용된다면 부동산을 매수하는 자는 부동산 양도가액의 15%를 동 외국인으로부터 원천징수한 후, 20일 이내에 IRS Form 8288과 Form 8288-A를 작성해 IRS에 보고하고, 세금을 납부해야 합니다.

외국인 소유 부동산에서 발생하는 임대소득의 경우 총임대소득에서 비용을 공제한 순임대소득을 실질 관련 소득으로 간주해 과세하거나, 총임대소득에 대해 30% 세율로 과세하는데 외국인투자자의 경우 유리한 것을 선택할 수 있습니다.

15억6000만 달러

한국 투자자들이 15억6000만 달러(한화 약 1조7300억원) 상당의 미국 상업용 부동산을 매입했다(《월스트리트 저널》, 2020년).

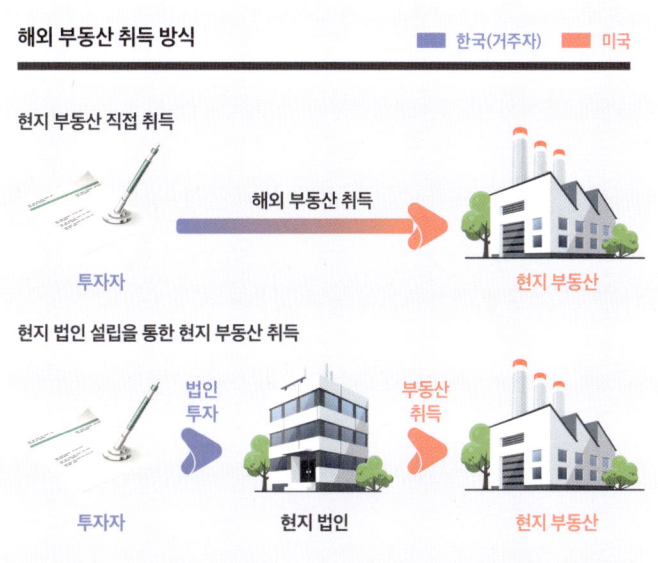

SECTION 1

사례로 보는 미국 해외 진출

현지 기업 활용한 성공 사례

한국의 식품 회사 A는 미국의 대형 식품업체를 인수해 현지에서 활발하게 사업 활동을 하고 있는 미국 자회사들과의 시너지를 높인 성공 사례입니다. A사가 인수한 기업은 70년 전통의 냉동식품 전문업체로, 전국 단위 냉동식품 제조 인프라와 영업 네트워크 역량을 갖춰 미국 내 전국 네트워크를 마련하는 데 큰 도움을 주고 있습니다. A사는 미국에서의 기존 식품 생산 기지를 4배 이상 늘릴 수 있는 기회를 얻은 동시에 인수 대상 회사가 보유한 R&D·생산·마케팅·영업·기존 판매 체인 사용 등의 장점을 활용할 수 있었습니다.

A사의 성공 요인은 이와 더불어 미국에서 인수 대상 회사와 기존 미국 법인들이 연결 납세를 선택할 경우 모회사는 연결 납세 대상 관계회사 간 거래(Intercompany Transactions)는 손익을 인식하지 않으며, 연결 납세 대상 관계회사 간 배당도 내부거래로 취급해 제거된다는 점을 잘 활용한 데 있습니다. 이 과정에서 세액공제 금액은 연결 기준으로 산정되며, 적자 법인의 손실은 흑자 법인의 이익과 상계할 수 있었습니다. 이러한 방식을 통해 관계회사 간에 세금 부담에 관한 합의를 할 수도 있고, 개별 법인의 과세표준 금액에 비례해 나눌 수도 있으므로 해외 진출 과정 초기에 발생하는 손익과 손실을 효과적으로 분배함으로써 안정된 경영 기반을 구축할 수 있었습니다.

한국의 배터리 제조 회사인 B사는 미국 자동차 회사와 합작법인을 설립하고, 배터리 공장을 만들면서 투자금을 50 대 50 지분으로 출자했습니다. B사는 미국 현지 자동차 회사의 전기차에 생산 배터리를 직접 공급해 안정된 사업 매출을 만들어내고 있습니다. 또한 B사는 바이든 정부가 입법한 IRA의 Section 45X(Advanced Manufacturing Production Credit)의 배터리 부품 세액공제 혜택을 받을 예정입니다. 예를 들어 배터리 셀을 생산하는 경우 1kWh당 35달러의 세액공제를 받을 수 있습니다.

가능성만 보고 무작정 법인 설립했다간 실패하기 십상

한국의 SNS 회사인 C사는 2006년 중국을 시작으로 일본·미국까지 진출했으며, 미국 진출을 위해 단독으로 해외 법인을 설립해 투자함으로써 공격적인 시장 진출을 모색했습니다. 또한 미국 시장 공략을 위해 미국식 문화에 맞춰 적극적 현지화를 진행했습니다. 미국 소비자의 감성에 맞추려 기존 서비스를 대폭 변경했으나 결국 실패로 돌아갔습니다. 가장 큰 실패 요인은 서버를 통합하지 못한 점입니다. 나라별로 서버를 달리 운영해 한국에서 가입한 사람은 미국에서 가입한 회원과 친구 신청이 불가능해 페이스북, 인스타그램의 벽을 넘지 못했습니다. 이처럼 미국의 가능성만 보고 무작정 현지 법인을 설립하여 비용을 발생시키기보다 미국 현지 사정을 파악하기 위해 지점 또는 현지에서 성공한 회사를 인수하는 방법을 추천드립니다.

SECTION 2

주목 해야 할
해외 진출
이슈

(세계의 공장에서 자립경제 전환을 꾀하는 중국)

CHINA

중국은 미국과 더불어 세계 2대 거대 단일 경제국가입니다. 중국의 국내총생산(GDP)은 14.7조 달러로 미국(20.9조 달러)에 이어 세계 2위이며, 인구는 14억 명으로 세계 1위를 유지하고 있습니다.

중국은 세계 2위의 소비시장으로 지난 30년 동안 '세계의 공장' 역할을 하면서 빠르게 성장해왔습니다. 하지만 2018년 이후 본격화된 미국과의 분쟁으로 여러 가지 어려움을 겪고 있습니다. 미국은 중국을 견제하기 위해 인도-태평양 지역에서의 동맹 강화를 축으로 중국에 대한 압박 수위를 높이고 있습니다.

#자유무역

중국은 이에 맞서 자유무역을 주창하면서 역내포괄적경제동반자협정(RECP)와 같은 거대 규모의 자유무역협정(FTA)을 연이어 추진하고, 개도국 간 협력을 강화해 선진국 위주의 통상 질서 형성 관행을 변화시키고자 노력하고 있습니다. 중국 경제성장의 원동력이던 글로벌 가치사슬(GVC)의 재편이 미국 주도로 진행되면서 많은 변화가 예고되고 있습니다. 실제로 코로나19 이전인 2019년과 비교해 2021년 가공식품, 섬유·의류, 가구 등을 중심으로 중국산 제품의 미국 시장 점유율은 5% 이상 하락한 것으로 나타났습니다. 코로나19 상황에서 중국에 과도하게 의존하던 리스크를 절감한 각국이 공급망 다양화 및 생산 기지 분산화 노력을 본격화하면서 리쇼어링이 진행되고 있습니다.

#공동부유 #쌍순환

중국 정부는 공동부유(다 같이 잘 사는 사회)를 국정 기조로 내세우며 국내의 정치적 안정을 도모하고 있습니다. 효율과 성장을 우선시하던 선부론(先富論)에서 벗어나 균형발전과 분배를 중시하는 것으로 변화하고 있습니다. 이러한 전환은 2020년부터 제시된 내순환(內循環) 위주의 쌍순환(雙循環) 전략과 궤를 같이하고 있으며, 이에 따라 중국은 투자 위주의 성장 방식에서 벗어나 소비를 중심으로 한 내수 중심의 성장 모델로 전환을 도모하고 있습니다.

기업의 독점 해소와 공정한 시장 질서 제도화를 위한 규제 강화는 단기적으로 시장을 위축시킬 가능성이 높습니다. 하지만 이러한 시도는 장기적으로 성장동력 확보로 연결되면서 긍정적으로 작용할 전망입니다.

#자립경제

중국 정부의 산업 전략은 디지털 전환과 녹색산업혁명을 통한 신산업 주도권 확보에 초

#공동부유　#쌍순환　#자립경제　#고령화　#부채증가　#자유무역

점을 맞추고 있습니다. 빠르게 성장하는 디지털경제를 실물경제와 연계시켜 경제 구조와 시스템을 한 단계 도약하고 이를 통해 제조업 및 서비스업의 고도화를 달성하겠다는 전략입니다.

이에 따라 중국은 차세대 이동통신, 빅데이터, 인공지능, 산업인터넷, 특고압송전설비 등 신사회간접자본(SOC)에 대한 투자를 강화하고 있습니다. 또한 중앙은행 디지털화폐(DCEP)로 대표되는 결제 시스템의 전면 개편을 단계적으로 준비하면서 디지털 사회로의 빠른 전환을 예고하고 있습니다.

과거 과도한 투자로 인한 환경적·기후적 부작용을 해소하기 위한 조치도 중국의 변화를 재촉하고 있습니다. 2030년 탄소정점, 2060년 탄소중립을 선언한 중국은 탄소배출 할당량 거래를 규범화하고, 전국 통합 탄소배출권 거래소를 공식 출범시켰습니다. 중국은 세계적으로 진행되는 에너지전환에 필요한 각종 인프라와 하드웨어를 공급함으로써 새로운 경제 시스템하에서도 주도권을 유지하겠다는 의도를 분명히 하고 있습니다. 4신(新)경제(신기술·신산업·신업태·신모델)와 첨단 제조업에 주력하는 산업정책은 자립경제 구축에 초점을 두고 자립형 공급망 구축을 강조하는 경향을 보입니다.

중국에 대한 외국인직접투자는 2020년 1493억 달러에 이르며, 홍콩·싱가포르·한국이 주도하고 있습니다. 미국과의 분쟁과 견제에도 불구하고 중국에 대한 투자는 일대일로 연선 국가와 아세안 국가 등이 적극적으로 참여하면서 투자 규모가 확대되는 추세입니다.

#고령화 #부채증가

중국 경제의 급속한 성장을 가능하게 했던 여건들도 변화하고 있습니다. 임금을 비롯한 각종 생산 비용은 증가하고 있습니다. 본격적인 고령화가 시작되면서 향후 연금·의료 등 사회복지 부문에 대한 대규모 재원이 배분돼야 하지만 이를 담당하는 지방정부는 부동산시장의 침체와 부채 확대로 인해 대응에 어려움을 겪고 있습니다. 무엇보다 중국 중심의 GVC 형성을 가능하게 했던 세계화 흐름의 약화는 어려움으로 작용할 전망입니다. 여전히 큰 잠재력과 높은 경쟁력을 보유하고 있는 중국이지만 신중한 판단과 대처가 필요합니다.

SECTION 2

CHINA

Q14

여전히 중국 진출을 고려해야 할까요?

A14 중국 정부가 외자 기업의 생산 및 경영 환경 개선에 총력을 기울이고 있어 2022년 중국의 외자 유치 상황은 양호할 것으로 전망됩니다. 하지만 중국의 고강도 방역 통제 조치로 탈중국 방안을 검토하는 외자기업도 늘고 있습니다.

탈(脫)중국이 트렌드?

'탈중국'이라는 말이 유행하고 있습니다. 다수의 대기업과 중견·중소기업이 지분양도, 청산 등의 방식을 통해 중국에서 철수하고 있습니다. 중국 산업이 전반적으로 성숙하면서 현지 기업의 경쟁력은 날로 강해지는 반면, 한국 기업은 약해지고 있습니다. 지속적인 임금 상승, 환경보호와 제반 규제 강화 등으로 인해 중국에서 노동집약적 사업의 경영이 점점 어려워지는 것은 중국의 경제 발전에 따른 자연스러운 현상이기도 합니다. 이러한 상황에서 미·중 사이의 무역 전쟁, 첨단기술·군사 분야에서의 패권경쟁 등과 관련한 내용이 연일 쏟아지고 있습니다. 당장 중국에 진출하면 실패할 수 있다는 우려도 나옵니다.

업종별로 다른 기회 찾아야

현재 분위기는 중국이 자초한 측면이 분명히 있습니다. 특히 사드(THAAD) 사태 이후 많은 중국을 대상으로 한 소비재 기업들이

용어 설명

탈동조화 (Decoupling)

한 나라 경제가 특정 국가 혹은 세계 전체의 경기 흐름과 독립적으로 움직이는 현상을 말한다.

큰 타격을 받았으나, 중국은 여전히 한국의 최대 교역국입니다. 미국 역시 첨단기술 분야에서 중국과 패권경쟁을 하고 있지만 미국의 대표 글로벌 기업인 A사, T사 등은 변함없이 중국에서 제품을 생산하며 최대 매출을 기록하고 있습니다. 많은 중국인이 미국에 반감을 표하지만 N사의 신발, 의류, 창고형 마트인 C사와 콘텐츠 기업인 D사의 테마파크, 최대 커피 전문점인 S사는 전과 같이 인기를 끌고 있습니다. 중국 소비자는 실리를 추구하기 때문에 글로벌 기업들은 중국 사업 규모를 확대할 계획이라고 합니다. 중국의 소비시장은 거대합니다. 단기간에 중국만큼 실질 구매력을 갖춘 시장을 찾기 어렵습니다. 한국인의 중국 혐오 정서가 강해지고 있지만, 중국 X사가 생산하는 로봇 청소기, 공기청정기 등 가전제품, Q사가 생산하는 음향기기, 중국산 전기차 등은 날로 존재감을 키우고 있습니다. 자체 경쟁력을 갖춘 기업은 경영환경 악화 가운데서도 성장 가능성이 높습니다.

중국의 다양한 분야에 진출한 대기업 C그룹도 사업 상당의 부분에 철수 결정을 내렸지만, 동시에 중국 식품 시장에서 'K·푸드' 열풍을 이어가고 있습니다. 중국 진출 성공 사례로 거론됐으나 시장점유율이 지속적으로 하락하고 있는 기업도 중국에 연구개발(R&D) 센터를 세우는 등 시장 탈환을 위한 투자를 멈추지 않고 있습니다. 이러한 사례에서 볼 수 있듯, '탈중국'을 무비판적으로 수용하면 기업 발전에 도움이 되지 않습니다. 업종별·분야별로 다른 접근이 필요합니다.

외국인투자 시책에 관심 지속

직접투자의 경우 과거에는 합자회사의 경영권 확보에 집중했습니다. 현재 중국에 진출하는 기업들은 합자회사의 성공 및 현금 창출 가능성을 면밀히 분석하고, 투자 수익 배분 및 유사시 철수 방안 등에 주안점을 두고 협상에 임하고 있습니다. 광활한 중국 시장만 바라보고 다소 무분별하게 중국에 진출했던 과거에 대한 반성이자, 여전히 우리에게 열려 있는 중국 시장을 더욱 열심히 공부하고 결단한 결과입니다.

한국 기업들은 중국 정부의 외국인투자 시책에 지속적인 관심을 기울여야 합니다. 또한 진출하고자 하는 분야와 관련해 중국의 광대한 지역별 클러스터 관련 정책도 확인해야 합니다. 중국은 '중국제조 2025' 등 계획을 통해 소재·부품·장비 국산화를 꾀하고 있지만, 한국 기업이 활동할 기회는 여전히 존재합니다. 중국 시장을 석권하고 있는 소비재의 공급망을 분석함으로써 한국이 강점을 지닌 분야로 침투하는 것입니다. 동시에 사업 모델 및 재무 상황에 맞춰 어떠한 진출 방식이 가장 효과적인지도 고려해야 합니다.

구체적으로 중국 파트너와의 공급계약을 비롯해 라이선스, 기술이전, 연구개발 등의 계약 관계를 맺는 방식을 1차적으로 고려할 수 있습니다. 최근 중국은 비처방 의약품의 해외 직구를 추진하고 있어, 중국 e-커머스업체를 통한 진출 시도도 많이 이뤄질 것입니다. 중국에서 일정한 성과를 낸 뒤 중국 내 기업을 새로 설립하거나, 인수합병을 고려할 수도 있습니다. 이 경우 사업 모델을 바탕으로 향후 발전 가능성, 유사시 사업 철수까지 고려한 투자 구조를 설계하고, 사업 모델에 부합하는 기업 유형을 선택해야 합니다. 중국은 자국의 자본시장을 육성하고 있으므로, 계약형 투자 시 상대 기업의 상장 또는 지분가치 상승을 고려한 지분 투자 또한 잊지 말아야 합니다.

제조업 분야 대형 외국인 투자 프로젝트

분야	기업명	주요 내용
반도체	머크(Merck)(독일)	• 장쑤성 장자강에 첨단 반도체 일체화 기지 건설 • 2025년까지 전자통신기술 관련 투자 10억 위안 이상
반도체	상보(한국)	• 장쑤성 쉬저우에 디스플레이용 광학 필름 프로젝트 건설 (*20개 생산 라인 건설, 2023년 양산 예정) • 프로젝트 총 투자액 1억6000만 달러, 이 중 외자 1400만 달러
자동차	아우디(독일)	• 지린성 창춘에 전기차 공장 설립 • 연간 생산능력 15만 대, 2024년 양산 계획
자동차	토요타(일본)	• 광둥성 포산시에 차량 안전 시스템 공장 신설 계획 • 투자액 80억 엔, 2023년 양산 예정
자동차	ZF(ZF Friedrichshafen AG)(독일)	• 광저우에 중국 내 네 번째 R&D 센터 건설 • 투자 규모 7억 위안, 2022년 완공, 2023년 운영 계획
화학공업	로레알(프랑스)	동방뷰티밸리그룹과 공동으로 투자 기업 설립, 잠재력 있는 현지 뷰티 기업에 지분투자 예정
화학공업	SABIC(사우디)	푸젠에너지화학그룹, 장자우 지우룽장그룹과 공동투자, 지분구조 SABIC 51%, 푸젠에너지화학과 지우룽장 각각 25%, 24% 총투자액 420억7000만 위안, 연간 생산능력 에틸렌 150만 톤

자료: 중국 상무부 현지 언론, 2022년

중국제조 2025
2015년 5월 8일 중국 국무원(國務院)이 제조업 활성화를 목표로 발표한 산업고도화 전략을 말한다. 5대 프로젝트와 10대 전략산업으로 구성되며, 제조 초강대국과 기술 자급자족 달성을 목표로 삼고 있다.

SECTION 2
CHINA

Q15
중국의 해외 기업 유치를 위한 지원 제도가 많이 축소됐다는데 사실인가요?

A15
외자기업에 대한 지원이 축소된 것처럼 보이지만, 중국은 꾸준히 외자 유치책을 펼치고 있습니다. 기업들은 중국의 외자기업 우대 정책을 충분히 검토해봐야 합니다.

중국은 개혁개방 이래 중국에 투자한 외자기업에 지속적으로 각종 혜택을 부여해왔습니다.

중국 외자기업 우대 정책의 흐름

대표적으로 내자기업의 기업 소득 세율보다 외자기업의 기업 소득 세율이 약 10% 정도 낮게 설정된 내·외자기업 소득세 분류과세제도가 있었습니다. 외자기업은 기업소득세 납부 대상이 되는 해로부터 2년간 기업소득세를 면제받고, 그 후 3년간 기업소득세를 절반으로 감면해주는 '2면 3감반(两免三减半) 정책' 등 파격적인 세금 혜택을 향유할 수 있었습니다.

그런데 외자기업 우대 제도들은 형평성 문제, 내자기업이 역외 페이퍼컴퍼니를 설립해 외자기업으로 가장해 외자 혜택을 누리는 편법 등 여러 문제가 제기됐습니다. 결국 2008년부터 내·외자기업 기업소득세가 통일됐습니다. 물론 신규 정책 시행 전에 설립된 기업들에 대해 5년 동안 유예기간을 두고 신규 제도에 충분히 적응할 수 있도록 했습니다. 이와 더불어 지방정부가 제공한 토지, 기반시설 사용료의 감면 등 다양한 혜택 정책의 시한이 끝나거나 중앙정부의 방침에 따라 철회되는 경우 또는 청산 등 절차를 통한 기업 철수 시 관련 법규상 특정 조건을 충족하지 못하면 기존에 받았던 혜택으로 얻은 이익을 반환해야 하는 등 외자기업에 주어졌던 각종 혜택성 제도가 사라지거나 철회되기도 했습니다.

이러한 정책 변화는 중국 내자기업의 경쟁력이 향상되고 산업이 성숙기에 이르렀기 때문입니다. 중국 당국은 저부가가치, 노동집약적 산업에서 고부가가치, 자본·기술집약적 산업으로의 발전을 유도하고 있습니다. 외·내자 기업 정책을 일원화해 외자기업을 차별하지 않는 내국민 대우 원칙을 시행하고, 정책적으로 필요한 경우 우대 혜택을 부여하도록 한 것입니다. 이러한 제도 변경으로 인해 외자기업에 대한 지원이 지속적으로 축소됐다는 인식이 형성됐습니다. 하지만 중국이 꾸준히 외자 유치책을 펼치고 있는 만큼 기업들은 중국의 외자기업 우대정책을 충분히 검토해야 합니다.

외자 규제 및 장려 정책

중국의 외자 투자 촉진과 규제는 외상투자 장려산업목록(이하 장려 목록)과 외상투자 진입특별관리조치(이하 네거티브 리스트) 두 축을 중심으로 이뤄지고 있습니다. 신규 네거티브 리스트를 발표할 때마다 외자 진

용어 설명

페이퍼컴퍼니

서류 형태로만 존재하면서 회사 기능을 수행하는 회사를 가리킨다. 주로 사업 활동에서 나오는 소득과 기타 합산 소득에 대한 세금을 절감하는 한편 기업 활동 경비를 절감하기 위해 설립한다.

입이 제한되는 분야는 지속적으로 축소하는 반면, 신규 장려 목록에 포함되는 분야는 확대하고 있습니다.

완성차, 금융 부문에 대한 외국인 지분 비율 제한이 폐지되면서 글로벌 자동차 회사가 100% 지분으로 중국 공장을 운영 중입니다. 글로벌 금융자본들의 중국 금융회사 지분 인수, 자체 자산운용사 설립도 이어지고 있습니다. 2023년부터 시행될 신규 장려 목록은 '전국' 외국인투자 장려 산업 목록과 '중서부 지역' 장려 목록으로 구성돼 있습니다. 소재, 부품, 장비 등 제조업 분야에 대한 투자를 유도하는 한편 설계, 기술 서비스 및 개발 등에 포함되는 항목을 늘려 첨단 기술 분야 기업의 중국 진출을 장려하고 있습니다.

장려 목록에 포함되는 업종의 외자기업은 그 투자 총액 한도에서 자신이 사용하기 위한 설비의 수입 관세를 면제받을 수 있습니다. 서부 지역과 하이난성 장려 목록에 해당하는 경우에는 15% 기업 소득 세율이 적용되는 등 감세 혜택을 받을 수 있습니다. 또한 장려 목록에 해당하는 대규모 토지가 필요한 용지집약형 프로젝트에는 토지를 먼저 공급합니다. 공업용지 사용권 최저분양가 표준가격의 최대 70% 선에서 토지 사용권 분양 가격의 우대 혜택을 받을 수 있습니다. 중국공산당 제20차 전국대표대회 직후 중국 국가발전개혁위원회, 상무부 등 6개 부처가 공동으로 제조업 중심의 외자 투자 촉진과 관련된 정책을 발표했습니다. 발표된 정책들은 조건에 부합하는 외자기업의 중국 주판(상하이), 과창판, 창업판(차스닥), 베이징 증권거래소 등 중국 주식시장 상장과 사채 발행을 적극 지원할 것이라는 내용이 포함돼 있습니다. 과거 장려 목록 수정 주기는 3~5년에서 최근 1년 주기로 수정되고 있습니다. 이는 외자 유치에 대한 중국 정부의 관심을 보여주는 방증이라 할 수 있습니다. 중국은 1개 성이 한국보다 면적이 크고 인구도 많습니다. 그 때문에 지방의 기업, 산업을 보호하기 위해 지역 내자기업에만 보조금을 지급하는 등 지방정부의 지역보호주의가 존재합니다. 결국 투자를 계획하는 단계에서 국가 및 투자 지역의 지방정부의 외자, 내자 정책을 종합적으로 고려해 사업 계획 및 진출 전략을 세워야 할 것입니다.

1553억 달러

중국의 외국인직접투자(FDI)는 2022년 9월 기준 1553억 달러로, 전년 동기 대비 15.6% 증가했다.

중국 외국인투자 장려 산업 목록 항목 수 비교

연번	산업	2017년판	2019년판	2020년판	2022년판	비고
1	농업·임업·목축업·어업	10	15	17	23	• 5개 신규 추가 • 녹색 사료 제조는 제조업에서 조정해옴.
2	채광업	5	5	5	5	
3	제조업	270	312	353	368	• 36개 항목 신규 추가 • 20개 항목 삭제
4	에너지 공급	15	18	21	21	• 2개 항목 신규 추가 • 2개 항목 삭제
5	공공 인프라·운송	14	15	21	22	1개 항목 신규 추가
6	도소매	3	3	5	7	2개 항목 신규 추가
7	ICT	0	1	2	2	
8	임대 및 비즈니스	5	6	8	12	4개 항목 신규 추가
9	과학기술	17	27	32	35	3개 항목 신규 추가
10	공공시설·환경 산업	4	6	6	6	
11	교육	1	1	2	4	2개 항목 신규 추가
12	위생 사회 업무	2	3	5	8	3개 항목 신규 추가
13	문화·체육·오락	2	3	3	6	3개 항목 신규 추가
	합계	348	415	480	519	

자료: 중국 정부 발표 자료 종합, 2022년

SECTION 2
CHINA

Q16 각종 인허가 과정에서 우선적으로 고려할 사항은 무엇인가요?

A16 중국 진출 시 투자하고자 하는 업종이 외국인투자가 가능한 분야인지를 먼저 확인해야 합니다. 중국은 네거티브 리스트로 투자가 가능한 분야를 관리하고 있으며, 여기에 포함되지 않은 업종에 대해 외국자본의 투자가 금지 혹은 제한되지 않아 중국 내국기업과 동일한 대우를 받게 됩니다.

중국 정부는 코로나19로 인한 경제 충격에 대비해 대외 개방을 확대하고 투자 유치를 촉진하는 정책을 시행했습니다. 투자 가능한 산업 범위를 확대해 외국인투자 유치의 문턱을 낮추고 세금 우대 정책 등을 적극 펼쳐 안정적인 성장을 이뤄냈습니다.

21.8% 증가
2022년 상반기 중국 외국인직접투자(FDI) 규모는 전년 동기 대비 21.8% 증가한 1124억 달러로 나타났다.

매년 네거티브 리스트 공포

중국 국가발전개혁위원회와 상무부는 2018년부터 매년 외상투자진입특별관리조치(이하 네거티브 리스트)를 공포해왔습니다.

2022년 1월 1일부터 신규 네거티브 리스트가 시행됐습니다. 네거티브 리스트에 분류되는 분야는 특정 조건에 부합하거나 투자 지분에 대한 제한을 설정할 수 있고, 투자 자체를 금지하는 분야도 있습니다.

원칙적으로 네거티브 리스트에 포함되지 않았다면 투자 가능 분야로 볼 수 있겠지만, 중국 실무 특징상 지역별로 외상투자에 대한 감독 관리의 강도와 구체적인 투자 요건이 다를 수 있으므로 미리 확인하는 것이 좋습니다.

2022년 시행된 신규 네거티브 리스트에서 주목할 만한 사항은 ① 자동차 제조 기업의 중국 측 지분비율이 50% 이상이어야 한다는 제한 조항과 ② 동일 외국인투자자는 같은 종류의 차량을 생산하는 합자기업을 최대 2개까지만 설립할 수 있다는 조항이 삭제됐습니다.

중국의 자동차 제조업이 외국자본에 전면 개방된 것이죠. 이는 2018년 7월 자 네거티브 리스트에서 예고한 것과 같이 2018년에 특수목적차량과 신에너지 차량, 2020년에 상용차에 대한 외국인투자 비율 제한이 철폐된 데 이어 이번에 승용차에 대한 제한도 철폐된 것입니다. 또한 위성방송의 지상 수신 시설 및 주요 부품 제조업에 대한 투자 금지 규정도 삭제됐습니다. 하지만 영화 제작 및 배급, 희토류에 대한 투자 금지, 의료기관 설립은 중국 측과의 합자로만 가능하다는 제한 등은 여전히 네거티브 리스트에 포함돼 기존 규제가 유지됩니다.

중국은 외국인투자 네거티브 리스트에 포함된 규제를 점진적으로 축소하고 있습니다. 따라서 기존에 중국 측과 합자 등의 방식을 통해 사업을 진행하고 있는 한국 기업은 중국 사업의 지배구조 변경이나 중국 측과의 계약 조건을 재협상할 여지가 있는지 잘 살펴봐야 합니다.

프로젝트에 대한 승인·비안과 국가안전심사제도

'외상투자 프로젝트 승인과 비안 관리 방법'(이하 방법)에 따르면 외상 투자 프로젝트에 대한 관리는 승인제(核准)와 비안제(备案)로 진행됩니다. 방법에 따라 필요한 승인과 비안(등기와 유사)을 받아야 하며, 국가안전에 영향을 미칠 가능성이 있는 외상투자라고 판단될 경우 외상투자법에 따라 국가안전심사를 진행해야 한다고 규정돼 있습니다.

중국 국가발전개혁위원회와 상무부는 2020년 12월 19일 외상투자안전심사방법을 공

> **용어 설명**
>
> **외상투자산업 장려목록**
>
> 중국 정부가 외국인투자 유치에 기준으로 삼는 일종의 가이드라인이다. 장려업종에 대해선 일반적으로 관세나 부가가치세 등이 면제된다.

동 발표했으며, 2021년 1월 18일부터 시행됐습니다. 외상투자안전심사방법에 따르면 ① 군수산업, 군수산업 협력 사업 등 국방안전과 관련된 분야에 투자하거나 군사시설 또는 군수산업 시설 주변 지역에 투자하는 경우 또는 ② 국가 안전과 관련된 중요한 농산물, 중요한 에너지 및 자원, 중대한 장비의 제조, 중요 인프라, 중요 운송 서비스, 중요 문화 제품 및 서비스, 중요 정보기술 및 인터넷 제품과 서비스, 중요 금융 서비스, 핵심 기술 및 기타 중요 분야에 투자해 투자한 기업의 실제적 지배권을 취득하는 경우에 국가발전개혁위원회에 신고해야 한다고 규정하고 있습니다.

따라서 투자를 결정하기 이전에 해당 업종이 국가안전심사를 받아야 하는 업종이 아닌지 면밀히 살펴볼 필요가 있습니다.

중국은 기본적으로 외국인투자를 촉진하기 위해 노력하고 있으며, 각종 우대 정책을 적용하고 있습니다. 하지만 지역별로 실무 관행과 기준 등이 상이한 경우가 많습니다. 이러한 요인 때문에 진출을 고민하고 있다면 사전에 중국 전문가에게 자문해 불필요한 리스크를 방지하는 것이 좋습니다.

SECTION 2

CHINA

Q17
인력 채용 및 노무관리에서 염두에 두어야 할 사항은 무엇일까요?

A17
중국에 진출한 한국 기업이 회사 경영 과정에서 가장 주의해야 할 사항은 중국의 노동 관련 법령을 잘 준수하는 것입니다.

중국 정부는 사회적약자인 노동자의 권익을 강화하기 위한 정책을 시행하고 있습니다. 한국 기업은 중국 정부의 주요 정책과 제도를 잘 이해하고 준수해야 하며, 노무관리 전략과 대응 체계를 마련해야 합니다. 중국의 노동 관련 법률과 법규는 의외로 다양합니다. 대표적으로 '중화인민공화국노동법', <u>'중화인민공화국노동계약법'</u>, '중화인민공화국노동분쟁조정중재법'이 있습니다. 그 외에도 사회보험, 노동안전, 보건위생에 관한 규정이 있으며, 여성 근로자와 장애인보호 관련 법률과 법규도 존재합니다. 이 밖에 사

중화인민공화국 노동계약법
중국 내의 기업, 개체경제조직, 민판기업단위 등 조직에서 노동자와 노동관계를 설정해 노동계약을 체결·이행·변경·해제·정지할 경우 적용된다. 2008년 1월 1일부터 시행됐다.

법해석 등 다양한 규정이 있기 때문에 신경 써야 할 사항이 많습니다.
어느 곳에서나 그렇겠지만 중국 역시 노무 리스크에 대한 관리가 진출 기업의 성공을 좌우할 만큼 큰 영향을 미치고 있습니다. 중국에 진출하고자 하는 기업 입장에서 중국의 노동 관련 규정들을 잘 파악하고 있어야 하며, 무엇보다 제대로 준수하는 것이 아주 중요합니다.

노동계약 체결 시 주의점
'중화인민공화국노동계약법'에 따르면 기업이 근로자와 노동관계가 성립됐지만, 서면으로 노동계약(근로계약)을 체결하지 않았을 경우 고용 시작일부터 1개월 이내에 서면으로 노동계약을 체결하도록 하고 있습니다. 만약 고용 시작일부터 1개월 초과 1년 미만 사이에 근로자와 서면 노동계약을 체결하지 않을 경우 근로자에게 매월 2배의 임금(고용일로부터 1개월이 만기가 되는 날의 다음 날부터 1년이 되는 전날까지, 즉 최대 11개월)을 지급해야 합니다. 고용 시작일부터 만 1년이 지나도 근로자와 서면 노동계약을 체결하지 않을 경우에도 다시 최대 11개월 동안 매월 2배의 임금을 지급해야 합니다. 이 때문에 서면 노동계약 체결은 매우 중요합니다.
노동계약 기간만료 후에 근로자와의 노동계약을 적시에 갱신하지 않을 경우도 있습니다. 이 역시 기업은 근로자에게 서면 노동계약을 체결하지 않은 것에 대한 2배의 임금을 지급해야 합니다. 그러므로 기업 입장에서 불필요한 지출과 리스크를 예방하기 위해 사전에 신중한 검토와 주의를 기울일 필요가 있습니다.

중국 안후이성 허페이에 위치한 전기차(EV) 배터리 제조업체 옥티온 생산 라인에서 일하고 있는 직원들의 모습.

① 근무시간 및 근무 장소에서 업무상 원인으로 인해 다친 경우

② 근무시간 전후에 근무 장소에서 업무 관련 예비 업무 또는 잔여 업무를 처리하는 과정에서 사고를 당해 다친 경우

③ 근무시간 및 근무 장소에서 업무를 수행하는 과정에서 폭력 등을 당해 상해를 입은 경우

④ 직업병을 앓은 경우, 업무상 외출 기간에 업무상 원인으로 상해를 입거나 사고로 인해 행방불명된 경우

⑤ 출근 과정에서 자신의 주요 책임이 아닌 교통사고 또는 여객 운송용 페리, 열차 사고 등을 당해 다친 경우

⑥ 근무시간 내 근무처에서 돌발적인 질병으로 사망하거나 48시간 내에 구조 조치를 취했으나 사망한 경우

⑦ 재난 구조 등 국가나 공공의 이익을 위한 활동 과정에서 다친 경우

⑧ 법률 또는 법규에서 산업재해로 인정해야 할 것으로 규정한 기타의 상황

산업재해

산업재해는 어디에서나 발생할 수 있습니다. 중국의 경우 과거에 비해 산재와 관련한 규정이 지속해서 강화되고 있습니다. 따라서 기업 입장에서 많은 신경을 써야 합니다. 산재와 관련해 우선적으로 고려해야 할 부분은 산재의 범위입니다. 이에 관한 '중화인민공화국산재보험조례'에 따르면 산재로 인정되는 경우는 다음과 같습니다.

용어 설명

사법해석

최고인민법원과 최고인민검찰원이 제정하는 것으로, 사법기관의 실무상 법률을 적용하는 과정에서 법률의 흠결을 보충하는 역할을 하는 중국 특유의 제도를 말한다.

근로자가 업무로 인해 사고를 당하거나 직업병에 걸려 치료가 필요할 경우, 기업이 근로자를 위해 가입한 산업재해보험을 통해 치료받을 수 있도록 하고 있습니다. 만약 산업재해보험에 가입하지 않았거나 보험료를 정상적으로 납부하지 않은 상황에서 산업재해 사고가 발생하는 경우에도, 먼저 산업재해보험 관련 규정에 따라 모든 절차를 진행하고 산업재해로 인정받은 근로자에게 관련 비용을 지급해야 합니다.

산업재해보험에 가입하지 않을 경우 정상적인 보험료를 추가로 납부해야 하는 것은 물론 체납금도 납부해야 합니다. 심각할 경우 과징금 처분도 내려질 수 있기에 현행 법규에 따라 산업재해보험 가입이 가능한 모든 근로자를 산업재해보험에 가입시켜야 합니다. 또 정상적으로 보험료를 납부해야 한다는 점도 잊어서는 안 됩니다.

노동계약 무효 상황과 처리 방법

무효 간주 상황(노동계약법 제26조)	처리규정(노동계약법 제26조 또는 제28조)
사기, 협박 수단 또는 타인의 위기를 이용해 상대방의 진실된 의사에 반하는 상황에서 노동계약을 체결 또는 변경하는 경우	• 분쟁 시 계약 무효는 노동쟁의중재기구 또는 인민법원에서 확인 • 일부 무효라도 기타 유효조항은 효력 유지 • 무효로 확인되는 경우 제공된 노동에 대한 보수 지급 필요. 보수액은 동일 또는 유사 직무 근무자 보수를 참고해 확정
회사가 자신의 법적책임을 면제하거나 노동자의 권리를 배제하는 경우	
법률 및 행정법규의 강제 규정을 위반하는 경우	

(중국 진출 기업 인사노무관리 안내서, 고용노동부, 노사발전재단, 2021년)

SECTION 2
CHINA
Q18

세금과 관련해 주의할 점은 무엇인가요?

A18
중국의 공식 세금은 18종으로, 1인당 세부담이 세계 최고 수준입니다.

중국의 조세체계는 개혁개방 이후 여러 차례 개정을 거듭했습니다. 주요 세목으로 기업소득세(한국의 법인세에 해당), 개인소득세, 증치세(한국의 부가가치세에 해당), 소비세, 인지세, 취득세, 건물재산세, 관세 등이 있습니다. 세목마다 기업소득세법, 개인소득세법, 증치세 잠행조례, 소비세 잠행조례 등 전국인민대표대회 및 상무위원회가 제정하는 법률의 형식, 전인대 및 상무위의 위임을 받아 국무원이 제정하는 잠행조례의 형식 등으로 관련 법령이 제정돼 있습니다. 중국 투자 계획 수립 시 고려해야 할 세금에 대해 살펴보겠습니다.

25%

중국의 기업 소득세 기본 세율은 25%지만 반도체 생산 및 S/W 기업, 소형 저이윤 기업, 하이테크 기술 기업, 중서부 및 하이난 등 우대세율 적용 지역 소재 기업을 대상으로 하는 다양한 감면 또는 우대세율 조치가 시행되고 있다.

증치세

증치세(增值稅, Value Added Tax)는 한국의 부가가치세에 해당합니다. 중국 역내에서 상품을 판매하거나 가공, 유지보수, 서비스, 무형 자산 및 부동산을 판매하거나 재화를 수입하는 기업은 증치세를 납부해야 합니다. 중국 증치세의 세율은 항목마다 달리 적용됩니다. 재화의 판매 또는 수입, 용역 제공의 경우 13%, 부동산 임대 및 판매, 토지 사용권의 양도 시에는 9%, 연구개발 및 기술, 정보기술 서비스, 요식, 숙박 등에는 6%의 세율이 각각 적용됩니다. 따라서 관련 전략 수립 시 해당 업종별로 계산해 계획을 세워야 합니다. 또한 재화·용역 수출 시에는 납부한 증치세를 환급(還給)하는 제도가 있고, 수입 시에도 증치세를 과세하므로(중국 해관이 징수) 수출입 계획이 있다면 이 점도 고려해야 합니다.

지분 양도 시 세금

중국에 설립된 기업의 지분을 양도할 계획이 있다면 관련 세금도 고려해 전략을 수립해야 합니다. 지분 양도인이 개인일 경우 인지세(지분 양도 가격의 0.05%)와 개인소득세(지분 양도 수입에서 취득원가, 인지세 등 비용을 공제한 과세표준의 20%) 납세의무가 발생합니다. 지분 양도인이 기업인 경우, 중국에 설립된 기업일 경우 25%, 20%, 15% 등 해당 기업에 적용되는 기업 소득 세율에 따라 과세합니다. 중국에 기구, 장소를 설립한 비거주자 기업은 25%, 중국에 기구, 장소를 설립하지 않은 비거주자 기업에 10%의 세율이 적용됩니다. 다만 한중 조세조약에 따라 자산이 주로 부동산으로 구성된 회사의 지분을 양도하는 것이 아니라면, 그 지분을 양도함으로써 발생하는 이득에 대해 중국에서 과세하지 않고 한국에서 신고 및 납부해야 할 경우도 있으니 계획 수립에 참고하기 바랍니다.

중국공산당 제20차 전국대표대회가 2022년 10월 16일부터 22일까지 베이징 인민대회당에서 개최됐다.

중국의 기업 소득세 감면 또는 우대세율 적용 현황

구분	대상	세율	비고
기본세율	중국 경내 거주자 기업 등	25%	
감면세율	국가 지정 반도체 설계, 장비, 재료, 패키징, 테스트 기업과 S/W 기업	100% 면제, 50% 감면	• 2년 100% 면제, 3년 50% 감면 • 기술 조건에 따라 최대 10년간 면제 가능
우대세율	소형 저이윤 기업	2.5%, 5%	이하 조건 모두 충족 • 산업/투자 제한 및 금지 업종에 해당하지 않음. • 과세소득액 3000만 위안 ↓ • 종업원 수 300인 ↓ • 자산총액 5,000만 위안 ↓
	하이테크 기술 기업, 기술 선진형 서비스 기업	15%	세무 당국이 인정한 기업
	특정 지역 소재 투자 장려 업종 종사 기업	15%	중서부, 하이난, 상하이 임강신구, 광동성 횡금신구, 푸젠성 평담종합실험구 등 소재기업

자료: 중국 국가세무총국 통지 문건 발췌 정리, 2022년

SECTION 2
CHINA
Q19

사업장을 철수하고자 할 때 필요한 절차와 특별히 신경 써야 할 점은 무엇인가요?

A19

한국 기업들이 중국 사업을 철수 또는 **청산**하는 과정에서 중국 세법이 규정하는 절차에 대한 이해와 지식이 부족해 많은 어려움을 겪고 있습니다. 청산 전 인력 정리, 환급 세액 규모 등을 감안한 청산 방법을 검토해야 합니다.

중국에 진출한 기업이 적법하게 철수하기 위해서는 사전에 가장 적합한 방식을 검토해 진행하는 것이 매우 중요합니다. 만약 비정상적인 방식으로 사업을 철수한다면 해당 기업은 국가기업신용정보공시시스템에 비정상 기업으로 등록될 수 있습니다. 이 경우 향후 투자 제약은 물론 법정 대표자(한국의 대표이사)를 포함한 이해관계자가 여러 불이익을 받을 수 있습니다.

사업 철수 방식으로는 **지분양도**, 자산양도, 청산(해산 청산, 파산 청산) 등이 있습니다. 일반적으로는 지분양도와 청산 방식으로 사업 철수를 진행합니다. 그 밖의 방법은 인허가 취득이 어렵거나 시간과 비용의 비효율성으로 인해 잘 활용하지 않습니다.

지분양도의 경우 일반적으로 ①회사 내부 결의 ②잠재적 매수자 선정 ③비밀 유지 약정서·양해각서 체결 ④법률 실사·가치 평가 ⑤지분양도 계약서 체결 ⑥기업결합신고(필요 시) ⑦주주 변경등기 절차 ⑧세무신고 ⑨외환등기 말소, 영업집조(영업허가증)의 변경등기, 지분양수도 대금의 송금 등의 절차를 거칩니다.

지분양도 시 중국 세무 당국에 대한 세무신고, 중국 내 매수인에 대한 매도 시 매각 대금을 중국 역내에서 역외로 송금할 때 발생하는 외환 규제 등에 주의를 기울여야 합니다. 직원 정리에 관한 사항도 면밀히 검토해야 합니다.

청산의 경우 통상적으로 ①회사 내부 의사결정기관의 결의 ②청산팀 구성 ③신문을 통한 공고와 채권자 통지 ④청산 방안 작성 ⑤세무와 세관 등기 말소 ⑥외환 등기 말소 및 잔여재산 분배 ⑦영업집조(영업허가증)와 사회보험등기증 말소 등의 절차로 진행됩니다. 이 과정에서 세무국의 말소 절차가 가장 어렵고 시간도 많이 소요됩니다. 세무국 말소 과정에서 세무조사 이슈, 잔여재산 분배 시 회사에 토지 또는 건물이 존재할

청산
법에 의해 회사의 자산, 부채 등을 정리 및 처분하여 회사의 법인 자격을 소멸시키는 것

지분양도
유한책임회사(有限责任公司)의 주주(사원)가 자신이 보유하고 있는 지분(股权)을 타인에게 양도하는 것

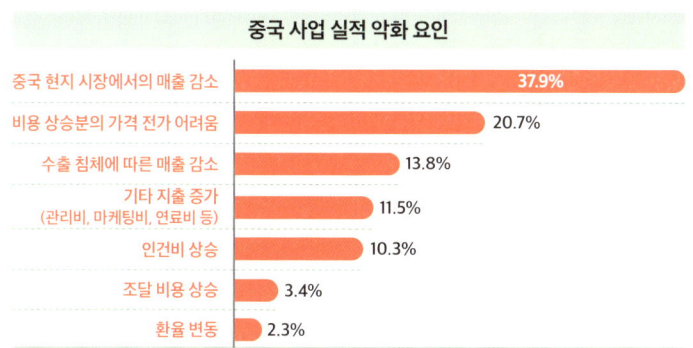

자료: 한국무역협회 경영환경 설문조사, 2021년

경우 주주 간 합의를 달성하지 못하는 경우도 있습니다. 직원 정리에 따른 노무 이슈, 정부 보조금을 지원받았다면 이에 대한 반환 이슈 등도 발생할 수 있습니다.

지분양도 절차와 청산 중 지분양도 방식이 상대적으로 간편합니다. 특히 중국 내 토지사용권 및 부동산을 보유하고 있는 기업의 경우 청산을 위한 복잡한 절차와 세무 이슈를 해결하는 것과 비교해 지분양도 방식이 훨씬 유리합니다. 하지만 잠재적 투자자 선정 등이 어려울 수 있다는 점도 기억해야 합니다.

용어 설명

국가기업신용정보 공시시스템

중국에서 사업 활동을 하는 모든 기업의 등록, 등기, 행정 허가 관련 정보가 공시돼 있다(www.gsxt.gov.cn/index.html).

사업 철수 결정 전 사전검토는 필수

사업 철수를 결정하기 전 우선 현 상태로 사업 유지가 가능한지, 그렇다면 지분양도 또는 청산 중 어떠한 방안이 적절한지 검토해야 합니다.

지분양도를 위한 잠재적 투자자 발굴을 진행하고, 사업 철수 의지를 고객사에 알려 고객사·공급자와 납품단가 및 물량 조정 등 협상을 진행해볼 수 있습니다. 고객사와 합의를 이룬 조건 및 잠재적 투자자에 대한 상황을 근거로 의사결정을 할 수도 있습니다. 만약 조정된 납품 조건을 수용할 수 있고 잠재적 투자자가 없을 경우 사업을 유지하는 방안을 고려할 수 있습니다.

그러나 고객사와 조정된 납품 조건을 수용하기 어렵고, 잠재적 투자자를 찾았다면 지분양도를 생각해볼 수 있습니다. 지분양도는 회사의 주주만 변경될 뿐 법인격을 비롯한 권리와 의무, 채권과 채무, 근로관계 등은 그대로 존속되고 법적 리스크도 상대적으로 적다는 장점이 있습니다.

고객사의 납품 조건을 수용하는 것은 물론 투자자도 선정하기 어려운 상황이라면 청산(해산)을 고려할 수 있습니다. 다만 회사의 자산이 부채보다 많다면 자체적 청산이 가능한지 검토해야 합니다. 이 밖에 회사의 채권·채무 관계, 세무 및 노무 이슈에 대한 선제적 검토도 필요합니다. 또한 세무조사와 채무상환, 청산 비용이 감당하기 어려운 경우를 대비해 사전에 증자가 필요한지 여부도 고려해야 합니다.

현지 전문가의 도움을 받는 것도 방법

중국에서 사업 철수는 중국 법상 규제를 받으며, 지역마다 규제 기관이 요구하는 실무가 다릅니다. 이에 실무 경험이 풍부한 해당 지역 변호사의 도움을 받는 게 중요합니다. 특히 회사 청산의 경우엔 절차가 복잡해 현지 규제 기관과 수시로 연락해야 합니다. 지분양도를 할 때도 매각 대금 회수 등과 관련해 매각 가격의 적정성을 엄격하게 판단하고 있어 현지 전문가의 도움이 필요합니다. 중국 현지 정부의 투자 유치를 통해 보조금 등 혜택을 받았다면, 현지 정부와의 협상도 필요할 것으로 보입니다.

SECTION 2
CHINA

Q20
중국 측과 조인트 벤처를 만들 때 주의할 사항은 어떤 것이 있나요?

A20 투자 검토 초기부터 실무를 직접 챙길 수 있는 전문가를 선임하는 것이 중국 측 파트너와 투자 조건, 회사의 지배구조 등을 협상하는 데 도움이 됩니다.

한국 기업이 중국 측의 자금 지원을 받기 위해 가장 흔히 선택하는 방식이 바로 중국 기업과 함께 합자회사를 설립하는 것입니다. 이런 방식은 중국에 새로 진출하는 기업이 중국 시장에 안착하는 데에 여전히 유효한 수단입니다. 하지만 중국 파트너와의 관계 설정에서 발생한 실패 사례도 많습니다. 초기 단계부터 주도적·적극적으로 투자 준비 및 합자 계약 등 협상에 임해 여러 영역에서 발생할 수 있는 리스크를 관리하는 것이 중요합니다.

외국인투자 제한 확인

중국 정부는 해마다 '외국인투자 진입 네거티브 리스트'와 '자유무역시험구 외국인투자 진입 네거티브 리스트'를 발표하고 있습니다. 중국은 외국인투자를 원칙적으로 허용하지만, 네거티브 리스트에 명기된 업종에 관해 지분 보유 비율을 제한하거나 금지

> **용어 설명**
> **산업재해보험**
> 근로자가 업무상 재해를 입은 경우 신속하게 보상하고 사회 복귀를 돕기 위해 국가가 시행하는 사회보험제도

하고 있습니다. 따라서 중국 투자에 앞서 네거티브 리스트에서 외국인투자를 제한하거나 금지하는 업종에 해당하는지 여부를 반드시 확인해야 합니다.

중국 측 파트너가 한국 회사의 잠재력과 기술만 보고 급하게 합자회사 설립을 추진하는 경우가 있습니다. 이때 중국 측 파트너의 말만 듣고 진출을 준비했다가 낭패를 볼 수 있습니다. 지분 보유 비율이 제한되거나, 투자 금지 업종인 사실을 나중에 알게 돼 시간과 비용을 허비하는 경우도 종종 발생하기 때문입니다. 특히 중국 측 파트너가 자신들이 모든 준비를 해놓았다며 중국어로 '메이셜(괜찮다, 没事儿)'을 강하게 외칠수록 더욱 조심해야 합니다. 투자 검토 초기부터 이와 같은 관련 실무를 직접 챙길 수 있는 전문가를 선임하는 것이 중국 측 파트너와 투자 조건, 회사의 지배구조 등을 협상하는 데 도움이 됩니다.

합자계약서, 정관 등 협상 시 유의점

합자회사를 설립할 경우 투자 당사자 사이의 권리·의무 관계를 명확히 하기 위해 합자계약서를 작성하게 됩니다. 합자회사는 중국 회사법상 유한책임회사의 회사 형태를

선택하는 것이 대부분이므로 유한책임회사를 기준으로 관련 내용을 살펴보겠습니다.

합자계약서에 합자회사의 사업 내용, 자본금 규모, 각 출자금, 출자 방식, 지배구조(사원총회, 동사회, 총경리의 권한 및 운영 등), 해산 및 청산 등 회사의 설립, 운영 및 종료에 관한 전반적인 내용을 기재합니다.

합자회사는 중국 내에서 중국 법에 따라 설립하는 것이므로, 중국 측 파트너가 그 설립등기 등 관련 실무를 전담할 가능성이 높습니다. 또한 중국은 영토가 매우 큰 나라이므로 해당 지역 당국의 실무 관행이 타 지역과 다른 경우도 자주 발생합니다. 이와 같은 이유로 중국 측 파트너에게 주도권이 생기는 것은 자연스러운 현상입니다. 그럼에도 합자계약서와 정관 등 협상에서 한국 투자자의 핵심 이익을 지켜야 사업 및 합자회사의 발전에도 도움이 됩니다. 특히 유한책임회사의 지배구조인 사원총회 및 동사회의 구성 및 의결, 지분양도의 제한, 교착상태 처리 등 민감한 부분에 관한 규정을 상세히 검토해야 합니다.

합자회사는 파트너 사이의 신뢰 관계를 기반으로 각자의 장점을 취하고자 설립합니다. 상대방이 지분을 양도하고 나가는 것에 대해 사전동의권, 우선매수권, 우선협상권, 동반매도참여권 등의 제한 방안 중 어느 것이 현실에 부합하고, 더 합리적인지를 고려해 계약서에 반영해야 합니다.

또한 과반 지분권을 확보하지 못한 경우라도 합자계약 및 정관에 정관 개정, 등록자본금 증감, 합병, 회사 형태 변경 등 주요 사항에 대해 전체 사원의 동의를 얻도록 하는 등 특별 제한을 설정할 수 있습니다. 동사

중국 베이징 중심 업무 지구 스케치.

반독점법
2022년 8월 1일부터 시행된 중국의 반독점법 개정안은 인터넷 기업의 빅데이터, 알고리즘 등을 이용한 불공정 행위를 규제하고 처벌 수위를 한층 높인 것이 핵심이다.

회의 경우에도 경영계획 수립, 총경리의 임면, 보수 등 중요 사항에 관해 동사 전원의 동의가 필요하도록 제한할 수 있습니다. 소규모 투자라 할지라도 향후 발전 가능성을 고려해 자신의 이익을 잘 대변할 수 있는 전문가를 선임하는 것이 유리합니다.

기타 챙겨야 할 사항

중국 '반독점법'에 따르면 합자 형태로 외국인투자 기업을 설립할 때 기업결합신고 요건을 충족할 수 있습니다. 이 경우 기업결합신고 대상이 될 수 있기 때문에 투자 계획 설립 단계에서 일정 수립에 반드시 참고해야 합니다. 그 외에도 한국의 관할 외국환은행에 해외직접투자 신고를 하는 것도 잊지 말아야 합니다.

SECTION 2
CHINA

Q21
회사 설립 시 현물출자와 기술출자도 가능한가요?

A21 현물출자와 기술출자 모두 가능합니다. 단, 평가 기관을 통한 객관적 평가가 이뤄진 후 진행해야 합니다.

중국 진출을 위해 별도 회사를 설립할 때 중국 파트너와 합자회사를 설립하거나 100% 외상독자기업 형태로 진행하는 경우가 많습니다. 중국에서 회사를 설립할 때 현금 이외에 현물출자나 기술출자 형태로도 가능한지에 대한 문의가 많습니다. 결론부터 이야기하면 원칙적으로 현물출자 및 기술출자 모두 가능합니다. 다만 여러 가지 고려할 사항이 많으며, 주의가 필요한 점도 있습니다.

중국 회사법에 따르면, 주주는 현금 외에도 현물, 토지 사용권 등 화폐로 가치 평가가 가능하고, 법에 따라 양도가 가능한 비(非)화폐 자산으로 출자할 수 있습니다. 그리고 해당 비화폐 자산에 대해 평가를 해야 하며, 높거나 낮게 평가할 수 없다고 규정하고 있습니다.

현물출자 시 주의 사항

현물출자 시 관련 법에 근거해 해당 현물에 대한 평가를 해야 합니다. 이를 이행하지 않으면 회사와 다른 주주 또는 회사 채권자가 출자자가 출자의무를 제대로 이행하지 않았다고 주장할 수 있습니다. 이 경우 평가기관을 통해 재평가해야 하며, 평가 결과 정관에서 약정한 출자 금액보다 낮을 경우 출자의무를 제대로 이행하지 않았다고 판단해 해당 부분만큼 추가로 출자해야 합니다. 출자의무를 제대로 이행하지 않았다고 판단되면, 회사 채권자는 출자의무를 제대로 이행하지 않은 부분에 한해 상환하지 못한 회사 채무가 있을 경우 이에 대한 보충적인 배상 책임을 부담하도록 요구받을 수 있습니다. 만약 부동산으로 출자할 경우 적시에 소유권 변경등기 수속을 해야 하는 점에 주의를 기울여야 합니다. 변경등기 수속을 했더라도 회사가 사용할 수 있도록 실제로 인도하지 않았다면 출자의무를 이행하지 않았다고 이의가 제기되는 등 문제가 발생할 수 있으니 이 또한 유의해야 합니다.

기술출자 시 주의 사항

기술출자와 관련해 해당 기술이 어떤 성격에 해당하는지 등에 대해 구체적으로 살펴봐야 합니다. 만약 해당 기술이 일종의 '발명'으로서 특허등록됐다면 이는 지식재산권을 통한 출자로 볼 수 있습니다. 이때 동일하게 해당 특허의 가치를 평가한 후 회사에 해당 특허권을 양도해 특허권자가 회사로 변경되면 출자가 완료됐다고 볼 수 있습니다. 이 경우에는 일반적으로 큰 문제가 없습니다.

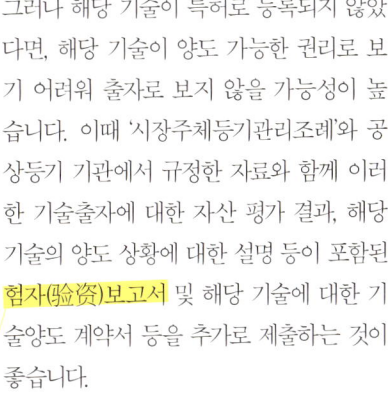

용어 설명

지식재산권
발명·상표·디자인 등의 산업재산권과 문학·음악·미술 작품 등에 관한 저작권을 총칭한다.

험자보고서
회계법인 등 관련 자격을 구비한 기관이 주주의 출자 상황에 대한 검토의견을 제공한 서면의 문서를 의미한다.

그러나 해당 기술이 특허로 등록되지 않았다면, 해당 기술이 양도 가능한 권리로 보기 어려워 출자로 보지 않을 가능성이 높습니다. 이때 '시장주체등기관리조례'와 공상등기 기관에서 규정한 자료와 함께 이러한 기술출자에 대한 자산 평가 결과, 해당 기술의 양도 상황에 대한 설명 등이 포함된 험자(驗資)보고서 및 해당 기술에 대한 기술양도 계약서 등을 추가로 제출하는 것이 좋습니다.

만약 기술이 연구개발 능력 등 일종의 '능력'에 불과하다면, 이는 양도가 가능한 지식재산권이 아닌 '노무'로 보아 출자로 인정되지 않을 가능성이 큽니다. 중국의 '시장주체등기관리조례'에 따르면 주주는 노무, 신용, 자연인 성명, 영업권 또는 담보를 설정한 자산으로 출자할 수 없다고 규정하고 있습니다. 따라서 이때는 회사에 대한 출자로 보기 어려우므로 상대방 파트너가 출자한 자산의 성격을 잘 살펴볼 필요가 있습니다. 미래에 대한 기대와 막연한 희망보다는 객관적으로 검토하는 과정이 더 중요합니다.

중국에서 무형자산의 출자를 둘러싼 분쟁이 발생한 경우 통상적으로 출자자가 무형자산의 출자의무를 제대로 이행했는지, 해당 자산을 인도한 시점이 언제인지 등이 핵심 이슈인 경우가 많습니다. 무형자산의 출자와 관련한 리스크를 줄이기 위해서는 기술출자 시 반드시 평가 기관에 의뢰해 해당 기술에 대한 객관적 평가를 진행하고 이에 대한 결과를 보관해야 합니다. 또한 지식재산권국에서 특허권 변경등기와 공고 등 수속을 진행해 규정에서 요구하고 있는 사항을 충실히 이행하는 것이 필수입니다.

SECTION 2

CHINA

Q22
주식명의신탁도
신경 써야 한다는데
어떻게 해야 하나요?

A22 한국 투자자들이 중국에 진출하면서 중국인들의 명의로 사업을 하는 형태가 많아졌습니다. 하지만 명의를 빌려준 중국인들과의 분쟁이 발생해 손해를 보게 됐습니다. 중국에서는 주식명의신탁의 유효성을 인정하고 외국인에게도 확대해 인정했지만 주의가 필요합니다.

중국에서도 지분명의신탁이 널리 활용되고 있습니다. 중국어로는 '대지(代持)'라고 표현하는데, 문자 그대로 '대리하여 보유'한다는 뜻입니다. 실무에서 지분명의신탁을 많이 사용하고 있는 만큼 그와 관련된 법적 분쟁도 다수 발생하고 있고, 그에 따라 관련 법리도 어느 정도 형성돼 있습니다. 그러나 지분명의신탁은 그 자체로 불안정한 법률관계를 내포하고 있어서 중국 투자 시 지분명의신탁 방식은 최대한 배제하는 것이 바람직합니다. 그런데도 불가피하게 지분명의신탁 방식을 택해야 할 경우에는 다음 사항을 염두에 두어야 합니다.

지분명의신탁 허용 여부
'중국 최고인민법원의 회사법 적용에 관한

유한책임회사
유한회사란 50명 이하의 주주(사원)가 출자하여 설립했고, 회사에 납입한 출자액을 한도로 회사에 대한 유한책임만 부담하는 회사의 형태다.

사법해석)'은 유한책임회사(有限责任公司)의 실제 출자인과 명의 출자인이 약정을 통해 실제 출자인이 출자하고 투자 권익을 향유하는 형태의 계약을 합법적인 것으로 인정하고 있습니다. 즉 실제 출자인과 명의 출자인 사이에 명의신탁 계약 효력에 관해 분쟁이 발생하는 경우 그러한 명의신탁이 법규상 금지되는 경우가 아니라면, 법원은 해당 명의신탁계약이 유효함을 인정해야 한다는 것입니다. 이 사법해석은 유한책임회사에 관한 것으로, 주식유한회사(股份有限公司)에 관하여는 별도 규정이 없습니다. 다만 실무 및 판례는 유한책임회사보다 주식유한회사의 지분양도가 자유롭다는 점을 들어 주식유한회사의 주식에 대한 명의신탁 또한 인정하고 있습니다.

명의신탁 계약을 무효로 판정한 사례로는 보험업과 같이 사회 안정에 큰 영향을 미치는 경우에는 해당 보험사의 지분을 명의신탁한 계약의 효력을 부정한 바 있습니다. 또한 '외국인투자 진입 네거티브 리스트'의 외국인투자 제한, 금지 업종에 투자하는 경우에도 법규에 위반된다고 판단해 실제 투자자의 지분 보유 주장이 인정되지 않을 가능성이 높습니다.

상장 시 명의신탁 관계 처리

중국 회사가 상장하기 전에 명의신탁 방식으로 투자해 상장 후 평가 차익을 기대하는 경우가 늘어나고 있습니다. 그런데 상장심사 과정에서 국가의 외국인 시장진입 제한

주식명의신탁
법인의 주식을 실소유자가 아닌 타인의 명의로 보유해 실질 소유자와 형식적인 소유자가 다른 것

을 회피하기 위해 명의신탁 관계를 설정한 것이 발견된 경우 지분명의신탁 관계를 해소하도록 하고 있고, 명의신탁 관계가 밝혀지지 않은 채 상장했다가 추후 발각된 경우에는 '증권법' 등에 따라 행정책임을 질 수 있습니다.

상장 실무에서도 핵심 기술을 보유한 외국인에게 명의신탁 방식으로 주식을 보유하게 한 경우 상장 전에 해당 지분 관계를 정리하고, 기술 협의 등의 계약 관계로 전환할 것을 유도하고 있습니다. 최고인민법원 (2017,民申字第2454号) 판결 또한 상장 전 회사의 주식을 명의신탁한 후 해당 회사가 상장한 경우, 이는 실제 투자자의 신분을 은닉해 '증권법' 및 '주식최초공개발행 및 상장관리 방법' 등 증권 감독 규정에 반하는 것으로 자본시장 질서, 금융 안전 및 사회 안전에 손해를 초래하므로 해당 명의신탁 계약은 무효라고 판시한 바 있습니다.

지분명의신탁 계약 체결 시 주의할 점

지분명의신탁 계약을 제안받은 경우 해당 계약이 중국의 규정을 위반해 사회 공공이익을 해하는 것은 아닌지 면밀한 검토를 거쳐야 합니다. 그러지 않으면 추후 투자수익을 향유하지 못할 가능성이 있습니다. 지분명의신탁이 무효로 판결될 가능성이 높을 경우에는 그러한 사정을 중국 측 파트너에게 잘 설명해 투자 대출 계약이나 기술 컨설팅 계약 등 다른 방식으로 현금흐름을 창출할 수 있는 대안을 찾아야 합니다. 또한 지분명의신탁이 허용되는 경우에도 해당 지분에 대해 담보를 설정하는 등의 방법으로 임의 처분을 제한할 필요가 있습니다.

SECTION 2

CHINA

Q23

지식재산권 보호제도에는 어떤 것이 있으며 침해 시 대처 방안은 무엇인가요?

A23

지식재산권과 관련된 주요 법률은 '저작권법', '상표법', '특허법'이 있습니다. 그 외에도 다양한 법률·법규들이 지속해서 제정 및 시행되는 등 지식재산 보호를 강화하는 추세입니다.

일반적인 인식과 달리 중국에서 지식재산권을 침해당한 경우 상표국, 지식재산권국 등 행정기관을 통한 구제 방법이 있습니다. 사법기관을 통하는 방법도 있습니다. 지식재산권과 관련된 주요 법률로는 '저작권법', '상표법', '특허법'이 있습니다. 그 외에도 다양한 법률·법규들이 지속해서 제정 및 시행되는 등 지식재산 보호를 강화하는 추세입니다. 많은 기업이 관심을 기울이고 있는 인터넷 관련 상표권의 보호 문제와 영업비밀에 대해 살펴보겠습니다.

인터넷 관련 상표권 보호 문제

중국 온라인 쇼핑몰에서 중국 업체들이 한국 기업의 상표를 부착해 판매하면서, 한국산이라고 홍보하는 사례가 있었습니다. 그뿐만 아니라 위조 품목허가증을 홈페이지에 게시한 정황도 자주 발생합니다. 이에 해당 업체들의 무단 사용 행위를 중단시키기 위한 법적조치에 대해 알아둘 필요가 있습니다.

중국 상표법에 따르면 ① 상표등록권자의 허락 없이 동일한 유형의 상품에 등록상표와 동일한 상표를 사용하거나 ② 상표등록권자의 허락 없이 동일한 유형의 상품에 등록상표와 유사한 상표를 사용하거나 유사한 상품에 등록상표와 동일하거나 유사한 상표를 사용해 혼동을 쉽게 야기할 수 있는 경우를 상표전용권의 침해행위로 규정하고 있습니다.

하지만 침해 업체들이 판매하는 제품이 한국 기업의 등록상표의 지정 상품(동일한 유형) 범위를 벗어나고, 침해 업체의 판매 제품의 유사군 코드도 등록상표의 유사군 코드와 다르다면 비유사한 지정 상품으로 판단해 상표 침해가 아니라고 볼 가능성이 있습니다. 이 경우 중국 '반부정당경쟁법'에 따라 부정당경쟁행위를 주장해볼 수 있습니다. 반부정당경쟁법 제6조는 "경영자는 혼동하게 하는 행위를 함으로써 사람들이 타인의 상품이나 타인과 특정한 관계가 있는

10만~500만 위안

지식재산권 침해행위의 규모, 손해액 등에 대한 배상액 산정이 어려운 경우 재판관이 배상액을 결정한다.

것으로 오인하게 해서는 안 된다'라고 규정하고 있습니다. 구체적으로 부정당경쟁행위를 구성하는 '혼동하게 하는 행위'의 유형은 아래와 같습니다.

① 일정한 영향력을 보유한 타인의 상품 명칭, 포장, 장식 등과 동일하거나 유사한 표시를 무단으로 사용하는 행위

② 일정한 영향력을 보유한 타인의 기업 명칭(약칭, 상호 등 포함), 사회조직의 명칭(약칭 등 포함), 성명(필명, 예명, 번역 등 포함)을 무단으로 사용하는 행위

③ 일정한 영향력을 보유한 타인의 도메인 네임의 주요 부분, 웹사이트 명칭, 홈페이지 등을 무단으로 사용하는 행위

④ 타인의 상품으로 또는 타인과 특정한 관계가 있는 것으로 오해를 불러일으키는 등 혼동하게 하는 행위

상품 표지 혼동 행위에 따른 부정경쟁행위에 해당한다고 주장하기 위해서는 중국 내에서 일정한 영향력이 있음을 입증해야 합니다. 침해당한 기업이 취할 수 있는 조치로는 해당 업체들에 경고장을 발송해 침해행위의 중단을 요구하고 판매 링크를 내릴 것을 요구할 수 있습니다. 또 인터넷 서비스 제공자에게 통지해 삭제, 링크 차단 등 조처를 해달라고 할 수 있습니다. 침해 업체들이 중국의 대형 온라인 쇼핑몰인 '타오바오(淘宝)'에서 운영되고 있다면, 알리바바 지식재산권 보호 플랫폼을 통해 해당 업체들을

용어 설명
산차이(山寨)
원래 '산적들의 소굴'을 뜻하는 말로, 온갖 법규를 무시하고 저임금 노동력을 이용해 해외 기업의 기술·상표·디자인을 거리낌없이 복제한 중국산 모조품을 일컫는 말이다.

신고할 수 있습니다. 나아가 중국 국가시장감독관리총국에 신고하거나 소송을 제기하는 것도 가능합니다.

영업비밀 침해 시 대응

'최고인민법원에서 영업비밀을 침해한 민사사건을 심리하면서 적용 법률에 대한 약간의 문제에 대한 규정' 제1조에 따르면, 영업비밀이란 기술과 관련된 원자재, 샘플, 데이터 등 기술 정보와 재무, 계획, 고객 정보, 데이터 등 경영 정보를 가리킵니다. 반부정당경쟁법 제9조에서 영업비밀이란 대중에게 알려지지 않았고 상업 가치가 있으며 권리자가 상응한 비밀보호 조치를 한 기술 정보, 경영 정보 등 상업 정보로 정의하고 있습니다.

영업비밀을 보호받으려면 영업비밀 유출을 방지하기 위한 비밀유지 약정서를 체결하는 등 평소에도 비밀을 꾸준히 관리해야 합니다. 그럼에도 분쟁이 발생했다면, 침해행위를 한 자와 협상해 침해 중단 및 손해배상을 요구할 수 있습니다. 반부정당경쟁법을 위반한 이유로 관할 시장감독관리기관에 신고할 수도 있습니다. 직원이 회사의 영업비밀을 침해했을 경우 노동분쟁 중재위원회에 중재를 신청하거나 인민법원에 소송을 제기할 수 있습니다.

중국 진출을 고려한다면 현지의 지식재산권 보호 현실에 대한 인식이 필요합니다. 지식재산권 보호의 핵심은 문제 발생의 사전 예방이라는 점도 명심해야 합니다. 그런데도 지식재산권이 침해당할 경우에는 재산보전, 증거보전과 행정적·형사적 조치를 병행하는 등 가능한 모든 법률 수단을 동원해 대응할 필요가 있습니다.

중국 상표법 개정 주요 내용

구분	개정 조항	현행	개정안
징벌적 손해배상	제63조 제1항	손해액의 1~3배	손해액의 1~5배
법정 손해배상	제63조 제3항	300만 위안 이하 (한화 약 5억1000만원)	500만 위안 이하 (한화 약 8억6000만원)
행정처벌	제68조 제4항	신설	악의적 상표출원 과태료 부과

(2019년 11월 1일 시행)

SECTION 2
CHINA
Q24

안정적 투자를 위해 토지 및 건물 등을 구매하는 것이 가능한가요?

A24 중국 기업은 물론 우리나라 기업이 중국에서 토지를 구매하는 것은 불가능하며, 토지 사용권만 취득할 수 있습니다.

중국 토지관리법에 따르면 토지는 국가나 집체 소유입니다. 이에 따라 회사나 개인이 토지를 매매하거나 기타 형식으로 양도하는 행위는 불법으로 금지하고 있습니다. 중국은 사회주의 공유제를 채택하고 있기 때문에 토지사용권과 소유권이 분리되어 있다는 점은 잘 알려져 있습니다. 국가와 집체만이 토지의 소유권자가 될 수 있으며, 회사나 개인은 투자를 위한 토지사용권만 취득이 가능합니다.

토지사용권은 국가의 관련 법률 법규에 따라 허용되는 범위 내에서 국가와 집체가 소유하고 있는 토지를 점유, 사용하는 등의 권리를 의미하며 국유토지사용권과 집체토지사용권으로 분류할 수 있습니다. 따라서 중국 기업은 물론 우리나라 기업들이 중국에서 토지를 구매하는 것은 불가능하며, 토지의 사용권만 취득할 수 있습니다.

최장 70년

중국의 모든 토지는 사인이 소유할 수 없다. 주택 소유자는 정부에 사용료를 내고 최장 70년간 토지를 빌려 쓰는 형식을 취한다.

토지의 취득

중국에서 토지사용권을 취득하는 방식에는 통상 출양(出让)과 획발(划拨) 등이 있습니다. 출양이란 국가가 토지소유자의 신분으로 국유토지사용권을 일정 기간 토지사용자가 사용하도록 허용하고 토지사용자는 이에 상응하는 출양금을 지급한 후 토지사용권을 취득하는 방식을 의미합니다. 토지사용권을 출양받아야 법적 보호를 받을 수 있으며 용도에 따라 거주 용지, 공업용지 등으로 사용할 수 있습니다.

획발이란 사회공익적인 사업을 위해 군사 용지, 도시 인프라 시설 용지, 공익사업 용지 등 용도에 한해 출양금을 지급하지 않고 무상으로 취득한다는 점에서 출양과 차이가 있습니다. 따라서 외상투자기업이 획발의 방식을 통해 토지를 양도받는 것은 여러 사정을 고려할 때 사실상 어렵다고 판단해야 합니다.

2020년 중국 외상투자법이 시행되기 전에는 외상투자기업들이 경영 기한 내 주관 부서의 승인을 받아야 토지사용권 양도가 가능했습니다. 따라서 토지사용권 취득 방식을 막론하고 모두 승인을 받아야 토지사용권 양도 효력이 인정됐습니다. 다만 외상투자법 시행에 따라 한번 승인을 받으면 더 이상 승인받을 필요는 없으나, 일부 지역에서는 여전히 과거의 법규와 관행에 따르고 있어 구체적으로 실행 시 해당 지역의 실무 기관을 통해 확인하는 것이 좋습니다.

중국 상해시는 외상투자기업의 토지사용에 대한 관리를 강화하고 토지 유상 사용제도를 개선하기 위한 목적으로 제정된 '상해시 외상투자기업 토지사용 관리 방법'을 통해 토지사용권의 취득 방식, 토지사용료의 책정 및 납부 등에 대해 세부적으로 규제하고 있습니다.

중국 토지사용권의 문제점

분야	주요 내용
토지소유권·사용권 충돌	• 모든 토지는 국가가 소유하고 국민은 양도금(사용료)을 내고 토지 사용 • 건축물 소유권은 개인이 보유
토지사용권 기한의 불일치	• 토지사용권 최장 기한: 거주용 70년, 공업용 50년, 상업 관광 오락용 40년, 종합 용지 50년 • 일부 지역 70년 범위에서 사용 기간을 더욱 세분화, 사용 만기 제각각 • 한 아파트에서도 토지 사용 기간이 제각각인 경우 발생
추가 토지사용료 산정 논란	• 관련 법 미비, 전국 통일 기준 없음. • 무료로 연장해주거나 초기 비용 기준으로 연장할 경우 불평등 문제 발생 • 현재 기준 산정 시 토지 사용료 폭탄 우려 • 사용료 대신 부동산세 도입하는 경우 국가 소유 포기 결과 초래

자료: 서울신문

주택과 부동산

중국 '부동산시장 외자 진입과 관리의 규범화에 대한 의견'(이하 의견)에 따르면 외국 기업과 개인이 중국에 투자해 비자가용 부동산을 구매하려면 우선 중국에서 외상투자기업을 설립한 다음, 관련 주관 부서의 승인과 등기등록증을 취득한 후 승인된 경영 범위 내에서 관련 경영활동에 종사할 수 있다고 규정하고 있습니다. 아울러 부동산업에 종사하려면 투자총액과 등록 자본금 사이의 비율에 대한 제한이 있습니다. 또한 유효기간 내 토지관리부서에 토지출양금을 납부해 국유토지사용증서를 취득하고, 상무 부서에서 외상투자기업승인증서를 발급받아야 한다는 점도 주의가 필요합니다.

기업이 아닌 개인의 경우 중국에서 1년 이상 근무 또는 유학을 한 외국인이라면 자가 거주 목적으로 주택을 구입할 수 있습니다. 다만 중국은 지역마다 주택 구입 제도를 탄력

용어 설명

집체 토지

농민 집체가 소유하는 토지를 말하는 것으로 '토지관리법'에 따르면 법률에서 국가 소유로 규정한 것 외에 농촌과 도시 근교의 토지는 농민 집체 소유에 속한다.

적으로 운영하고 있으며, 이와 관련한 제도 및 관행 등이 다르기 때문에 주택 구매 시점의 해당 지역 정책을 잘 살펴봐야 합니다.

한편 중국에서 부동산을 구입할 때는 매매 계약서 체결 시 부동산 구매 자격을 갖췄는지 우선적으로 검토해야 합니다. 그리고 구매 자격 요건을 충족한 것이 확인되면 해당 부동산의 관련 부동산권리증을 비롯해 건설용지허가증, 건설공사계획허가증, 건설시공증 등을 제대로 갖췄는지 꼼꼼히 확인해야 합니다.

종합하면, 중국에서 투자 목적으로 부동산 취득 시 원칙적으로 동일하게 중국 민법상 물권법의 보호와 규제를 적용받지만, 비자가용 부동산 구매 시 우선 외상투자기업의 명의로만 투자가 가능하고, 구체적으로 현지 실무를 확인해 관련 인허가 요건을 충족했는지 등을 살펴봐야 합니다.

SECTION 2

사례로 보는 중국 해외 진출

기술 보안 정책 명확히 규정

한국 기업이 중국 기업과 공동으로 설립한 합자회사에 기술을 이전했지만, 상대방의 출자의무 불이행 등 분쟁이 발생했고, 이 과정에서 이전된 기술에 대한 권리를 되찾지 못하고 중국 시장에서 철수해야 했던 가슴 아픈 사례들이 있습니다. 또한 유사한 제품을 중국 측 파트너가 다른 계열사에 넘겨 제조·판매하는 경우, 중국 기업들의 악의적 상표권 선점 등록 행위 등으로 인해 중국 진출 기업의 수익성이 악화되고 사업 실패로 이어지는 등 기술 및 지식재산권과 관련한 어려움과 실패 사례가 늘고 있습니다.

한국 측이 기술을 출자하고 중국 측 파트너가 자본과 토지 등을 출자해 합자회사를 설립하기로 했다면, 반드시 설립 협상 단계에서부터 합자회사의 기술 보안정책에 관해 명확하게 규정하고 안전장치를 확보해야 합니다. 또한 기술 이전·공개 시점을 합자회사의 정상 가동 후 특정 시점으로 정하는 등의 조항을 정할 수도 있을 것입니다. 합자계약 내지 기술 이전 계약에서 겸업금지 조항을 강력하게 설정하고, 나아가 합자 관계 종료, 청산 시 어떠한 절차와 순서로 합자회사의 기술 및 지식재산권 등을 처리할 것인지에 대해서도 상세한 방안을 마련해야 합자회사의 안정적 운영 및 발전에 더 큰 도움이 됩니다.

토지 사용권 권리 제한 철저히 확인해야

한국 기업이 자본을 투입하고 중국 측 파트너가 토지 사용권을 출자했는데, 해당 토지 사용권에 하자가 있는 경우 설립해 운영 중인 회사에 경영적·재무적 리스크가 되고, 결과적으로 한국 기업이 손해를 입을 수 있으므로 주의해야 합니다. 토지 사용권을 현물출자받는 경우에는 반드시 해당 토지 사용권에 대해 상세 실사를 거쳐, 토지 사용권을 제한하는 사유가 없음을 확인해야 합니다. 계약서상에 토지 사용권에 제한이 없다는 진술 및 보장 조항을 포함해 계약을 체결했다고 하더라도, 해당 진술 및 보장 조항과 손해배상 조항에 근거해 실질적 배상을 받아내기까지의 과정이 매우 지난하기 때문입니다.

또한 과거 중국의 집체 소유 토지상에 공장 건물을 건축하고 운영하던 기업들이 토지 사용권을 인정받지 못한 사례에 주의해야 합니다. 집체 소유 토지란 농지 등 농촌 집체(향, 촌 등)가 소유하고 있는 토지를 의미하며, 중국의 토지관리법에 따르면 토지는 국가나 집체 소유고 회사나 개인은 토지를 소유할 수 없습니다. 집체 소유 토지는 원칙상 기업에 제공될 수 없지만, 과거 지방정부 당국자들이 기업을 유치하기 위해 집체 소유 토지 사용권을 불법으로 기업에 출양해 사용하면서 문제가 비롯됐습니다. 이러한 경우 추후에 해당 집체 소유 토지가 정부의 개발계획에 포함되면 해당 집체 소유 토지 사용권은 불법인 관계로, 해당 토지 위에서 경영하던 기업들이 불가피하게 이전을 하고 제대로 된 보상을 받지도 못하는 등의 경우가 발생할 수 있습니다. 따라서 토지 사용권으로 출자 시 집체 소유 토지가 아닌 국유 토지 사용권으로 출자해야 합니다. 국가로부터 무상으로 취득한 토지는 출자해 사용할 수 없

고, 반드시 국가에 출양금을 납부하고 토지 변경 수속을 해야 하며, 출자로 사용할 토지 사용권에는 그 어떠한 권리 제한도 없어야 한다는 점을 주의해야 합니다. 특히 투자에 앞서 토지 사용권의 적법성에 관해 지방정부의 설명에만 의지해서는 안 되고, 반드시 변호사 등 제3의 전문가를 통해 적법성을 확인하기 바랍니다.

지방정부와 투자 계약 시 이것 주의

한국 기업이 중국에 투자해 생산 시설을 설립할 때, 해당 지역 정부와 투자계약서 내지 약정서를 체결하는 경우가 많습니다. 해당 계약서에는 주로 한국 기업이 일정 규모 및 특정 분야에 투자를 이행하는 조건으로 부지 정지 작업을 포함한 지방정부의 토지사용권 줄양 및 생산 활동에 필요한 전기·수도 등 기반시설의 제공, 조세 혜택의 보장 등 각종 의무사항이 포함됩니다. 투자 협상 당시에는 실현이 가능할 것으로 판단했지만, 시장 상황 등 여러 사정으로 인해 일부 투자만 실행하거나, 완제품 생산 또는 R&D 시설의 구축 등 지방정부가 외국 기업에 요구한 특정 조건을 이행하지 못하면 투자 계약에 따른 위약금 지급 의무가 문제 되는 등 법적으로 불안정한 상태에 처한 기업도 있습니다. 이 경우 지방정부로부터 투자 조건 미이행 등을 이유로 투자 계약 해지 및 위약금 지급, 원상회복의무 이행을 요구받는 등 기업의 존속 자체에 문제가 생길 수 있습니다. 이미 투자 계약을 체결해 기업을 운영 중이라면, 지방정부의 세수 및 지역사회에 보탬이 되는 기업이라는 사실을 적극적으로 알려 원만한 관계를 유지하며, 수정·보충 계약 등 새로운 관계를 설정할 필요가 있습니다. 투자 계약 검토 단계라면, 지방정부가 지역 내 투자를 유치하기 위해 제공하겠다는 혜택 및 투자자 측의 필수 투자 조건을 면밀히 검토해 장래 실현 가능성이 불투명한 조건으로 계약을 체결하지 않도록 노력해야 합니다. 특히 특정 조건 미이행을 이유로 이미 투자가 실행돼 정상적으로 운영하고 있는 부분이 무효로 돌아가지 않도록 분리해야 합니다. 즉 투자 계약에서 A단계, B단계, C단계별 투자를 정하고 그에 따른 지방정부의 의무도 단계별로 정한 경우, C단계 투자가 이행되지 않았더라도 이미 투자가 완료돼 정상 운영되고 있는 A·B 부분은 유효하게 존속할 수 있는 근거 조항을 반드시 마련해야 합니다. 지방정부는 투자유치 실적을 위해 장밋빛 전망을 제시하며, 다소 무리한 투자 조건(일반적으로 큰 규모, 하이테크 산업의 유치 등)을 요구할 유인이 큽니다. 아무리 지방정부가 제시하는 인센티브가 매력적이라도 무리한 약속은 하지 않는 것이 바람직합니다.

SECTION 3

주목 해야 할 해외 진출 이슈

(디지털전환으로 부활을 꿈꾸는 넘버 3 국가 일본)

JAPAN

일본은 국내총생산(GDP) 순위 세계 3위 국가입니다. 일본의 정부, 기업, 개인이 해외에 보유한 순자산 규모는 2021년 5월 기준으로 3560조9700억 엔 규모로서 30년 연속 세계 1위의 해외 순자산 보유 국가입니다.

#장인정신

모노즈쿠리(장인정신)로 대표되는 제조업은 일본의 경쟁력을 견인해왔습니다. 과거에 비해 위상이 많이 낮아졌지만 여전히 70개 품목 가운데 일본은 미국(24개), 중국(17개)에 이어 7개 품목에서 선두를 차지하고 있으며, 미국 <포천지>가 선정하는 글로벌 500대 기업에 일본 기업 53개가 포진하고 있습니다.

일본은 GDP 대비 3.5% 수준으로 미국, 중국에 이어 세 번째로 많은 19조5757억 엔을 첨단 과학기술 연구개발(R&D)에 투자하고 있습니다. 일본의 노벨상 수상자는 2021년까지 물리 12명, 화학 8명, 생리·의학 5명으로 기초과학 분야에서 미국 다음으로 많은 수상자 수를 기록하는 등 일본 과학기술의 저력은 깊고 넓은 것으로 평가받고 있습니다. 전 세계에 100년 이상의 장수 기업이 약 8만여 개 존재하는데, 일본은 3만3076개로 장수 기업이 가장 많은 국가이기도 합니다.

#인도태평양전략

일본은 미·일 관계를 중심으로 '자유롭고 열린 인도 태평양' 전략을 통상정책의 핵심으로 삼고 있으며, 최근 호주 및 인도와의 협력 확대에 주력하고 있습니다. 일본은 코로나19와 미·중 무역분쟁 등을 겪으면서 단일 공급망 의존의 취약성을 인식하게 됐습니다. 중국에 대한 의존도를 낮추기 위해 일본 기업의 중국 공장 제3국 이전을 지원하는 것을 포함해 공급망 단절에 대응하기 위한 글로벌 가치사슬(GVC) 다변화와 로컬화를 시도하고 있습니다. 2022년 1월 한국, 중국, 일본, 호주, 뉴질랜드 및 아세안 10개국이 참여하는 역내포괄적경제동반자협정(RCEP)이 발효됨에 따라 일본은 한국 및 중국과 자유무역협정(FTA)을 체결한 것과 유사한 효과를 기대할 수 있게 됐습니다.

일본에 대한 해외직접투자의 경우 2020년 627억 달러를 기록했는데, 이는 2019년 대비 53.6% 증가한 것입니다. 일본에 대한 투자를 주도하고 있는 국가는 아시아 지역의 경우 싱가포르·홍콩·중국이며, 미국·영국의 대일본 투자도 꾸준히 지속되고 있습니다. 한국의 일본에 대한 투자는 2020년 13억 달러 규모로 국가 순위로는 8위에 해당합니다. 일본 정부는 2021년 5월, 2030년까

#디지털화   #장인정신   #플랫폼   #인력   #외국어   #인도태평양전략

지 대일본 투자 금액을 현재보다 대폭 확대한 80조 엔 규모로 늘리겠다는 목표를 설정하고 이를 달성하기 위한 다양한 과제를 실행에 옮기고 있습니다.

#디지털화

일본은 녹색사회 실현, 디지털화, 지방 활성화, 저출산 극복이라는 4대 분야에 대한 정책을 적극 추진하고 있습니다. 녹색사회의 경우 2030년까지 온실가스 감축을 2013년 대비 50% 감소시키는 것을 목표로 하고 있으며, 지방 활성화의 경우 스마트시티 100개소를 2025년까지 구축한다는 목표를 수립한 상태입니다. 특히 일본 정부가 역점을 두고 있는 것은 디지털사회로의 전환(DX)입니다. 일본 정부는 이를 위해 디지털청을 출범해 정부 행정과 민간의 DX화 그리고 이를 위한 인재 육성을 적극 추진하고 있습니다. 2025년까지 행정 절차의 98% 온라인화를 목표로 우리나라의 주민번호에 해당하는 마이넘버 보급, 전자서명 도입 및 행정 데이터 표준화를 진행하고 있습니다. 민간 부문의 경우 5세대 이동통신(5G)을 산업 패러다임 전환을 위한 핵심 기술로 선정하고 2030년까지 5G 이용 가능 지역 비율을 98%로 높이기 위해 노력하고 있습니다.

#플랫폼

또한 의료·복지, 교육, 방재, 운송, 농·수산업, 항만, 인프라 등 7개 준공공 분야의 데이터 표준화 및 플랫폼 구축을 통환 서비스 일원화와 고도화를 진행하고 있습니다.

일본은 복잡한 유통구조 및 신용거래를 우선하는 관행으로 신규 사업자의 진입이 쉽지 않은 것으로 평가받고 있습니다. 일단 거래를 시작해 신뢰를 축적하면 장기간 거래를 지속할 수 있는 시장이지만 여기에 시간이 많이 소요됩니다. 최근에는 전자상거래 활성화로 기업과 소비자 간 거래(B2C)의 시장 진입이 비교적 용이해지고 있습니다.

#인력 #외국어

일본 시장에 진출할 때 가장 큰 어려움은 인력 확보입니다. 외국 기업이 요구하는 전문성과 외국어 능력을 갖춘 인력을 확보하는 일이 어려운데, 여기에는 일본 국내 고용시장이 호황을 이어가고 있는 점이 작용합니다. 일본 사람들의 꼼꼼함과 정확성은 유명하지만 행정업무에 장시간 소요되는 부작용을 초래하고 있습니다. 이에 따라 일본에 진출할 때에는 행정처리 소요 시간을 여유 있게 잡고 진행하는 것이 좋습니다.

SECTION 3

JAPAN

Q25 한국 기업이 일본에 진출하기 어렵지 않나요?

A25 일본에 진출한 한국 기업들의 애로 사항은 폐쇄적인 상거래 관습과 높은 법인세, 영어 능력 부족에 대한 문제점입니다. 하지만 제도나 인프라가 정비된다면, 일본 시장이 갖는 중요성은 크다고 볼 수 있습니다.

한국 기업이 일본에 진출하는 게 쉽지 않다는 인식을 갖게 된 데에는 아마도 일본 내 반한(反韓) 정서, 배타성 등이 기인하는 것으로 생각됩니다. 실제로 혐한(嫌韓) 정서가 일본 내에 일부 존재하고, 이런 점이 일본에서 사업을 할 때 일정 부분 리스크인 점을 부정할 수 없습니다. 하지만 어느 국가에 진출하더라도 저마다의 리스크는 존재하기 마련입니다. 전체적으로 보면 한국 기업의 경우 일본이 다른 외국에 비해 오히려 유리한 요소가 많다는 점을 강조하고 싶습니다.

GDP 성장률 3.2%

2022년 실질 GDP 성장률은 3.2%로, 2년 연속 회복세를 지속할 것으로 전망된다(IMF, 2021년 12월).

일본 진출을 위한 한국 기업에 유리한 요소

일본 시장은 무시할 수 없는 'Big Market' | 일본의 국력이 약해졌다는 기사를 종종 접하게 됩니다. 그러나 일본은 여전히 세계 3위의 경제 대국입니다. 한국과 비교해 약 3배 정도 국내총생산(GDP) 차이를 보이고 있습니다. 일본 시장을 포기할 수 없는 이유도 여기에 있죠. 일본은 세계 어떤 국가에 비해 양호한 인프라를 갖추고 있다는 것 역시 장점입니다.

정치적 안정과 유사한 법체계 | 일본은 매우 보수적인 문화를 지니고 있어 정치 상황이 급변하는 경우가 흔치 않습니다. 정치 상황에 대한 평가는 차치하더라도, 사업을 추진하면서 예측 가능성이 매우 중요하다는 점을 고려하면 정치 상황이 급변하는 중국, 동남아시아 등 국가들에 비해 매우 매력적인 시장이라 할 것입니다. 또한 일본은 한국과 대단히 비슷한 법체계를 갖추고 있습니다. 그렇기에 한국 기업 입장에서 일본의 법률과 제도에 빠르게 적응할 수 있습니다.

상대적으로 낮은 언어 장벽 | 일본의 경우 영어 능력을 갖춘 인재가 매우 부족한 것으로 알려져 있습니다. 이러한 점 때문에 많은 외국 기업이 일본에 진출하는 경우 가장 어려운 점 중 하나로 소통 문제를 들고 있습니다. 특히 언어 체계가 다른 서구권 기업의 경우 파견 온 관계자가 일본어를 습득하지 못해 현지 장악력이 떨어지거나 직원들과 마찰이 발생하는 경우도 보입니다. 이에 비해 한국 기업은 상대적으로 언어에 대한

장벽이 낮다고 할 수 있습니다. 한국인의 경우 다른 언어에 비해 일본어 습득이 쉬운 편입니다. 특히 한자의 사용으로 일본어에 대한 지식이 없는 경우에도 어느 정도 독해가 가능합니다. 또 최근 한류 문화가 유행하며 한국어를 전공하거나 한국어에 능통한 일본인이 늘고 있습니다. 한국 기업에서 일하기를 원하는 이도 많아 이들을 잘 활용하면 소통의 어려움은 큰 문제가 아닙니다.

현대차는 2022년 7월 일본 MK택시에 '아이오닉 5' 50대를 공급하는 계약을 체결하며 일본 전기차 시장 공략의 첫발을 내디뎠다.

재일교포, 한국인 일본 변호사 등 일본 내 조력자가 풍부 | 2021년 12월 현재, 일본 내 재일교포(북한 국적 포함)는 43만6167명에 이르는 것으로 알려져 있습니다. 전후(戰後) 새롭게 일본에 자리 잡은 한국인(이른바 뉴커머)까지 포함하면 그 수는 더욱 늘어납니다. 예전에는 차별 등 여러 가지 이유로 전문직으로 활동하는 재일교포를 찾아보기 어려웠습니다. 예를 들어 변호사의 경우 1979년 한국 국적의 일본 변호사가 처음 탄생한 이후 최근 그 수가 100명을 넘어서면서 독자적인 변호사 단체를 조직하는 등 일본 내 곳곳에서 활발하게 활동하고 있습니다. 언어소통의 문제가 없고 각 분야에서 전문성을 쌓은 재일교포 또는 한국인 일본 변호사를 비롯한 조력자를 활용할 수 있는 점은 한국 기업에 매우 큰 장점입니다.

실제로 일본 시장에 도전해 안착한 기업이 많이 있습니다. 최근 기사에 따르면, 현대자동차의 전기차가 일본 내에서 좋은 평가를 받고 있다고 합니다. 2009년에 한 차례 일본 사업을 철수한 이후 많은 연구와 준비 끝에 비로소 일본 시장에서 존재감

> **용어 설명**
> **뉴커머(New Comer)**
> 1965년 한일 국교 정상화 이후 일본에 건너가 정착한 대한민국 국적자를 말한다. 이 중에는 특히 1980년대 이후 일본으로 이주한 사람이 많다.

을 어필할 수 있게 됐습니다. 일본 시장이 더 이상 한국 기업으로서는 난공불락의 요새가 아니라는 것입니다. 또 인피니트 재팬(INFINITT Japan), 지란 재팬 등 많은 IT 기업이 일본 시장의 약점을 공략해 큰 성공을 거두고 있습니다.

이처럼 일본 진출의 어려움은 일본에 진출하고자 하는 모든 국적의 기업이 직면하는 문제이며, 오히려 한국 기업이 상대적으로 유리합니다. 따라서 장점을 잘 활용할 경우 일본은 한국 기업에 충분히 공략할 수 있는 성공 가능성이 큰 시장입니다.

주요 국가별 지속 가능한 투자 변화 추이 (단위: 달러)

국가	투자 규모(비중)	기간당 성장률			연평균 성장률
	2020년	2014~2016년	2014~2018년	2018~2020년	2014~2020년
유럽	12,017(41.6)	12%	11%	-13%	1%
미국	17,081(33.2)	33%	38%	42%	17%
일본	2,874(24.3)	6,692%	307%	34%	21%
캐나다	2,423(618)	49%	42%	48%	36%
호주/뉴질랜드	906(37.9)	248%	46%	25%	168%

자료: GSIA, 2020년

SECTION 3
JAPAN
Q26 해외 기업 유치를 위한 지원제도가 있나요?

A26 일본 지방자치단체가 시행하는 기업유치제도를 파악하는 것이 중요합니다. 지자체가 시행하는 지원제도는 잘 알려지지 않거나 지역별로 내용이 다르기 때문에 해당 기관에 문의해보는 것도 좋은 방법입니다.

일본의 경우 해외 기업을 유치하기 위해 정부가 주도하는 외국 기업에 대한 인센티브 제도와 함께 각 지방자치단체에서도 각종 보조금 제도 등 해외 기업 유치를 위한 제도를 시행하고 있습니다. 중앙정부보다 주요 지방자치단체에서 시행하는 기업 유치 제도를 잘 파악하는 게 큰 도움이 됩니다.

오사카부(大阪府) 지원제도
2022년도 O-BIC 외자계 기업 진출 지원 사업 | 본 사업은 오사카 외국기업유치센터(O-BIC)가 투자 촉진을 위해 오사카부 내에 본점 또는 지점으로 설립된 외국계 기업의 일본 진출 소요 비용 일부를 감경해주는 것을 말합니다. 지원 사업의 대상이 되는 기업으로는 외국자본 비율이 3분의 1 이상이면서 2022년 4월 1일부터 2023년 3월 31일 동안 오사카에 본점 또는 지점을 설립한 외국계 기업입니다. 등기 비용은 이용자당 10만 엔을 감경해주며, 재류 자격 취득 관련 비용 역시 이용자당 5만 엔을 감경해주고 있습니다.

사무실 및 주거지원제도 | 오사카시는 일반사단법인 오사카국제경제진흥센터(IBPC 오사카) 등을 통해 일정 기간 임대료 없이 사무실을 지원하는 다양한 사업을 하고 있습니다. 이 제도를 활용하는 경우 사업 초기 비용을 절감할 수 있습니다. 국내외 기

> **용어 설명**
> **오사카부**
> 오사카부는 일본 제2의 도시이자 긴키 지방의 중심지, 서일본 최대의 도시다. 수많은 철도 노선과 도로가 오사카를 중심으로 주변 지역을 연결하며, 일본 경제에서 매우 중요한 역할을 담당하고 있다.

업 모두 이용이 가능합니다. 또 오사카시는 외국계 기업에서 근무하는 외국인에게 오사카시주거공사가 운영하는 임대주택을 지원하는 제도를 시행하고 있습니다.

보조금 | 오사카부에서는 외자계 기업 등 진출 촉진 보조금을 통해 외국계 기업의 유치를 도모하고 있습니다. 이 보조금을 받기 위해 일정한 규모의 건물을 취득하거나 임차해 본사를 설치할 필요가 있습니다. 또한 상시 근로자 25명 이상 확보 등의 요건을 보조금 신청일 익일부터 3년 이내에 충족해야 합니다. 최소 2000만 엔부터 최대 1억 엔까지 보조금을 받을 수 있습니다. 그 밖에 국내외 기업이 활용할 수 있는 부내 투자 촉진 보조금 제도를 통해 최대 3000만 엔 한도에서 보조금을 지원받을 수 있습니다.

세제 혜택 | 오사카부 및 오사카시와 각종 소도시에서 부동산취득세 감경 조치를 시행하거나 성장 특구 등 일정 지역을 지정해 법인부민세, 법인시민세, 법인사업세, 부동산취득세 등 지방세 감경제도를 시행하고 있습니다. 다만 오사카부 내 도시별로 시행하는 양태가 상이하므로, 진출하고자 하는 지역에서 시행하는 구체적인 제도를 확인할 필요가 있습니다.

아이치현(愛知縣) 지원제도

입지 보조금 | 아이치현에 공장 등을 설치하는 경우 받을 수 있는 보조금으로 △외자계 기업 입상 지원제도 △21세기 고도 첨단 산업 입지 보조금 △신아이치 제조산업 입지 보조금 등이 있습니다. 외자계 기업 입상 지원제도는 외국계 기업의 신규 진출을 지원합니다. 회사 등기 시 소요되는 전문가 경비, 인재 중개수수료, 부동산 중개수수료 등 최대 50만 엔을 상한으로 자본금에 따라 실비를 지원합니다.

연구개발 보조금 | 아이치현은 신아이치 제조 연구개발 보조금 제도를 시행하고 있습니다. 성장이 기대되는 분야에서 기업들의 연구개발과 실증 실험을 지원하는 제도입니다. 주된 대상 분야는 차세대 자동차, 항공우주, 환경, 건강, 정보통신 등입니다. 대기업의 경우 최대 2억 엔, 중소기업은 1억 엔 한도로 보조금을 지급하고 있습니다.

세제 혜택 | 아이치현은 아이치현에 투자하는 기업에 대해 부동산소득세를 감면해주는 산업입지촉진세제를 시행하고 있습니다. 대상 사업으로 항공우주 관련 사업의 제조업과 기타 제조업으로 구분되며, 대상 사업을 위해 신축된 건물이나 토지에 대해 취득세를 감면하거나 감경하는 방식으로 지원하고 있습니다.

일본은 정부와 별개로 지자체별로 독자적인 지원제도를 시행하는 경우가 많습니다. 정부가 시행하는 인센티브 제도는 비교적 쉽게 검색할 수 있지만, 지자체가 시행하는 지원제도는 잘 알려지지 않았거나 지역별로 내용이 달라 지원받지 못하는 경우도 있습니다. 따라서 전문가 등을 통해 진출을 희망하는 분야 및 계획 중인 규모를 고려해 각종 지역에서 독자적으로 시행하는 지원제도의 혜택을 받을 수 있는지 사전에 검토해야 합니다.

용어 설명

실증 실험

개발한 제품을 시장에 출시하기 전 사용에 문제가 없는지 검증하기 위해 시험 분석·인증 획득·성능 평가 등을 거쳐 내구성과 안전성을 살피는 과정을 뜻한다.

SECTION 3
JAPAN
Q27

아날로그식 행정이 일반화되어 있다고 하는데, 각종 인허가 과정에서 고려해야 할 사항은 무엇인가요?

A27 일본 정부는 아날로그식 행정 관행을 타개하기 위해 2021년 9월 디지털청을 출범하고, 디지털 사회를 향한 정책 방향을 제시했습니다. 하지만 단시간 내에 아날로그식 행정 관행이 바뀌지는 않을 것으로 예상됩니다.

코로나19 시국에서 일본 정부는 전 국민 재난 지원금 신청을 받는 과정에서 43개 기초 지방자치단체가 디지털 업무 미숙으로 오프라인 신청만 접수해 거센 비판을 받았습니다. 확진자 정보를 취합하는 과정에서도 아날로그형 통신기기만으로 데이터를 수집해 확진자 집계가 부정확하다는 비판에 직면하기도 했습니다. 이처럼 일본은 여전히 아날로그식 행정을 고수하고 있어 각종 행정처리에 주의해야 할 사항이 있습니다.

행정 처리의 장기화

한국의 경우 일반적인 행정 처리는 짧게는 몇 분 이내에 이뤄지고, 아무리 길어도 며칠

> **용어 설명**
> **아날로그**
> 어떤 시스템의 동작을 연속적으로 변화하는 물리량(전류, 전압 등)을 이용하여 표현하거나 측정하는 것을 말한다. 숫자 한 자리씩 정확하게 떨어지는 디지털과는 정반대 개념이다.

이 걸리는 경우가 많지 않습니다. 그만큼 신속하게 행정처리가 이뤄지는데, 일본은 그렇지 않습니다.

예를 들어, 사업을 시작하는 단계에서 회사를 설립해 사업을 개시하는 과정은 대략 ① 회사 설립 ②은행 계좌 개설 심사 ③재류자격 신청 ④사무실 및 사택 임차 ⑤직원 채용 등 단계로 진행됩니다. 회사 설립에 1개월, 은행 계좌 개설에 최소 3주, 재류 자격 신청에 최소 1개월, 사무실 등을 임차하기 위해서도 사전심사 등을 위해 2주 이상 소요되는 등 많은 시간이 필요합니다. 아무리 원활하게 출발한 회사라고 하더라도 위 단계에서 최소 3개월 이상이 걸립니다. 그동안 영업 활동을 할 수 없으므로 사전에 이러한 점을 충분히 감안해 계획을 세울 필요가 있습니다. 또한 사업을 진행하다 보면 각종 등기를 해야 하는 경우가 발생할 수 있습니다. 일본은 전국의 등기 데이터가 전산화돼 있지 않고, 등기공무원이 심사 후 직접 수작업으로 등기부를 수정하기 때문에 등기 신청일로부터 완

료까지 통상 일주일에서 10일 정도가 소요됩니다. 경우에 따라 1개월 정도가 소요되기도 합니다. 같은 이유로 등기가 이뤄지는 기간에 등기부가 폐쇄돼, 등기부를 열람하거나 다른 등기를 경료하는 것이 어려워져 해당 기간에는 다른 업무의 진행이 불가능해지는 상황도 발생합니다. 이처럼 한국에서 생각한 것보다 일본의 행정처리에는 훨씬 많은 시간이 소요되는 만큼 사업을 진행하면서 인허가 또는 등기 등 행정절차를 거쳐야 하는 경우, 반드시 전문가 혹은 해당 관공서에 문의해 예상 소요 시간을 확인한 후 그에 맞춰 일정을 조정하는 것이 바람직합니다.

행정처리 과정에서 재량 개입

일본 관공서는 인허가에 앞서 인허가청과 사전협상을 하는 것이 일반화돼 있습니다. 예를 들어 허가와 같이 행정청이 재량에 따라 부여할 수 있는 경우는 물론, 등록 등 일정한 요건이 갖춰지면 가능한 경우에도 해당 요건의 구비 여부 등 확인 명목으로 심사를 요구하는 경우가 많습니다. 사실상 행정청의 재량에 따라 결정되기도 합니다. 특히 이런 경우 여러 차례 사전협상을 거쳐 인허가가 가능한지 사전 조율이 이뤄지고, 인허가 자체는 이미 결론이 난 상태로 사실상 요식행위에 불과한 경우가 많습니다. 결국 행정처리의 장기화와 맞물려 인허가를 받는 데 상당한 시간이 소요될 수 있습니다. 따라서 인허가 신청에 앞서 해당 행정청에 면담을 요청해 관련 인허가에 관한 사전 협의를 진행할 필요가 있고, 이 과정에서 시행착오를 겪지 않도록 전문가를 적극적으로 활용해야 합니다.

> **용어 설명**
> ### 캐시리스사회 (Cashless Society)
> 현금 대신 신용카드 등을 이용해 소비·상업활동을 할 수 있는 사회를 일컫는 말이다.

일본 정부의 변화 노력

일본 정부는 아날로그식 행정 관행을 타개하기 위해 2021년 9월 디지털청(Digital Agency)을 출범했습니다. 디지털청은 즉시 '디지털 사회 실현을 위한 중점 계획'을 수립해 공표하는 등 일본 정부가 나아가야 할 정책 방향을 제시했습니다. 그에 따라 2022년 4월 27일 '캐시리스(Cashless)법'을 제정하는 등 성과도 내고 있습니다.

그러나 각종 일본 언론에서 "디지털청 출범 1년이 지났음에도 관료제 폐단과 혁신 전략 부재, 전문 인력 부족 등으로 디지털 혁신에 실패했다"라는 평가가 존재합니다. 이에 일본 정부는 각 기관의 업무 표준화를 통해 '행정절차의 디지털화를 목표로 하는 정책을 시행할 것을 대외적으로 표명하고 있습니다. 이러한 전망에 따라 각종 인허가 등 행정처리에서도 많은 변화가 예상됩니다. 하지만 현재까지의 일본 사회 변화 속도에 비춰보면, 단시간 내에 드라마틱한 변화를 기대하기는 어렵다는 것이 냉정한 시각입니다. 따라서 당분간 현재와 비슷한 상황이 지속될 것을 감안해 인허가 등 행정처리상의 리스크가 현실화하지 않도록 충분히 준비하기 바랍니다.

디지털청 조직 체계

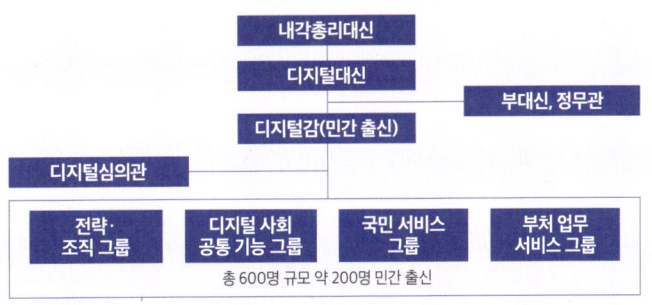

자료: <신문과방송> 김민지 나고야대 대학원 국제언어문화연구과 박사, 2021년

SECTION 3 JAPAN

Q28
일본의 인건비가 의외로 저렴하다는데 사실인가요? 인력 채용 및 노무 관련해 염두에 두어야 할 사항은 무엇인가요?

A28
일본의 연간 **평균임금**은 2015년 이후 5년 연속 한국보다 낮습니다. 하지만 평균임금을 기준으로 하기 때문에 진출 분야와 지역에 따라 임금 차이를 보이므로 사전조사가 필요합니다.

최근 언론에서 한국의 인건비가 일본을 넘어섰다는 보도를 자주 접하게 됩니다. 그리고 일본의 경우 대졸 취업율이 한국보다 훨씬 높다는 이야기도 들려오고, 그럼에도 외국에 인재를 빼앗기고 있다는 보도도 있었습니다.

한일 간 인건비 비교
오른쪽 표는 2001년 이후 한일 간 평균임금(구매력 평가 환산)의 변화를 비교한 것입니다. 2013년을 기점으로 한국의 평균임금이 일본을 추월했으며, 2021년 현재까지 한국의 평균임금이 상당 부분 앞서 있는 것을 확인할 수 있습니다. 다만, 2020년부터 일본 내 임금이 상승하고 있는 반면 한국은 정체된 모습을 볼 수 있습니다. 따라서 막연히 일본의 인건비가 낮아졌다고 단정 지어선 안 됩니다. 임금 변화의 추이를 살펴보고 판단할 필요가 있습니다.

일본의 최저임금제도
일본은 한국처럼 균일한 최저임금제를 운용하고 있지 않습니다. 지자체별로 최저임금제도를 달리 시행하고 있습니다. 2022년 기준 일본 전국 최저임금을 보면 다음과 같습니다.

표에서도 알 수 있듯, 도쿄·오사카 등 대도시의 경우 최저임금이 상당히 높고 지방으로 갈수록 낮은 것을 확인할 수 있습니다. 최근 언론에서 한국의 최저임금이 일본을

> **용어 설명**
> **평균임금**
> 퇴직 등 사유가 발생한 날 이전 3개월간 근로자에게 지급한 임금의 총액을 그 기간의 총일수로 나눈 금액을 말한다.

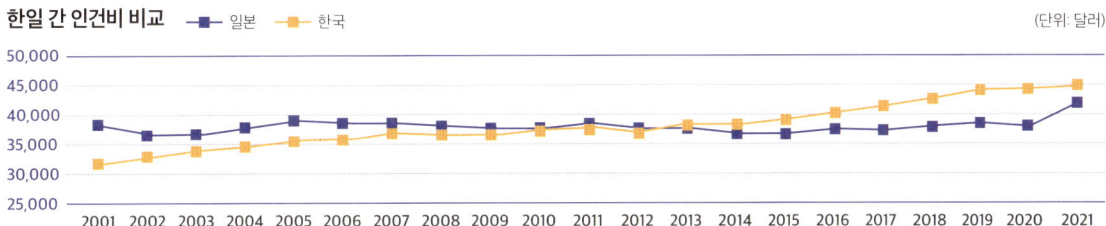

추월했다는 보도를 자주 접할 수 있는데, 모든 지역에서 그런 것은 아닙니다. 여전히 대도시를 기준으로 보면 일본의 최저임금이 높다는 점을 주의해야 합니다.

위에서 살펴본 것처럼, 일본의 인건비가 더 낮다고 알려져 있는 것과 달리 실질적인 차이가 크지 않습니다. 오히려 최저임금의 경

62.6%

2021년 일본 기업의 노동분배율은 62.6%로 1년 전보다 5.7% 떨어졌다. 노동분배율은 기업의 순익에서 인건비가 차지하는 비율로, 노동분배율이 낮을수록 임금이 낮아 소비도 부진하다.

우 지역에 따라 한국보다 높은 곳도 많습니다. 또 일본에서도 임금 차이로 인해 인재 수급에 어려움을 겪고 있는 지역이 많습니다. 그 때문에 진출하고자 하는 분야에 따라 어느 지역으로 진출할 것인지, 해당 지역의 실질 임금의 수준과 인재 수급 상황은 어떤지 등 다방면에 걸친 사전 조사가 필요합니다.

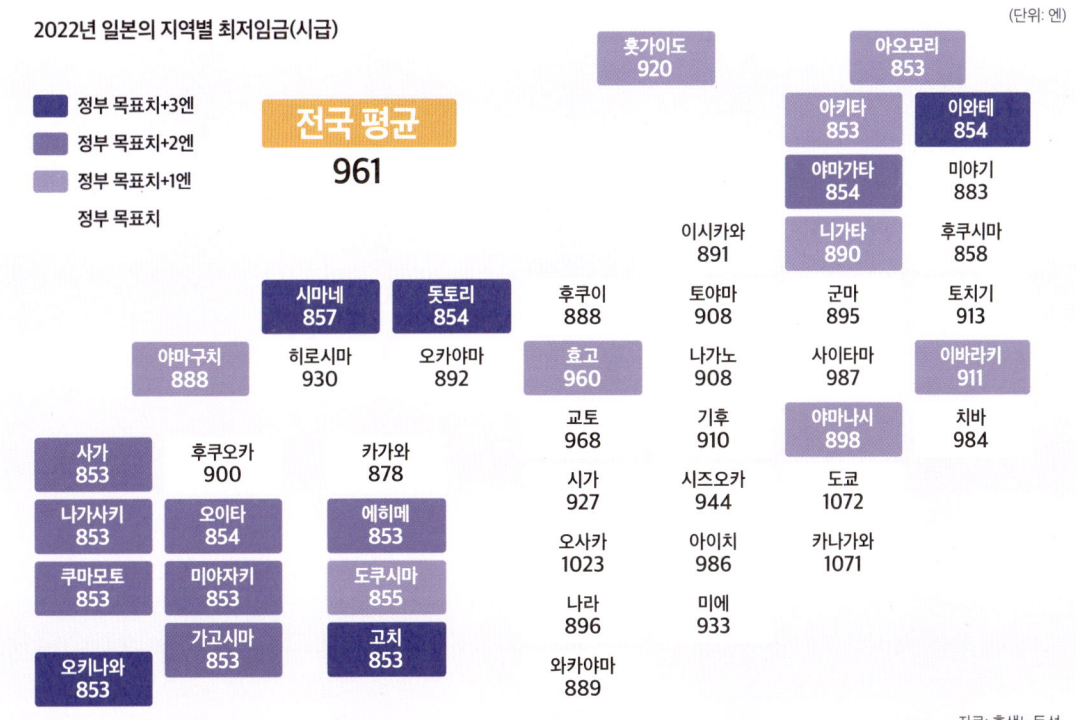

SECTION 3
JAPAN
Q29

일본에 진출한 기업들이 종종 세무 당국에서 조사를 받았다고 하는데, 세금 관련 주의점은 무엇인가요?

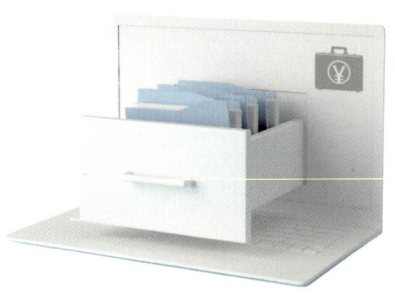

A29

외국계 기업도 일본 기업과 마찬가지로 세무조사를 받습니다. 하지만 세무조사를 받는다고 해서 수동적 자세를 취할 필요는 없으며, 사전 통지 후 세무조사가 들어오는 만큼 구비 서류 및 정리 조사 대응 방식을 숙지하면 됩니다.

일본의 세무조사는 크게 임의조사와 강제조사가 존재하며, 한국의 일반세무조사와 조세범칙조사 분류와 유사합니다. 일반적인 세무조사인 임의조사는 원칙적으로 납세자 동의를 전제로 하며, 그 목적은 세무 신고 내용이 정확한지 확인하는 데 있지만 정당한 사유 없이는 세무조사를 거부할 수 없습니다. 강제조사는 탈세 의혹이 있는 인물에 대해서 일본 재판소가 조사 영장을 발행해 국세국이 강제적으로 증거를 압수하는 세무조사를 말합니다.

50만 엔
일본의 세무조사에 임하지 않으면, 1년 이하 징역 또는 50만엔(한화 약 500만원) 이하의 벌금이 부과된다.

외국계 기업의 세무조사 동향

일본 국세청이 2021년 11월에 발표한 '법인세 등의 조사 실적 개요'에 따르면 세무조사의 주요 분야는 ① 소비세(한국의 부가가치세) 환급 신고 법인에 관한 조사 ② 해외 거래법인 등에 대한 조사 ③ 무신고 법인에 대한 조사 세 가지입니다. 외국 법인은 해외 거래와 소비세에서 문제가 발생하는 경우가 많아 결과적으로 일본에서는 외국 법인에 대한 세무조사가 많다고 알려져 있습니다.

세무조사에서 한국 기업이 유의해야 할 점

특수관계자간거래 | 외국계 기업의 세무조사에서 가장 이슈가 되는 분야는 특수관계자간거래(Intercompany Transaction)입니다. 일반적으로 특수관계자간거래가 존재

했는지, 이전 가격 세제에 따라 적정하게 거래가 이뤄졌는지를 검토합니다. 예를 들어 일본 자회사가 국외특수관계자에 지급하는 비용에 관해 일본 자회사가 부담해야 할 부분을 초과하는 경우 국외특수관계자에 대한 기부금으로 간주해 비용으로 인정받지 못할 수 있습니다. 이전 가격의 경우 국외특수관계자와의 거래 가격이 제3자 간 거래 가격과 유사한 수준인지도 중요한 검토 대상이 됩니다.

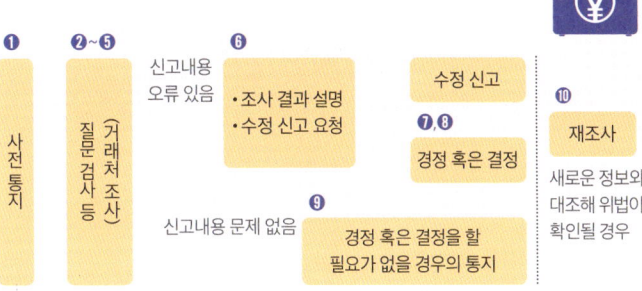

일본 세무조사 진행 과정

자료: 일본 국세청 자료를 바탕으로 KOTRA 도쿄무역관 작성, 2018년

원천징수의무 | 일본에서 해외에 지급하는 이자, 배당, 사용료 등은 조세조약에 따라 일본에서 원천징수가 필요합니다. 특히 한국 내에서 지급되는 급여에 대한 원천징수 의무에 대해 주의할 필요가 있습니다.

회계기준의 차이 | 일본회계기준(JGAAP) 또는 일본의 세법을 기준으로 회계장부를 작성해야 합니다. 한국회계기준(KGAAP) 이나 한국채택국제회계기준(KIFRS)에 따라 작성한 장부와 비교해보면 고정자산, 재고자산, 스톡옵션 등을 처리하는 데 차이가 발생할 수 있습니다. 일본 세무조사에는 일본 세법에서 인정하는 회계기준에 따라 세액이 계산됐는지 확인해야 합니다.

임직원 파견 | 한국 노회사에서 일본 자회사에 임직원을 출장 또는 파견하는 경우에는 급여, 사택 임대료 등 경제적 이익에 대해 적절히 원천징수했는지 확인해야 합니다. 우선 일본에서 근무하는 임직원과는 출장, 파견, 인적용역 제공 등의 계약 관계를 서면으로 명확히 해두는 것이 바람직합

용어 설명

JGAAP
일본은 1970년대부터 국제회계기준(IFRS)의 제정에 참여했지만, 여전히 이를 의무 적용하고 있지 않다. 그 대신 자국의 회계기준(JGAAP)과 미국의 회계기준(USGAPP)을 일본에 맞게 수정한 IFRS 등을 호환하고 있다.

KGAAP
한국 기업들이 채택하고 있는 개별 재무제표와 취득 가능 원칙을 근간으로 하는 회계처리기준.

KIFRS
한국회계기준원 회계기준위원회가 국제회계기준에 따라 제정한 회계기준.

니다. 통상적으로 다음의 사항이 검토 대상입니다.

- 지급하는 대가가 적정한 수준인지 여부
- 한국 모회사가 인적용역 거래와 관련해 일본 내에서 법인세 등을 신고할 의무가 발생하는지 여부
- 해당 지급에 대해 일본 내에서 원천징수가 필요한지 여부
- 조세조약의 규정 및 소득 구분이 적정하게 적용됐는지 여부
- 한국 모회사의 고정사업장(PE)으로 간주할 수 있는 업무에 해당하는지 여부
- 급여소득 계산 시 회사 부담 소득세 및 사회보험료를 포함한 총액의 적정 여부
- 사택 제공 및 생활비 일부를 회사가 부담하는 경우, 급여소득 과세 대상이 되는 경제적 이익 범위의 적정 여부

소비세 | 한국의 부가가치세는 세금계산서를 기준으로 신고하지만, 일본에서는 장부 보존 방식에 의해 장부의 기장 요건과 근거자료의 보존 요건을 충족하지 못하는 경우 매입세액으로 인정받을 수 없습니다. 이에 장부나 영수증, 청구서 등의 증빙서류가 보존되지 않아 세무조사에서 추징세를 납부하는 경우가 있으므로 장부 기재 사항, 보존 서류 종류 등에 대해 철저히 준비할 필요가 있습니다.

SECTION 3 JAPAN

Q30

일본에서 사업장을 철수할 때 필요한 절차와 특별히 신경 써야 할 점은?

A30 일본 정부는 외국자본의 철수를 적극적으로 규제하지 않고 있습니다. 하지만 사업 철수를 결정하는 단계부터 일본 시장의 특수성을 고려해 접근하는 것이 바람직합니다.

신규 사업을 전개하는 과정에서 일정 부분 적자를 기록했다고 해서 바로 사업 철수를 결정하는 건 쉽지 않습니다. 그러나 사업 철수는 내부적 문제에 기인하든 외부적 요인에 기인하든 언젠가는 다가올 현실적인 이슈입니다. 전혀 준비되지 않은 상태에서 사업 철수를 무리하게 진행하는 경우 손실 확대에 그치지 않고, 시장 재진입이 어려워지는 등 예기치 못한 문제가 발생할 수 있습니다.

사업 철수의 3가지 방식

사업양도 방식 | 사업양도(영업양도)란 특정 사업에 관한 권리나 자산을 포괄적으로 양도(매각)하는 것을 의미합니다. 따라서 설비 등 자산뿐 아니라 직원과의 근로관계도 이전되는 것이므로, 해당 사업에 강한 매력을 느끼는 상대방이 있는 경우 가장 유리한 조건으로 사업 철수가 가능하다고 할 것입니다. 다만, 그러한 양수인을 찾는 것이 쉽지 않은 점, 사업 양도 후에는 **경업피지의무**를 부담하게 되는 점 역시 사업양도를 선택하면서 고려할 필요가 있습니다.

> **용어 설명**
> **경업피지의무**
> 영업자의 영업에 대하여 특수한 관계에 있는 사람이 경쟁이 되는 행위를 해서는 안 된다는 의무를 말한다.

자산매각 방식 | 자산매각은 단순히 사업에서 사용한 자산을 매각하는 방법을 의미합니다. 사업양도에 비해 신속하게 사업을 철수할 수 있는 점에서 이점이 있으나, 매각으로 얻는 이익은 사업양도에 비해 적은 경향이 있습니다. 또 설비 상태에 따라 매각이 어렵고 오히려 회수 비용이 더 드는 경우도 있습니다.

해산 방식 | 마지막으로 사업양도 또는 자산매각 없이 해산하는 경우가 있습니다. 만약 단일 사업을 영위하는 사업체이면서, 사업양도 또는 매각할 자산이 없는 경우 최후의 수단으로 해산을 고려해볼 수 있습니다.

사업 철수 시 예상되는 리스크

일본의 경우 중국 등 일부 국가에서 발견되는 것처럼 정부가 외국자본의 철수를 적극적으로 규제하고 있진 않습니다. 그렇지만 몇 가지 사항을 주의해야 합니다.

거래처 및 합작파트너와의 관계 정리 | 사업 수행 과정에서 형성된 거래처 및 합작 파트너 역시 사업 전개 과정에서 획득한 무형의 자산입니다. 설령 사업을 철수한다 해도 향후 시장 재진입 또는 다른 비즈니스를 위해 원만한 관계를 유지할 필요가 있습니다. 구체적으로 거래처 및 합작 파트너에게 사업을 철수할 수밖에 없다는 점을 충분히 설명하고, 이러한 결과의 책임이 거래처에 있지 않다는 점을 주지시킬 필요가 있습니다. 일본의 경우 타인에게 폐를 끼치는 것을 극도로 기피하는 정서를 갖고 있습니다. 책임이 자신들에게 향하는 경우 이후 관계 회복이 어려울 수 있습니다.

각종 비용의 확인 | 사업을 철수할 경우 고정자산 매각손(고정자산 매각 시점의 장부가보다 매각금액이 낮은 경우의 차액), 해체 및 철거 비용, 리스 또는 임대차 해지에 따른 위약금 등 비용 관련 이슈가 발생할 수 있습니다. 이러한 비용 이슈는 어떤 사업 철수 방식을 택하는지에 따라 달라질 수 있으므로 철수 방식 검토 단계에서부터 어떤 비용 문제가 발생할 수 있는지 함께 예측해 손실을 최소화하는 노력이 필요합니다.

기존 고객 및 직원 관리 등 | 여러 사업을 함께 영위하는 회사의 경우에는 타 제품 또는 서비스에 대해 미치는 영향도 고려할 필요가 있습니다. 또 적자인 사업이라 해도 그 사업(또는 상품)을 이용하는 고객은 있을 것입니다. 만약 회사 내부 사정으로 사업을 철수할 경우 고객의 불만을 야기할 수 있고, 이러한 점은 특히 충성심 강한 일본 고객 또는 시장에서 매우 중요한 고려 요소입니다. 한편 사업 철수에 대한 책임 소재와 관련해 직원과의 관계에서도 사업 철수에 대한 책임 소재가 문제 될 수 있습니다. 특히 일본의 경우 사업 철수에 대한 책임을 자신의 탓으로 돌려 자책하거나 극단적 선택을 하는 사례도 발견됩니다. 이 경우 경영진에 대한 여론 악화로 재기가 어려워지는 경우가 발생할 수 있으므로 직원들에게 사업 철수의 부득이함을 설명하고 책임을 느끼지 않도록 배려해야 합니다.

신규 사업을 시작하는 초기 단계에서부터 사업 철수에 대비한 기준을 정해두는 것이 바람직합니다. 실제 사업 철수를 결정하는 시점에도 일본 시장의 특수성을 고려해 신중한 판단이 요구됩니다.

> **용어 설명**
> **고정자산 매각손익**
> 고정자산을 매각했을 경우, 장부가격과 매각액의 차이에서 발생하는 손익을 말한다. 고정자산의 매각액이 장부가격보다 많으면 매각익(賣却益)이 되고, 그 반대면 매각손(賣却損)이 된다.

미국 유통기업 월마트가 2020년 11월 일본 대형마트 세이유 지분을 매각했다. 미국 사모펀드(PEF) 운용사인 콜버스크래비스로버츠(KKR)에 지분 65%, 일본 전자상거래기업 라쿠텐에 20%를 매각하고 월마트는 15%만 소유하게 됐다.

SECTION 3
JAPAN

Q31 외국인의 투자가 제한되는 업종이 별도로 정해져 있나요?

A31 일본 정부는 2018년 미국이 외국인투자위험심사현대화법(FIRRAMA) 제정을 통해 외국인투자의 사전심사제도를 강화한 점에 주목하고, 2019년 11월 '외국환 및 외국무역법(이하 외환법)' 개정을 통해 대내 외국인투자 규제 강화에 나섰습니다. 외환법 개정에서 주목할 점은 외국인 투자자가 '코어 업종'에 속한 일본 기업 지분을 취득하는 데 필요한 사전신고 기준을 10% 이상에서 1% 이상으로 강화하고, 외국인이 임원으로 취임하거나 '지정 업종'에 속하는 사업을 양도 및 폐지하는 경우 사전신고를 의무화한 것입니다.

일본은 원칙적으로 외국인의 자유로운 투자가 가능합니다. 다만 일부 업종에 대해서는 '외자 규제(Restriction on Foreign Investment)'에 따라 투자가 제한됩니다. 외자 규제는 외환법 또는 개별 사업에 관한 법령에서 개별적으로 외자 규제를 규정하고 있습니다. 외환법의 경우 일정한 업종에 대한 투자 시 미리 심사받게 하는 방식을 취하지만, 개별 법률에 의한 규제는 업종에 적합한 형태로 외국인투자를 제한하고 있습니다.

외환법상 대내직접투자제도

외환법 제27조에서는 대내직접투자제도를 규정하고 있습니다. 대내직접투자제도란 외국인투자자가 사전신고가 필요한 업종을 영위하는 일본 기업의 주식을 취득하는 등의 투자를 하고자 하는 경우 사전신고할 의무를 부여하고 있으며, 국가 안전 등의 관점에서 이를 심사하는 제도입니다. 따라서 외국환관리법상 외자 규제는 '심사부 사전신고제도'라고 할 수 있습니다.

이에 대해 일반 투자자 등이 코어 업종 이외의 사전신고가 필요한 업종을 영위하는 비상장회사의 주식을 취득하는 경우나 사전신고 면제 대상인 외국 금융기관이 상장회

외환법
외국환과 그 거래, 기타 대외거래를 관리해 국제수지의 균형, 통화가치의 안정과 외화자금의 효율적 운용을 목적으로 제정됐습니다.

사 주식을 취득할 때에는 사전신고가 면제되는 경우가 있습니다. 이때는 사후 보고서를 제출하는 것으로 충분합니다.

따라서 일본 기업에 투자하고자 하는 경우에는 해당 기업에 대한 투자가 사전신고를 거쳐야 하는지, 사후 보고로 충분한 것인지 사전에 파악하는 것이 중요합니다. 일본 재무성에서는 사전신고 여부의 판단 편의를 위해 사전신고가 필요한 상장기업 리스트를 제공하며 개별 상담도 진행하고 있으므로 투자에 앞서 이를 적극 활용할 필요가 있습니다.

개별 법률상 외자 규제

개별 법률에서는 각 업종에 따라 다양한 방식으로 외국인투자를 제한하고 있습니다. 주요 법령에서 규정하는 규제 내용은 아래 표와 같습니다.

> **용어 설명**
>
> **외국인투자위험심사 현대화법**
> **(Foreign Investment Risk Review Modernization Act, FIRRAMA)**
>
> 트럼프 행정부가 외국인투자위원회(CFIUS)의 권한을 강화하고 중국의 대미 M&A를 규제하기 위해 제정했다. 첨단 기술 또는 중요 기반 기술 분야에서 중국 기업을 비롯한 외국인투자의 증가를 미국 국가안보에 대한 위협으로 인식하고, 이에 대한 규제를 강화함으로써 미국의 기술 분야 글로벌 리더십을 지속하는 것이 핵심 배경이다.
>
> **코어 업종**
>
> 사전신고가 필요한 업종 중 국가의 안전 등을 저해할 우려가 큰 업종을 말한다.

한 남성이 일본 닛케이 225 지수를 보여주는 전광판 앞에 서 있다.

이처럼 일본은 외국인투자를 제한하는 경우가 많고, 그 방식 또한 다양합니다. 따라서 일본에서 사업을 전개하고자 하는 경우에는 반드시 전문가를 통해 해당 업종이 외환법 또는 개별 법령에 따라 제한되는 업종에 해당하는지, 어떠한 규제가 적용되는지 파악해 리스크를 하는 것이 바람직합니다.

개별 법률상 외자 규제

주요 법령	규제 내용	비고
광업법	• 광업권은 일본 국민 또는 일본 법인만 취득 가능	외국인은 취득 불가
일본전신전화 주식회사법	• 외국인은 일본전신전화주식회사의 의결권이 있는 주식의 3분의 1 이상을 보유할 수 없으며, 또한 임원이 될 수 없음.	위반 시 필요적 면허취소 등 제재 규정 있음.
전파법	• 외국인, 외국인이 대표자로 있는 법인, 외국인이 임원의 3분의 1 이상을 차지하는 법인, 외국인이 의결권의 3분의 1 이상을 차지하는 법인은 무선국 면허를 받을 수 없음. • 지상파 TV, BS, AM, FM 등 기간(基幹)방송용 무선국의 경우 5분의 1로 그 요건이 강화됨.	위반 시 필요적 면허취소 등 제재 규정 있음.
방송법	• 외국인은 기간방송사업자, 기간방송국제공사업자, 인정방송지주회사의 의결권이 있는 주식의 5분의 1 이상을 보유할 수 없음.	
선박법	• 일본 선박은 임원의 3분의 2 이상이 일본 국민이어야 함.	
항공법	• 외국인, 외국인이 대표로 있는 법인, 외국인이 임원의 3분의 1 이상을 차지하는 법인, 외국인이 의결권의 2분의 1 이상을 차지하는 법인이 소유하는 항공기는 등록할 수 없음. 또한 항공운송사업 허가를 받을 수 없음.	
화물 이용 운송사업법	• 외국인, 외국인이 대표로 있는 법인, 외국인이 임원의 3분의 1 이상을 차지하는 법인, 외국인이 의결권의 3분의 1 이상을 차지하는 법인은 제1종 화물이용운송사업등록, 제2종 화물이용운송사업 허가를 받을 수 없음.	

SECTION 3
JAPAN
Q32

일본에 진출할 경우 선호하는 법인 형태와 장단점에 대해 알려주세요

A32
엔저 현상이 유지되는 가운데 국내 유통기업들이 일본 진출을 이어가고 있습니다.

일본의 회사법은 다양한 형태의 회사를 규정하고 있습니다. 외국 기업이 일본에 진출할 때에는 ①주재원 사무소 ②지점(영업소) ③주식회사 ④합동회사 등 4가지 형태로 사업을 전개하는 경우가 많습니다. 이때 주재원 사무소와 지점은 법인격이 없는 점에서 자회사에 해당하는 주식회사, 합동회사와 다릅니다. 특히 합동회사는 2006년 5월 미국의 LCC 모델을 새롭게 도입한 회사 형태로, 우리의 유한책임회사와 유사한 일본 특유의 회사 형태입니다.

합동회사
2006년 5월 신회사법 시행에 따라 인정된 새로운 회사의 형태로 미국의 LCC(Limited Liability Company)를 모델로 했다. 원칙적으로 출자자와 경영자가 일치하며, 출자 비율에 관계없이 이익 배분이 가능하다. 또한 유한책임이기 때문에 조직 운영이 간단하다.

용어 설명
모회사
다른 기업의 자본을 소유해 적극적으로 경영하는 지배회사를 말한다.

주식회사와 합동회사의 비교
주식회사는 주식 발행을 통해 자금조달이 가능할 뿐 아니라 각종 사항이 등기돼 공시되고 있는 점 등에 비춰 사회적 신용도가 높아 일본에서 가장 많이 이용하는 회사 형태입니다. 이에 비해 합동회사는 주식회사에 비해 규제가 적고, 자유롭게 이익 분배를 설계할 수 있습니다. 또 소유와 경영이 일체가 되어 출자자 자신이 경영 방향을 결정하고 업무를 수행하므로 신속한 의사결정이 가능한 것도 장점입니다. 종래에는 국내외 기업을 불문하고 주식회사를 선택하는 사례가 많았지만, 최근에는 굳이 일본 내에서 자금조달을 필요로 하지 않고, 법적 규제를 피해 자유로운 배당을 희망하는 외국 기업을 중심으로 합동회사를

선택해 사업을 전개하는 사례를 많이 찾아볼 수 있습니다.

이에 일본에서 사업을 전개하는 많은 글로벌 기업이 합동회사 형태를 선택하고 있으며, 애플 재팬 합동회사, 구글 합동회사, 아마존 재팬 합동회사, 합동회사 USJ 등이 그 예입니다. 특히 애플 재팬 합동회사와 아마존 재팬 합동회사는 처음에 주식회사 형태로 사업을 시작했다가 합동회사로 형태를 변경한 바 있습니다.

사업을 개시하는 데 반드시 어떤 형태를 취해야 한다는 정답은 없고, 계획하는 사업의 성격, 비즈니스 구상 등에 따라 가장 적합한 형태를 취하는 것이 바람직합니다.

주식회사, 합동회사의 비교

구분	의사결정 기관	회사의 소유자	회사의 경영자	임원의 임기	감사	결산 공고	정관	이익 배분	자금조달
주식 회사	주주총회	주주	이사	통상 2년, 최장 10년	1인 이상	필요	필수적, 공증 필요	출자 비율	주식발행 가능
합동 회사	사원총회	각 사원	업무집행 사원	임기 없음	불필요	불필요	필수적, 공증 불필요	정관의 정함	주식발행 불가

> **용어 설명**
> **자회사**
> 다른 회사에 의해 종속 또는 지배 받고 있는 회사를 말한다.

물론 어떤 형태로 사업을 개시했다고 해서 계속 이를 유지해야 하는 것은 아닙니다. 사업 구상 단계부터 각 형태의 장단점을 고려해 어떠한 형태로 사업을 시작해 향후 사업 확장 시 어떠한 형태로 변경할 것인지 계획을 세워둘 필요가 있습니다.

주재원 사무소, 지점, 자회사의 장단점 비교

구분	주재원 사무소	지점	자회사
적합한 사업체	본격적 사업 전개에 앞서 시장조사 등 한정적 활동을 하는 경우	비영리법인, 금융기관 등 법인 운영이 적합하지 않은 사업체 또는 단기 철수를 예정하고 있는 경우	대부분의 사업체에 적합하며, 실제로 가장 많이 활용되고 있음.
장점	등기 및 결산공고 등이 필요하지 않아 간편하게 사업을 개시할 수 있음	• 설립 시 자본금과 정관 공증이 필요하지 않는 등 설립 비용이 저렴함. • 지점의 손익은 본국의 모회사 소득에 합산되므로 일본 지점에서 결손이 발생한 경우 본국에서 절세 효과를 누릴 수 있음.	• 주식회사, 합동회사의 경우 등기절차가 정형화돼 있어 필요서류를 구비하는 경우 비교적 단시간에 낮은 비용으로 절차를 마무리할 수 있음. • 안정된 법인 형태이므로 거래처와의 장기적 신용 구축이 용이하고, 사무실 임대 등에서 일본 기업과 차이가 없음. • 모회사와 별개의 인격체이므로 사업 실패 등의 이유로 청산하는 경우 모회사인 외국 법인은 원칙적으로 그 채무를 부담하지 않음. • 대표자는 투자 경영 비자를 취득할 수 있음.
단점	주재원 사무소 자체로는 계약 등 비즈니스 활동이 불가능함.	• 모회사의 신용도가 낮은 경우 은행 계좌 개설, 사무실 임대차계약 등이 어려울 수 있음. • 지점에서 발생한 채무는 본국의 모회사가 부담해야 함. • 등기 시 본국의 등기부와 대표자의 사인증명 등 외국어 문서가 필요함(번역 비용 등이 소요돼 주식회사 설립 비용보다 높아지는 경우도 있음). • 일본에서 사업 철수 시 복잡한 폐쇄 절차를 거쳐야 함. • 본국에서 등기 변경이 이뤄진 경우 지점이 있는 일본에서의 등기 사항도 변경될 수 있음.	• 설립등기 시 비용과 절차가 지점에 비해 고액임. • 등기 및 결산공고를 위한 수고가 필요함 (통상 일본 내 법인과 마찬가지임). • 일본 법인에서 결손이 나더라도 본국에서의 절세 효과는 미미함. • 일본 법인의 수익을 본국에 송금하는 경우 원칙적으로 20%의 배당금 원천징수가 이뤄짐(단, 조세 특약을 통해 비과세인 경우가 많음). • 최장 10년마다 이사를 변경하고 변경등기를 해야 함.

SECTION 3 JAPAN

Q33
핀테크 분야로 일본 진출을 모색하고 있습니다. 일본의 관련 규제 현황은 어떤가요?

A33
일본은 핀테크 분야에 대한 법제화가 신속하게 진행되고 있는 반면, 복잡하고 다양한 법 규제에 따른 리스크가 발생할 수 있으므로 규제 현황을 정확하게 파악해야 합니다.

오늘날 일본에서는 IT를 활용한 혁신적 금융 서비스 사업이라고 할 수 있는 핀테크가 대두함에 따라 금융 규제 재검토를 위한 논의가 활발히 이뤄지고 있습니다. 논의의 중심에 있는 일본 금융청은 핀테크 육성 및 규제를 위해 이미 2014년부터 제반 환경 정비에 착수했습니다. 2015년 '결제 업무 등의 고도화에 관한 워킹 그룹' 보고서 공표 및 2016년 은행법 일부 개정 법률의 시행을 시작으로, 최근 이른바 '스테이블 코인'을 규제하기 위해 국회에 제출된 '안정적이면서 효율적인 자금 결제 제도의 구축을 도모하기 위한 자금 결제에 관한 법률 일부 개정 법률안'에 이르기까지 다양한 변화가 감지되고 있습니다.

용어 설명

핀테크
금융(Financial)과 기술(Technology)의 합성어로, 정보기술(IT)을 통해 진화된 금융 서비스 기술을 의미한다. 빠른 속도와 비용 절감을 장점으로 전통적 금융 산업을 대체하며 빠르게 성장했다.

스테이블 코인 (Stable Coin)
가격 변동성을 최소화하도록 설계된 암호 화폐. 미국 달러나 유로화 등 법정 화폐와 1 대 1로 가치가 고정되어 있는데, 보통 1코인이 1달러의 가치를 갖도록 설계한다.

결제 서비스 관련 규제

결제란 현금을 직접 이동시키는 게 아니라 결제 서비스 제공자를 통해 이동시키는 것 또는 결제 서비스 제공자를 통해 채권채무 관계를 해소하는 것을 의미합니다. 결국 송금과 지불을 의미하는 것으로 볼 수 있는데, 이러한 결제 서비스는 크게 △선불형 △즉시 지불형 △후불형으로 나눌 수 있습니다. 선불형은 자금결제법상 규제를 받고, 즉시 지급형은 은행법에 의한 규제 외에 자금 이동으로서 자금결제법의 규제를 동시에 받게 됩니다. 후불형의 경우 신용 구입 알선 등에 해당해 할부판매법 적용을 받게 됩니다. 신용카드로 전자화폐를 충전하는 경우 신용카드 부분은 할부판매법이, 전자화폐 부분은 자금결제법이 적용되는 등 중복 규제받는 경우도 있습니다.

융자 서비스 및 투자 운용 서비스

융자 서비스는 주로 대금업법의 규제를 받게 됩니다. 융자 서비스를 위해 대금업법상 등록이 필요하고, 모색하고 있는 사업 또는 상품의 유형에 따라 추가로 금융상품거래법, 개인정보보호법 등 다양한 법률이 적용돼 중복 규제가 이뤄질 수 있음을 유의해야 합니다.

투자 운용 서비스는 원칙적으로 금융상품거래법에 의해 규율됩니다. 투자 운용 서비스를 제공하기 위해 금융상품거래법에 따라 증권회사 또는 투자운용업 등록을 해야 합니다. 최근 논의가 활발한 P2P 랜딩(은행 등 금융기관을 거치지 않는 새로운 형태의 금융 중개)의 경우, 그 구체적인 모습에 따라 대금업법 또는 금융상품거래법이 적용됩니다.

가상화폐 관련 규제

가상화폐에 관한 규제 강화는 일본에서 가장 뜨거운 이슈입니다. 기존에는 자금결제법에서 가상화폐교환업 등록을 요구함으로써 규율하고 있었습니다. 최근 일본은 한발 앞서 법정화폐와 연동해 가격 변동성을 최소화하도록 설계된 암호화폐인 스테이블 코인(Stable Coin)에 대한 규정을 마련하고 있습니다. 일본에서는 가상화폐 관련 법제화가 상당히 진전되고 있어 제도적 안정성을 갖춰가고 있다고 볼 수 있습니다. 현재 일본의 핀테크 분야에 대한 규제 현황을 표로 그리면 다음과 같습니다.

이처럼 일본의 경우 핀테크 분야에 대해 상당히 신속하게 법제화가 진행되는 등 진일보한 모습을 보이고 있습니다. 따라서 제도권 내에서 안정적 사업이 가능하지만, 복잡하고 다양한 법 규제에 따른 리스크가 현실화할 우려도 있습니다. 반드시 전문가를

통해 진출하고자 하는 분야와 특성에 따라 적용되는 법규를 명확하게 선별하는 작업이 선행돼야 합니다. 해당 법규의 내용에 따라 구체적인 규제 현황을 정확하게 파악할 필요가 있습니다.

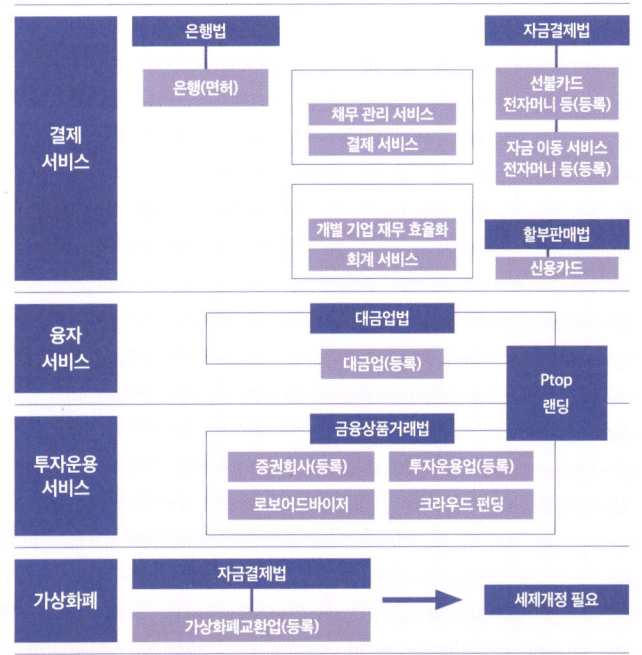

일본 핀테크 분야 규제 현황

자료: 일본 금융청

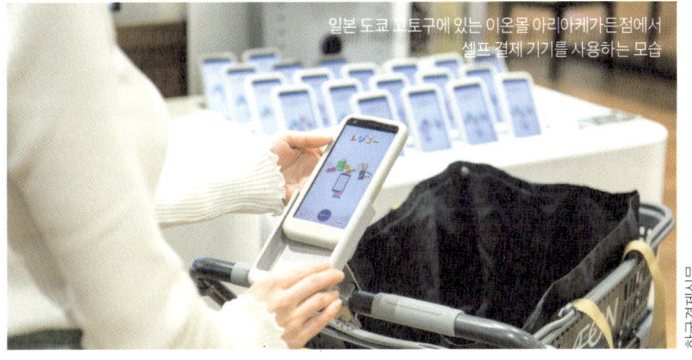

일본 도쿄 코토구에 있는 이온몰 아리아케가든점에서 셀프 결제 기기를 사용하는 모습

SECTION 3
JAPAN
Q34 최근 기업의 인권 존중에 대한 요구가 커지고 있는데, 일본 내 움직임은 어떤가요?

A34 일본에서 사업을 하는 기업이라면 규모나 업종과 관계없이 인권실사 지침안에 따라 인권 존중을 위한 조처를 해야 합니다.

세계적으로 이뤄지는 ESG에 대한 논의에 따라 일본 정부는 2020년 10월 '기업 및 인권에 관한 국가 행동 계획(2020~2050년)' 이행에 착수했고, 2021년 11월 경제산업성과 외무성이 공동으로 일본 기업의 공급망에 관한 인권 노력 실태조사 결과를 발표한 바 있습니다. 2022년 3월에 경제산업성에 '공급망 인권실사 지침 연구회'를 설립해 연구를 진행해왔습니다. 이를 통해 2022년 8월 5일 '인권 실사 가이드라인 초안'을 공표했으며 공표안은 9월 13일 '책임 있는 공급망에 있어서의 인권 존중을 위한 가이드라인'(이하 인권실사 지침)으로 확정됐습니다.

인권실사 지침의 주요 내용

인권실사 지침의 대상 기업 | 인권실사 지침은 기업 규모, 업종 등과 관계없이 일본에서 기업활동을 하는 모든 기업은 해당 회사, 그룹사, 공급 업체 등에서 인권을 존중하기 위해 노력해야 하는 것으로 규정하고 있습니다(제 1.3조).

한국 기업에 미치는 영향 | 인권실사 지침에 따르면, 일본에서 사업을 전개하는 모든 기업은 위에서 살펴본 절차에 따라 인권 존중을 위한 조처를 해야 합니다. 물론 인권실사 지침은 이른바 연성규범(Soft Law)이어서 그 자체로 구속력이 있는 것은 아닙니다. 그러나 기업 환경을 둘러싼 일본 내 정서를 고려하면 사실상 구속력을 지닐 것으로 예상되며, 영국·프랑스·독일 등 선진국에서 이미 인권실사에 관한 법제화가 이뤄진 점을 고려하면 향후 경성규범을 제정할 가능성도 있습니다. 따라서 일본에 진출하고자 하는 한국 기업의 경우 그 규모나 분야를 불문하고 사업 초기 단계부터 인권실사 지침에 따라 인권 방침을 책정하고, 그 실효성을 담보하는 조치를 마련해야 합니다. 향후 안이 확정되거나 경성규범이 제정됐을 경우에 발생할 수 있는 리스크를 선제적으로 예방할 필요가 있습니다.

> **용어 설명**
>
> **연성규범(Soft Law)**
> 직접적으로 법적 강제력을 갖지 않으나 간접적으로 사회구성원의 행위에 실질적인 영향력을 미치게 하기 위해 만든 행위 규범의 일종이다.
>
> **경성규범(Hard Law)**
> 국회의 정식 입법 절차를 거쳐 법제화된 규범으로 규제 법률에 따라 강제적 제재 수단으로 활용된다.

인권실사 지침에 따른 기업의 의무

구분		내용
인권 방침 책정 (제 3조)		• 기업 최고경영자를 포함한 경영진이 승인할 것 • 기업 내외의 전문적인 정보 및 의견을 참조해 작성할 것 • 직원, 거래처 및 기업의 사업, 제품 또는 서비스에 직접 관여하는 다른 관계자의 인권 존중에 대한 기업의 기대를 명기할 것 • 일반에 공개하고 모든 직원, 거래처 및 다른 관계자에 대해 사내 및 사외에 걸쳐 주지시킬 것 • 기업 전체에 인권 방침을 정착시키기 위해 필요한 사업 방침 및 절차에 인권 방침이 반영돼 있을 것
인권실사 실시 (제 4조)	리스크가 중대한 사업 영역의 특정(제 4.1조)	• 섹터의 리스크, 제품, 서비스 리스크, 지역 리스크, 기업 고유의 리스크 등 리스크 요소를 고려해 인권에 대한 부정적 영향이 발생할 가능성이 높고 리스크가 중대한 영향을 미치는 사업 영역을 특정할 것 • 그 후 사업 영역마다 해당 회사의 각 공정에서 인권에 대한 부정적 영향이 어떻게 발생하고, 해당 회사와의 관련성이 어떠한지 특정할 것
	부정적 영향에 대한 대응의 우선순위 선정(제 4.1.3조)	• 특정된 인권에 대한 부정적 영향과 관련해 영향의 규모, 범위, 구제 난도 등 3가지 기준을 감안해 대응 우선순위를 판단할 것
	부정적 영향의 방지 및 경감을 위한 조치 (제 4.2조)	• 기업 활동으로 인권에 대한 부정적 영향이 야기되거나 조장되는 경우에는 이를 방지 및 경감하기 위한 조처를 할 것 • (위와 같은 단계 정도에 이르지 않더라도) 해당 회사의 사업 등이 부정적 영향에 직접 관련된 경우에도 상황에 따라 이를 경감하기 위해 노력할 것. 단, 직원의 고용이 상실될 가능성을 고려해 거래정지는 최후의 수단으로 고려할 것
	조치의 실효성에 관한 평가(제 4.3조)	• 공급자에 대한 감사 등을 통해 인권에 대한 부정적 영향을 특정할 것 • 평가 및 방지, 경감 등의 대응 상황을 평가할 것
	공표(제 4.4조)	• 1년에 1회 이상의 빈도로 공표 및 정보 제공을 실시할 것 • 공표 내용은 부정적 영향 사례에 대한 기업의 대응이 적절했는지 판단하기에 충분한 정보일 것
구제수단(고충 처리 메커니즘)(제5조)		• 개인 또는 집단이 기업으로부터 받은 부정적 영향에 대해 우려를 제기하고, 구제를 요구할 수 있도록 고충 처리 시스템을 확립하거나 업계 단체 등이 설치하는 고충 처리 메커니즘에 참가할 것

인권실사 의무화 관련 주요 법령 요약

영국 현대판 노예방지법(2015)	• 현대적 노예를 전면적으로 금지하고 위반 및 기업 및 개인에 대한 강력한 처벌 • 기업이 해외 공급망에서 발생하는 현대적 노예를 방지하기 위한 실사를 시행하고 그 결과를 공지할 의무를 부담
프랑스 인권실사법(2017)	• 법정 기업에 인권·환경에 관한 실사 계획을 수립하고 이를 효과적으로 이행할 의무를 부과 → 기업은 매년 실사 계획과 이행 성과 공시의무 부담 • 기업이 불이행 시 이해관계자는 법원에 독촉 명령을 신청할 수 있고, 실사 불이행으로 인한 손해가 발생한 경우 피해자는 손해배상을 청구할 수 있음.
독일 공급망 실사법(2021)	• 일정 규모 이상의 기업은 환경 및 인권에 관해 실사하고 이를 공개할 의무 부담 • 정부는 제출된 보고서의 적절성을 검토하고 필요한 경우 보고서 및 기업 행태의 개선을 명령 • 법 위반에 대한 강력한 제재

SECTION 3 JAPAN

Q35. 2022년 개인정보법이 개정됐다고 하는데, 어떤 점을 염두에 두어야 할까요?

A35. 기술과 사회의 급속한 변화를 감안해 제도 검토 시 유연한 대응이 가능해야 합니다. 또한 자신의 사업 형태에 맞는 개인 정보 보호가 필요합니다.

일본의 개인정보보호법은 2015년 '개인 정보 보호와 이용의 균형'에 초점을 맞춰 개정됐습니다. 이후 2022년 4월 개인이 권리 이익 보호, 개인정보의 보호와 이용의 균형 조정, 해외사업자에 의한 리스크 변화에 대응하고자 개정이 이뤄졌습니다.

개인정보보호위원회에 유출 등 보고, 정보 주체에 대한 통지 의무화 | 개정법에서는 개인 정보가 유출, 멸실 또는 훼손됨에 따라 개인의 권리나 이익이 침해될 가능성이 큰 사태의 경우 개인 정보 취급 사업자로 하여금 개인정보보호위원회에 보고하는 동시에 정보 주체에 대해서도 통지할 것을 의무화했습니다. 개정법에서 개인정보보호위원회에 반드시 보고해야 하는 유형으로 규정하고 있는 사항은 ①개인정보의 유출 ②재산 피해 우려가 있는 유출 ③부정한 목적으로 사용할 우려가 있는 유출 ④1000건을 넘는 유출 등 4가지 상황을 규정하고 있습니다. 이 중 ①과 ③의 경우 유출 건수와 무관하게 보고해야 합니다.

외국의 제3자에 대한 제공 요건 강화 | 외국의 제3자에게 개인 정보를 제공하기 위한 요건이 강화됐습니다. 개정법에서 외국의 제3자에게 개인 정보를 제공하기 위한 본인 동의 시 ①개인 정보 이전처의 소재국 명칭 ②이전처 국가에서의 개인 정보 보호 관련 제도 ③이전처가 강구하는 개인 정보 보호 조치 등 정보를 제공하도록 하고 있습니다. 또한 개인 정보의 이전원 역시 적절한 조치를 취해야 하고, 본인의 요구에 따라 필요한 조치에 관한 정보를 제공해야 하는 등 의무가 추가됐습니다.

개인 정보의 이용 정지 또는 소거 등 청구의 확대 | 개정법에서는 개인 정보 이용의 정지, 소거 등 청구가 확대됐습니다. 기존에는 개인 정보 이용의 정지 또는 소거는 목적 외 이용, 부정 취득의 경우로 한정됐고 제3자에 대한 제공 정지 역시 제3자 제공 의무 위반의 경우로 한정됐습니다. 그러나 개정법에서는 이에 더해 ①개인 정보를 이용할 목적이 사라진 경우 ②개인정보보호위원회에 대한 보고 의무가 있는 중대한 유출 등이 발각된 경우 ③본인의 권리 또는 정당한 이익이 침해될 우려가 있는 경우에도 개인 정보 이용의 정지 또는 소거를 청구할 수 있습니다.

부적정 이용의 금지와 제3자에 대한 개인 관련 정보 제공 규제 | 개정법에서 위법 또는

용어 설명

가명 가공 정보

다른 정보와 대조하지 않는 한 특정 개인을 식별할 수 없도록 가공된 개인에 관한 정보를 말한다. 법령에서 허용한 경우 또는 정보 주체의 동의 없이 제3자에게 제공할 수 없다.

부당한 행위 등에 의해 개인 정보를 이용할 수 없다는 내용이 명확하게 규정됐습니다. 이때 위법 또는 부당한 행위란 기업 채용 시 성별, 국적 등에 따른 차별적 취급을 위해 개인 정보를 이용하는 경우 등을 의미합니다.

생존하는 개인에 관한 정보(이른바 개인 관련 정보)를 제3자에게 제공하기 위해 규제를 받도록 개선됐습니다. 구체적인 개인 정보를 제3자에게 제공하는 경우 제공처가 개인 데이터로서 취득하는 것이 예상될 때에는 제공원이 제3자 제공에 대해 본인의 동의를 얻었는지 확인할 의무를 부담하게 했습니다.

가명 가공 정보에 의한 일정 안정성 확보 | 개정법에서 가명 가공 정보가 하나의 제도로 신설됐습니다. 이때 가명 가공 정보란 특정 개인을 식별할 수 없도록 가공된 개인 정보를 의미합니다. 이처럼 개인 정보를 가공함으로써 일정한 안정성을 확보하고자 하는 취지를 담고 있습니다. 참고로 개인 정보를 가명 가공 정보로 변환함으로써 이용 목적 변경의 제한, 유출 시 보고 및 통지, 공개 및 이용 정지 등 청구에 대한 대응 의무에서 제외됐습니다.

개인정보보호법 개정에 따라 유의할 사항이 많아졌습니다. 첫째, 개인 정보 공개 청구에 대한 대비가 필요합니다. 이번 개정으로 정보 주체가 지정한 경우 디지털 데이터 방식으로 공개해야 하므로, 기업 입장에서 이러한 디지털 데이터에 의한 개인 정보 공개 청구에 대비해야 합니다.

둘째, 회사 내에서 권리이익 침해의 우려가

없는지 확인할 필요가 있습니다. 이번 개정으로 정보 주체가 제3자 제공 기록에 대해 공개 청구할 수 있게 됐습니다. 기업 입장에서 제3자 제공 기록에 관해 권리이익에 대한 침해가 없는지 미리 확인할 필요가 있습니다. 만약 개인 정보 이용 정지, 소거, 제3자 제공 정지 등이 이뤄지는 경우 회사의 존속 자체가 위태로워질 수 있습니다. 따라서 사내의 정보에 관해 권리이익 침해 우려는 없는지 충분히 확인해야 합니다.

셋째, 정보 누설 발생 시 대응책을 재검토해야 합니다. 이번 개정으로 개인 정보 유출 발생 시 반드시 개인정보보호위원회에 보고하고 정보 주체에 대해 통지할 필요가 있습니다. 따라서 유출 사고가 발생한 경우 당황해 이러한 대응에 미흡한 상황이 발생하지 않도록 미리 책임자를 지정하는 등 대응책을 마련해야 합니다.

개인정보보호법의 개정 방향 및 개정 내용

1	정보 주체 권리 보호 실요화	정보 주체의 권리 확대	① 이용·제공 정지, 소거 요구 등 정보 주체의 권리행사 요건 완화 ② 열람권 행사 시 정보 주체에게 정보 개시 방법 지시권 부여 ③ 개인 데이터 제3자 제공 기록 열람(개시) 청구권 신설 ④ 단기 보존 데이터도 정보 주체의 열람권 등 대상에 포함
2		제3자 제공 제한 및 통제권 강화	⑤ 옵트아웃으로 제3자에게 제공할 수 있는 개인 데이터의 범위 축소 ⑥ 옵트아웃으로 제3자에게 제공 시 위원회 제출 법정 신고 사항 추가
3		형태 정보의 수집·제공에 대한 정보 주체의 통제권 강화	⑦ 개인 관련 정보의 개념 신설 및 수집 시 동의 의무 신설 ⑧ 개인 관련 정보 제공 시 수령자의 동의 획득 확인 및 기록 의무 신설 • 개인 관련 정보: 제공하는 자에게는 개인 데이터에 해당하지 않아도 제공받는 자에게는 개인 데이터가 될 수 있는 정보
4	사업자 관리·감독 강화	사업자의 책무 강화	① 개인 정보 유출, 분실, 훼손 등 사고 발생 시 보고 및 통지 의무화 ② 위법·부당한 행위를 조장하는 방법에 의한 개인 정보 이용 금지 ③ 개인 정보 취급 사업자의 공표 의무 강화 및 내실화
5		법 위반에 대한 벌칙 강화	④ 명령 위반, 허위 보고 등에 대한 벌칙 규정 대폭 상향 ⑤ 양벌 규정에 대한 법인과 개인 간 벌칙 수준 차등화 ⑥ 위원회 명령 위반자에 대한 언론 공표 제도 신설
6		역외 적용 및 국외 이전 강화	⑦ 외국 사업자에 대한 개인정보보호법의 전면 적용: (보고징수, 명령, 벌칙 등) ⑧ 국외 제공 시 수령자 측의 개인 정보 보호 제도·수단 정보 제공 의무화
7	데이터 활용 촉진	가명 가공 정보의 이용·활용	① 가명 가공 정보의 개념 신설 및 정보 주체의 권리 제한 ② 가명 정보의 처리: 내부에서만 이용 가능(제3자 제공 금지)
8		사업자의 자주 조직 촉진	③ 특정 기술·서비스만을 대상으로 한 인정개인정보보호단체 설립 허용

SECTION 3

사례로 보는 일본 해외 진출

한계를 기회로 바꾼 사례

주식회사 인피니트 테크놀로지(INFINITT JAPAN Co., Ltd,)는 국내 의료 영상 정보 솔루션 전문 기업인 인피니트헬스케어의 한국 본사에서 개발한 소프트웨어의 판매 및 서비스를 담당하고 있는 일본 현지 법인입니다. 2001년에 자본금 9900만원으로 설립했으며, 현재 도쿄 본사를 비롯해 오사카, 삿포로, 후쿠오카, 센다이 등 주요 거점에 지점을 운영하고 있습니다.

인피니트는 사업 진출 초기에는 현지 파트너사와 함께 합작법인(공동출자 법인 HIC)을 설립해 의료 영상 저장 전송 시스템(PACS)을 판매 및 서비스했습니다. 그러나 △조직 내 직접 판매 인력 부재 △딜러 중심 판매를 통한 서비스 조직이라는 한계에 직면했습니다. 더구나 일본 의료 시장 환경과 일본 고유의 판매 채널에 대한 이해가 부족했습니다. 타 의료기관의 실적을 중심으로 제품을 구매하는 일본 시장의 특성상 대형 병원 실적을 기반으로 제품 인지도 향상이 필요했으나, 실적 확보가 어려웠습니다.

이러한 상황을 타개하고자 인피니트는 2004년, 100% 자회사인 인피니트 재팬을 출범시켜 2008년, 직접판매 조직과 서비스 조직을 정비해 의료기관에 판매를 시작하는 등 변화를 꾀했습니다. 이후 인피니트는 일본 시장에 맞춰 대학병원을 고객으로 확보한 후, 해당 실적을 기반으로 전반적인 실적을 확대해나갔습니다. 그 후에도 글로벌 사업을 전개하고 있는 한국 본사의 실적과 제품력, 서비스 능력을 중심으로 안정적인 IT 기업 일본 시장 진출 시스템 구축, 고객 요구 사항에 맞춰 발빠르게 소프트웨어(SW) 기능을 개발 혹은 수정 대응해 고객만족도를 향상시켰습니다.

인피니트는 법인 설립 후 일정 기간 딜러 판매에 의존했지만, 일본에서의 사업을 길게 보고 전략적 측면에서 직접판매가 유리하다는 판단하에 일본 고객의 눈높이에서 무엇을 원하는지, 어떤 기능을 원하는지, 시장이 어떻게 변화하고 있는지 이 내용과 경험을 바탕으로 제품 기획과 개발에도 반영했다는 점을 높게 평가할 수 있습니다. 결국 직접판매 및 서비스를 하기 위해서 비용은 증가했지만 딜러 판매보다 많은 이익이 발생했습니다. 이에 맞춰 조금씩 조직을 확장(현재 4개 도쿄 본사 외 4개 지점 운영)해 영업 및 서비스 조직을 상주시킴으로써 안정적인 매출을 유지하고 있습니다. 인피니트 사례는 일본 시장이 일정 단계에 이르기까지 여러 난관이 있지만 그 단계를 넘어서면 안정적이고 높은 수익을 기대할 수 있는 점이 매력적이라는 사실을 다시 한번 확인시켜줬습니다.

시장 논리가 아닌 신뢰 바탕 돼야

주식회사 지란 재팬(Jiran Japan, Inc,)은 1994년에 설립된 한국의 1세대 벤처기업인 지란지교의 일본 현지 법인입니다. 2005년 일본 시장에 진출한 이후 2011년에 이르러 자본금 1999만5000엔으로 법인 형태로 만들었으며, 2017년 지주회사 체계로 전환해 일본에서 사업을 전개하고 있습니다.

지란지교는 일본 시장에 진출한 지 3년이 지난 2007년에 돼서야 비로소 첫 매출이 발생했습니다. 신뢰를 중시하는 일본 시장에서 낯선 한국 업체가 솔루션을 판매하기 힘들 것이라는 예상에도 불구하고 이에 대한 준비가 부족했던 것으로 보입니다. 3년이라는 시간 동안 경영자가 확신을 유지하는 것은 물론, 구성원들을 독려해 일본 시장 진출에 대한 열정을 잃지 않게 하는 일이 어려웠습니다.

또 일본 시장은 단순히 좋은 제품을 싸게 파는 것만으로 안착할 수는 없고, 오랜 신뢰가 바탕이 돼야 비로소 조금씩 결과를 만들어볼 수 있는 곳입니다. 지란은 2007년 첫 매출이 발생한 이후 일본의 대표적 정보 보안 전시회인 IST에 빠짐없이 참가하며, 단순 연락 사무소가 아닌 과감한 투자를 통해 현지 법인을 설립하고 파트너사와 고객에게 일본 사업에 대한 적극적 의지를 보여준 것이 신뢰를 구축하는 데 큰 도움이 됐다고 합니다.

지란의 사례는 일본 시장은 단순히 좋은 물건을 저렴하게 판다는 단순한 시장논리로 설명되지 않는 특수성을 지니고 있음을 여실히 보여줬습니다. 즉 일본 사업은 고객은 물론 사업 파트너에 이르기까지 오랜 기간 신뢰 관계를 구축해야 좋은 결실을 거둘 수 있습니다 지란은 3년 동안 매출이 없는 상황에서도 최고 의사 결정권자가 직접 발로 현장을 누비면서 파트너사와 고객에게 신뢰를 심어주려 노력한 결과 한 번 상승한 매출이 쉽게 떨어지지 않는다는 사실을 증명했습니다. 지란은 "일본은 3배 이상 힘들지만, 5배 이상 달콤한 시장"이라고 말합니다.

SECTION 4

주목 해야 할
해외 진출
이슈

새로운 GVC 핵심 국가로의 부상을 꿈꾸는 베트남

VIETNAM

베트남은 1억에 육박하는 세계 15위권의 인구를 보유한 국가이며 아세안 회원국 가운데 인도네시아(2억7000만 명), 필리핀(1억 800만 명) 다음으로 인구가 많습니다.

#젊은국가

2020년 기준으로 만 19세 이하의 인구가 약 30%에 이르며, 만 20~39세 역시 32.5%로 젊은 층이 절대적으로 다수를 점유하고 있습니다. 청소년기 및 결혼·육아기에 해당하는 연령이 많은 인구구조로 인해 IT, 생활가전 및 유아용품 시장이 빠르게 성장 중입니다. 이에 따라 베트남은 저렴한 인건비에 기반한 노동시장이라는 장점과 더불어 거대한 내수시장이라는 장점을 갖추고 있습니다. 호찌민과 하노이 같은 대도시에서의 경제성장에 따른 구매력 증가는 상품 수요의 다양화·고급화를 견인하고 있습니다.

#GVC 개편

베트남은 미·중 갈등으로 인한 글로벌 가치사슬(GVC) 개편의 최대 수혜국으로 부상하고 있습니다. 코로나19 대응 과정에서 중국에 대한 과도한 의존을 인식한 미국을 비롯해 많은 국가는 기존의 생산기지 및 원부자재 공급선 다변화에 나서기 시작했습니다. 베트남은 저렴한 노동력, 중국과의 지리적 인접성, 다른 동남아 국가에 비해 안정된 정치·경제적 상황 등을 바탕으로 중국의 대체 생산 지역으로 부각됐습니다. 베트남은 한-베트남 자유무역협정(FTA) 이외에 15개 국가와 FTA를 체결한 것은 물론 유럽연합(EU) 27개국을 포함한 52개 국가와 다양한 무역협정을 체결하고 있어 자유로운 교역을 위한 제도적 기반을 갖췄다는 점도 동력으로 작용하고 있습니다. 우리나라는 2018년까지 중국에 이어 2위 교역국이었으며, 2019년 이후에는 중국·미국에 이은 3위 교역국의 지위를 유지하고 있습니다.

#핵심투자국가

베트남에 대한 외국인직접투자(FDI)는 2016년 268억 달러, 2017년 371억 달러, 2019년 389억 달러를 기록하면서 매년 증가했지만, 2020년과 2021년의 경우 코로나19 영향으로 감소세를 기록했습니다. 하지만 2021년 중반부터 다시 회복하고 있으며, 신규 투자보다는 기존 투자에 대한 증액 투자가 주류를 이루고 있습니다. 베트남에 대한 외국인직접투자는 제조업과 발전·용수업 양대 부문에 전체 투자의 78%가 집중되는

#젊은국가 #GVC개편 #핵심투자국가 #인프라투자 #잠재적리스크

특성을 보입니다.

베트남에 대한 해외투자는 한국, 일본, 싱가포르 3개국이 전체의 49.5%를 차지하고 있습니다. 2021년 기준으로 베트남에 대한 외국인직접투자 1위는 4031억 달러를 투자한 한국이며, 전체 외국인투자의 18.3%를 차지하고 있습니다. 그다음으로는 일본(15.8%), 싱가포르(15.5%), 대만(8.7%) 순으로 투자가 많이 이뤄지고 있습니다. 싱가포르의 베트남 투자는 싱가포르 기업에 의한 투자보다는 제3국 기업이 조세 규정상 장점을 활용하기 위해 싱가포르 지사를 통해 투자하는 사례가 많은 것이 특징입니다. 주목할 만한 점은 중국의 베트남 투자 확대입니다. 중국의 베트남 투자 규모는 한국의 3분의 1 규모였지만 최근 3년간 급속히 투자 규모가 확대되고 있으며, 특히 전자부품, 철강·금속, 섬유·봉제 등 제조업 분야에 집중되는 경향을 보이고 있습니다. 이러한 중국의 투자 확대는 높아져가는 미국 수출 장벽을 우회하고 EU-베트남 FTA 활용을 위한 선제적 투자로 분석되고 있습니다.

#인프라투자

최근 베트남은 약점으로 지목되던 인프라 투자 확대에 적극 나서고 있습니다. 교통 부문의 경우 당초 2020년까지 고속도로 2000km 조성이라는 목표를 수립했지만 실제 개통된 고속도로의 총연장은 1163km로 목표 달성에 실패했습니다. 베트남 정부는 내륙 교통의 확충이 도시 성장 및 지역 간 균형발전의 필수 요건임을 인지하고 2030년까지 총연장 5000km의 고속도로를 구축한다는 새로운 계획을 수립해 향후 교통 여건이 개선될 전망입니다. 이 밖에 전력, 항만 등에 대한 대규모 투자를 통해 제조업 중심 국가로 성장하기 위한 기반을 구축하는 데에도 힘쓰고 있습니다.

#잠재적리스크

고령화에 따른 내수시장 위축과 제조업 경쟁력 악화라는 위기에 봉착하고 있는 한국 입장에서 베트남은 효과적 대안이 될 수 있습니다. 하지만 베트남에 대한 외국인투자기업 증가에 따른 숙련 노동력 부족, 경제성장에 따른 임금상승, 중국으로부터의 높은 원재료 및 부품 조달 비중 등은 향후 베트남 경제성장에 잠재적 리스크가 될 수 있습니다. 따라서 GVC 재편 과정에서 중요성을 더해가는 베트남에 대해 우리는 다른 어떤 나라보다 많은 관심과 주의를 기울여야 할 것입니다.

SECTION 4
VIETNAM
Q36

베트남 진출과 투자, 늦지 않았나요?

A36 중국 사드 보복과 미·중 무역분쟁의 여파로 국내 기업들은 베트남 시장으로 발길을 돌렸습니다. 문재인 정부가 추진한 신남방정책에 힘입어 삼성전자, 효성, 현대차 등 국내 기업들은 베트남 투자 확대에 나섰습니다. 베트남 전체 수출액에서 한국 기업이 차지하는 비중이 35%에 달할 정도입니다.

미·중 무역분쟁과 패권전쟁, 글로벌 공급망 불안으로 인해 '차이나 플러스 원(China+1)' 전략이 주목받고 있습니다. '플러스 원'의 대표적인 지역이 아세안의 핵심 국가 베트남입니다. 많은 중국 기업도 미·중 대립으로 인한 글로벌 공급망 분리가 가시화되는 점을 고려해 베트남에 진출했습니다.

미·중 무역분쟁이 본격화한 이후 베트남에서 가장 성공하고 있는 사업은 공단 개발 사업이라는 말이 있습니다. 실제 베트남 내 공단 부지 가격은 천정부지로 치솟았습니다. 코로나19 사태로 상승 추세가 다소 둔화하긴 했지만, 베트남은 여전히 중국을 안정적으로 대체할 수 있는 국가 중 하나라는 평가를 받고 있습니다. 특히 중국 정부의 '제로 코로나' 정책은 중국 내 생산기지의 해외 이전을 촉진하고 있습니다. 애플 제품을 위탁 생산하는 대만, 중국 기업들이 베트남으로 이동하는 현상은 이러한 추세를 상징적으로 보여주고 있습니다.

미국의 인도·태평양 정책과 베트남·중국 간 남중국해 분쟁 등을 고려할 때, 미국의 베트남에 대한 직간접적 지원은 흔들림 없이 이어질 것으로 예상됩니다. 베트남은 미·중 갈등이 지속되는 동안 경제성장과 산업화의 이익을 극대화하는 정책을 추구할 것으로 보입니다.

신남방정책의 중심지, 베트남

한국 정부는 2017년 이후 동남아시아 국가들과의 경제·문화·안보 등 전방위적 교류 및 협력을 강화하는 것을 목표로 하는 신남방정책을 추진하고 있습니다. 사드 사태로 한중 관계가 악화하자 중국 시장에 대한 한국 기업의 우려도 커졌습니다. 최근 중국에 대한 무역흑자가 감소하고 있는 점을 고려하면 동남아 시장은 중국을 대체할 중요한 시장입니다.

이런 아세안 시장에서 베트남의 중요성은 독보적입니다. 베트남은 한국의 제3위 수출 대상 국가입니다. 베트남 입장에서 한국은 3위 수출국, 2위 수입국입니다. 2021년 말 양

114% 증가
한·베트남 FTA 체결 후 6년간 두 나라의 교역액은 2015년 376억 달러에서 2021년 807억 달러로 114% 증가했다.

차이나 플러스 원
중국 리스크에 대응하기 위해 베트남과 인도네시아 등 중국 이외의 국가로 투자를 늘리는 전략을 말한다.

제로 코로나
코로나19 확진자 발생 시 봉쇄 조치를 진행하는 등 강도 높은 규제로 바이러스의 전파를 막는 정책이다. 호주, 뉴질랜드, 중국 등에서 시행하고 있다.

국의 무역 규모는 800억 달러에 이르며, 양국 정부는 2023년까지 1000억 달러 달성을 목표로 하고 있습니다. KOTRA의 동남아본부가 하노이에 있는 점도 이러한 중요성을 방증하고 있습니다. 한국 정부는 베트남에 "포괄적이며 전략적인 동반자 관계를 형성하자"라고 지속적인 제안을 하고 있습니다.

삼성전자를 포함해 많은 제조기업과 대다수 금융기업이 베트남에 전방위적으로 진입했습니다. 이에 따라 한국 기업이 쉽게 투자할 수 있는 인프라가 잘 형성돼 있습니다. 이런 이유로 베트남은 기업이 해외 진출을 고민할 때 가장 먼저 찾는 투자처로 자리 잡았습니다.

용어 설명
신남방정책
아세안과 인도 등 신남방국가들과 정치·경제·사회·문화 등 폭넓은 분야에서 주변 4강(미국, 중국, 일본, 러시아)과 유사한 수준으로 관계를 강화해 한반도를 넘어 동아시아, 전 세계 공동 번영과 평화를 실현하고자 하는 문재인 정부 핵심 외교정책이다.

증가하는 등 지속적으로 늘고 있습니다. 국제통화기금(IMF)과 세계은행(WB)이 2022년 베트남의 경제성장률을 각각 6%와 7.5%로 내놓는 등 지속적 경제성장의 잠재력은 높게 평가되고 있습니다. 2022년 2분기 이후 코로나19와 관련된 입국 제한 조치를 완전히 해제해 투자자와 관광객들이 다시 찾아오게 하는 등 경제 회복 드라이브를 강력하게 추진하고 있는 점도 장점이라 할 수 있습니다. 한국의 많은 기업이 진출해서 활동하고 있는 베트남은 현시점에서도 투자에 적합한 지역으로 볼 수 있습니다.

독보적인 투자 매력

베트남은 사회주의국가입니다. 그렇기 때문에 역설적으로 아세안의 어떤 경쟁국보다 정치적으로 안정화돼 있습니다. 또한 세계무역기구(WTO) 가입은 물론, 50여 국가와 15개에 이르는 양자·다자간 자유무역협정(FTA)을 체결하는 등 국제 교역에 적극적으로 나서고 있습니다. 총인구는 약 9851만 명으로 1억 명에 육박합니다. 이 가운데 노동가능인구는 5050만 명(2021년 통계청 자료 기준)으로, 풍부한 노동력도 보유하고 있습니다. 베트남이 한국과 같은 유교문화권으로서 교육·훈련을 중하게 여기는 사회적 분위기가 형성돼 있는 점도 한국 기업에 긍정적이라 할 수 있습니다.

베트남 정부의 역량 또한 준수합니다. 베트남 정부는 안정적 물가 관리에 집중해왔으며, 환율도 매우 안정적으로 유지되고 있습니다. 외국인직접투자의 경우 2021년 9.1%

한국·베트남 연간 교역액
(단위: 억 달러)

- 2012: 216.65
- 2014: 303.42
- 2017: 639.31
- 2021: 806.95

자료: 한국무역협회

베트남 투자 주요 한국 기업

기업 (분야)	누적 투자액 (억 달러)
삼성전자(휴대폰·디스플레이)	176
LG전자(가전·액정)	71
효성(스판덱스)	23
롯데(부동산·유통)	21.6
포스코(철강·냉연강판)	21
현대차그룹(자동차·조선)	17
대우(부동산 개발·버스)	14.7
경남건설(부동산 개발)	9.7
GS(부동산 개발·유통)	5.5
두산(중공업·발전)	3.5

자료: KOTRA, 2021 말 기준

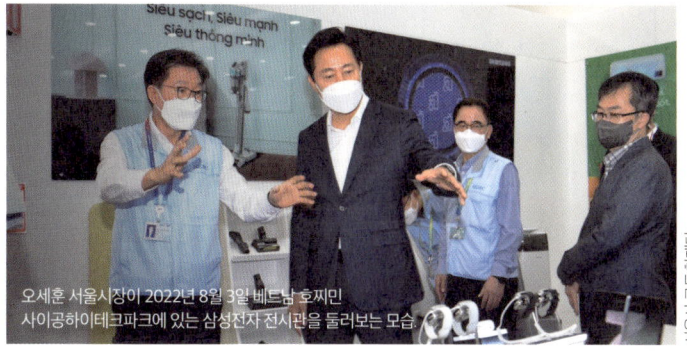

오세훈 서울시장이 2022년 8월 3일 베트남 호찌민 사이공하이테크파크에 있는 삼성전자 전시관을 둘러보는 모습.

SECTION 4
VIETNAM
Q37

베트남 투자 시 유의 사항은?

A37 2022년 상반기 베트남의 인수합병(M&A) 금액이 49억7000만 달러로 나타났습니다. 상반기 주식시장 및 자산시장의 혼란 속에서도 활발한 투자가 이뤄졌습니다.

베트남 정부는 투자가 제한되는 분야와 조건부로 허용되는 분야를 정하고 그 외 분야는 투자가 허용되는 네거티브 방식의 투자 규제를 하고 있으며, 투자가 허용되는 투자 분야 중 우대 조치 대상 투자 분야와 투자 지역을 설정해 투자를 지원하고 있습니다. 투자 우대 조치 자격이 있는 기업은 이하의 우대 조치 종류에 따라 우대 조치 종류별 신청을 통해 혜택을 받을 수 있습니다.

우대 조치의 종류 및 대상

우대 조치의 종류는 △일정 기간 소득세 감면 혜택 △토지사용료 또는 토지임대료 감면 혜택 △고정자산을 조성하기 위한 수입재화, 생산을 위한 수입 원료, 자재, 부품에 대한 수입세 면제 △과세소득 계산 시 빠른 감가상각, 공제 비용 증대 혜택 등이 있습니다.

투자 우대 조치를 통한 지원제도는 베트남 정부가 해외기업 투자를 유도하고자 하는 투자 장려 분야를 그 대상으로 합니다. 신기술 산업 유치를 통한 기술이전 효과, 낙후 지역에 대한 개발 촉진 효과, 그리고 고용 및 내수 진작 효과 등을 종합적으로 고려해 우대 조치 자격의 대상을 정하고 있으

M&A 투자자 수 2위

베트남은 2020년 9월 발표된 M&A 투자자 수 102점으로 세계 2위를 차지했다.

M&A 성장률
자료: 유로모니터 인터내셔널, 2020~2021년

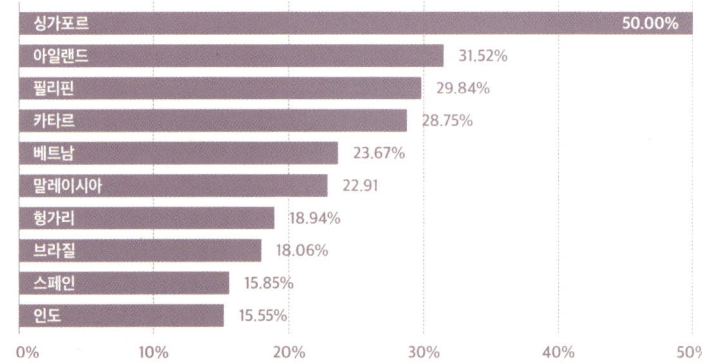

국가	성장률
싱가포르	50.00%
아일랜드	31.52%
필리핀	29.84%
카타르	28.75%
베트남	23.67%
말레이시아	22.91
헝가리	18.94%
브라질	18.06%
스페인	15.85%
인도	15.55%

며, 실제 우대 조치 선정 단계에서도 이와 같은 정책적 판단이 우대 조치 여부 결정의 중요한 요소가 됩니다.

우대 조치 대상 분야

우대 조치 대상 분야를 살펴보면 베트남 정부가 최우선 과제로 삼고 있는 분야와 중장기적 발전의 경제정책 기조를 개괄해볼 수 있습니다. 2022년 6월 2일 발표된 '해외투자 협력을 위한 국가전략 2021~2031'에 따르면, 베트남 정부는 투자 우대 조치 정책의 가치 창출, 연구개발, 베트남 기업에 대한 기술 이전 및 베트남 기업의 공급망 참여 등의 산출 결과를 기준으로 한 운영 필요성을 강조했습니다.

우대 조치 대상 분야는 매우 다양합니다. 크게 첨단 기술·고부가가치 부문이 해당되며, 사회 인프라와 관련한 분야 역시 우대 조치 대상 분야에 포함됩니다. 우대 조치가 되는 대상 지역의 경우 프로젝트의 입지, 규모 등을 고려해 선정합니다.

담당 정부기관

베트남에서 투자 우대와 관련한 주무부서는 기획투자부와 외국인투자국(Foreign Investment Agency, FIA), 국세청이고, 지방정부의 기획투자국과 세무서 및 세관 등과 협업해 우대 조치 선정이 이뤄지며, 경우에 따라 개별 사안별로 주무부서가 바뀔 수 있습니다. 예를 들어 하이테크 기업 등에 관해서는 과학기술부가 관여하고 지정하게 됩니다.

베트남의 우대 조치 제도는 최초 투자 단계에서 우대 조치 자격 여부를 심사하기는 하지만 확정은 아니며, 투자 분야와 지역별로 또는 우대 조치의 내용에 따라 기획투자부나 성급(중앙직할시 포함) 기획투자국, 세무서, 세관에 개별 기업이 신청함으로써 우대 조치 대상 기업이 선정됩니다.

우대 조치 대상 분야

- 첨단 기술 산업 제품, 과학기술에 관한 법률 규정에 따른 과학기술 결과로 형성된 제품의 생산 및 연구개발 활동
- 신소재·신에너지·청정에너지·재생에너지의 생산, 30% 이상의 부가가치를 창출하는 제품 및 에너지 절약 제품의 생산
- 전자제품, 주요 기계 제품, 농기계, 자동차, 자동차 부품의 생산, 조선업
- 정보기술 제품, 소프트웨어, 디지털 콘텐츠의 생산
- 폐기물 수거·처리·재생 또는 재사용
- 기반시설의 투자 개발 및 운영·관리, 각 도시의 여객 운송 개발
- 유아·보통·직업·대학교육
- 건강진단·치료, 의약품 및 제약 원료 생산, 의약품 보관, 신약류 생산을 위한 조제 기술·바이오 기술에 관한 과학 연구, 의료기기 생산
- 장애인 또는 전문 체육·스포츠 훈련·경기 시설 투자, 문화유산 가치 보존 및 발현
- 노인 의료·정신·고엽제 후유증 환자 치료센터, 고령자·장애인·고아·무의탁 아동 돌봄센터
- 인민신용금고, 소액 금융기관
- 업종별 가치사슬, 산업클러스터에 참여 또는 이를 형성하기 위한 재화·용역 생산 및 제공

우대 조치가 되는 입지, 규모 사례

- 사회·경제적 낙후 지역, 사회·경제적으로 매우 낙후된 지역 내 프로젝트
- 산업단지, 수출가공구역, 첨단기술구역, 경제구역 내 프로젝트
- 6조 동 이상의 자본금 규모를 지닌 투자 기업으로서 3년 이내에 최소 6조 동 이상의 자금 지출을 실행한 프로젝트로서 3000명 이상의 고용 지표 또는 3년 이내 최소 10조 동의 총매출액을 달성한 프로젝트
- 사회주택 건설 프로젝트, 농촌 지역에서 500명 이상의 근로자를 고용하는 프로젝트, 장애인에 관한 법률 규정에 따른 장애인 근로자를 고용하는 프로젝트
- 첨단 기술 기업, 과학기술 기업, 과학기술 단체, 기술이전 관련 법률에 따른 기술이전 실행 프로젝트, 기술개발 시설과 과학기술 기업 육성 시설, 환경보호 관련 법률의 요건을 충족하는 기술·장비·제품 및 서비스를 생산하는 기업의 프로젝트
- 중소기업 지원에 관한 법률에 따른 관련 프로젝트

용어 설명

네거티브 리스트

원칙적으로 수입 자유화를 인정한 무역제도하에서 예외적으로 수입을 금지하거나 제한을 가하는 품목의 리스트.

SECTION 4
VIETNAM
Q38 외국투자기업을 설립할 경우 인허가 과정에서 고려할 사항은 무엇인가요?

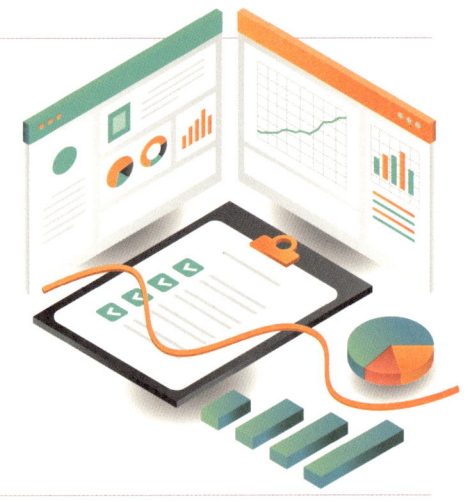

A38 외국인이 베트남 내 진출할 수 있는 법적인 형태로 법인, 지점, 대표 사무소, 프로젝트관리조직(PMO), 경영협력계약(BCC)이 있습니다. 이 중 지점의 경우 금융·항공사 등만 예외적으로 허용하고 있으며, PMO는 건설 프로젝트 하도급 업체에서, BCC는 통신업 등 외국인의 사업 활동이 불가능한 업종이 주로 선택하는 형태입니다.

한국 투자자가 시장조사를 통해 베트남 진출을 결정했다면 어떤 방식으로 베트남 시장에 진출할 것인지를 결정해야 합니다. 베트남에서는 자산인수가 어렵기 때문에 ① 베트남 기업 지분을 인수하는 방법 ② 새롭게 투자회사를 설립하는 방식 중에 하나를 선택하게 됩니다. 여기에서는 한국 투자자가 베트남에서 새롭게 기업을 설립할 때 고려해야 하는 인허가 과정에 대해 살펴보도록 하겠습니다.

프로젝트 허가와 투자등록증

외국투자자가 베트남에서 회사를 설립하기 위해서는 투자 프로젝트를 보유하고 있어야 합니다. 베트남 인허가의 첫 단계는 투자 프로젝트에 대한 승인 단계로 투자등록증(Investment Registration Certificate)을 발급받는 것입니다. 기획투자국(Department of Planning and Investment)에서 투자등록증을 발급받은 한국 투자자는 법인등기에 해당하는 기업등록증을 발급받고 나서 투자등록증으로 허가받은 투자 프로젝트를 이행하게 됩니다.

베트남 내에서 진행할 투자 프로젝트가 결정됐다면 외국투자자의 베트남 시장 진입 요건을 확인해야 합니다. 가장 기초적인 내용은 외국인투자자의 지분 소유 비율에 일정한 한도가 있는지, 합작회사를 설립하는 방식으로만 시장 진입이 가능한지를 확인하는 것입니다. 채권추심업의 경우에는 외국투자자뿐 아니라 내국인도 투자를 금지하며, 출판업·석유유통업 등과 같이 내국인은 제한이 없지만 외국인은 투자를 금지하는 업종이 있고, 물류사업 및 통신사업 일부, 영상제작업 등의 경우 외국인지분을 49%까지만 허용하며, 광고업 등 일부 업종은 단 1%라도 베트남 투자자가 있어야 하는 합작투자법인 형식으로만 외국인 투자를 허용합니다. 금융업 같은 일부 산업분야의 경우 법령에 따르면 외국투자자에 대한 제한이 없지만, 실제로는 정부

투자등록증 (Investment Registration Certificate, IRC)
외국투자기업의 사업계획서로 사업 내용을 수행하기에 타당한 금액의 자본금을 납입해야 발급이 가능하다. 문서의 색상 때문에 '파란 종이'로 불린다.

약 18조1650억원
베트남의 외국인직접투자(FDI) 규모가 140억 달러를 웃도는 것으로 집계됐다(베트남 기획투자부, 2022년 상반기 기준).

정책에 의해 투자를 허가하지 않는 경우도 있으니 주의해야 합니다.

대규모 투자 프로젝트 및 고도의 공공성을 띤 프로젝트의 경우 기획투자국에서 투자등록증을 받기 위해 상급 관할 당국으로부터 투자 방침 승인(Investment Policy Approval)을 받아야 하는 경우가 있습니다. 투자 방침 승인은 투자 프로젝트의 종류 및 규모 등에 따라 국회, 총리, 성급 인민위원회 등 적절한 단계에서 사전 인허가를 받는 것을 의미합니다. 석유화학, 공항 개발, 공단 개발, 네크워크 기반시설이 요구되는 통신사업 등의 경우에는 총리 승인, 국가에서 토지를 불하받아 진행하는 프로젝트, 주택 개발, 신도시 개발, 골프장 개발 등의 경우에는 성급 인민위원회의 승인이 필요합니다. 이와 별도로 관련 법령은 없지만 베트남 정부의 내부 규정에 따라 각급 공산당 상무위원회의 의견을 취득한 이후에만 투자등록증이 발급되는 경우도 있습니다.

마지막으로 외국투자자가 직접투자를 하는 것이 아니라 베트남에 설립된 외국투자기업이 베트남에서 손자회사를 설립하거나 기타 합작으로 손자회사를 설립하는 경우가 있습니다. 이때 외국투자기업의 외국투자자 지분이 50%를 초과하는 경우 비록 베트남 현지에서 설립한 기업이라 하더라도 외국투자자로 간주되는 점은 주의해야 합니다.

기업등록증 발급과 법인 설립

외국투자자가 투자등록증을 발급받으면 베트남 기업법에 따라 사업자등록사무실로부터 기업등록증을 발급받게 되고 기업등록증 발급일이 기업의 설립일이 되는데, 기업등록

용어 설명

베트남 투자자비자 (Vietnam Investor Visa)

'DT 비자'라고도 하며, 베트남에 자본금 기준 30억 동 미만을 투자하는 소규모 투자자부터 1000억 동을 투자하는 대규모 투자자에게 금액과 업종에 따라 체류 기간을 부여하는 비자다.

기업등록증 (Enterprise Registration Certificate, ERC)

한국의 사업자등록증과 같다. 법인의 상세 정보 등이 포함돼 있고, 기업간거래 시 기업등록증에 기재된 기업 정보를 확인하고 거래한다. 문서의 색상 때문에 '노란 종이'로 불린다.

증은 한국의 법인설립등기와 같습니다. 기업등록증은 기업등록번호, 기업 형태(유한책임회사·주식회사 등), 본점 주소, 자본금, 법인대표 정보가 기재돼 있고, 행정절차 단순화로 기업등록번호는 동시에 택스 코드(Tax Code)로도 사용되므로 이러한 점에서 기업등록증은 한국의 사업자등록증과 같은 기능도 하고 있습니다. 반면 신규 설립 회사의 자본금 납입이 기업등록증 발급 후 90일 이내에 사후적으로 납입되도록 하는 점은 한국과 차이가 있습니다.

투자 조건 충족을 위한 추가 인허가

외국투자자 투자 지분 비율 제한 이외에 특별한 조건들이 부과되는 경우가 있습니다. 투자등록증과 기업등록증을 발급받아 외국투자회사를 설립했더라도 실제 영업을 위해서는 추가 인허가가 필요하거나 특수한 산업 분야에서 별도의 하위 인허가서를 취득해야 하는 경우가 있습니다. 외국인투자자의 상품유통과 관련해 산업무역국의 영업허가서(Business License)를, 병원 운영은 보건부의 운영허가서(Operation License)를, 학원 운영은 교육훈련국의 교육업승인서(Education Service Provision Approval)를 취득해야 합니다.

베트남 인허가 절차는 법령상 정해진 기간보다 오래 걸리고 유교적 전통, 사회주의 전통이 있는 베트남 관공서는 문서화에 매우 엄격한 입장을 견지하는 것이 일반적입니다. 사전 인허가 준비를 철저히 해서 인허가 기간을 단축하도록 노력하고 또한 인허가 기간이 다소 오래 걸리더라도 조금 더 인내를 가지고 대응하는 것이 적절합니다.

SECTION 4
VIETNAM
Q39

현지 인력 채용 및 노무관리에서 염두에 두어야 할 사항에는 어떤 것이 있나요?

A39 2021년 1월 1일자로 시행된 개정 노동법은 EU-베트남 자유무역협정(FTA) 체결, 포괄적·점진적 환태평양경제동반자협정(CPTPP) 체결 등에 맞춰 노동자 보호를 강화하는 한편, 사용자의 요구사항도 일부 반영됐습니다. 베트남 정부의 불시 근로감독 부활로 진출 기업의 노동 관련 준법 경영이 강조되고 있는 만큼, 베트남 노동법의 배경과 취지를 파악하는 것이 중요합니다.

베트남 노동법상 근로계약은 정규직과 계약직 두 종류가 있고, 계약직의 계약기간은 12~36개월 사이에서 당사자들의 합의로 정할 수 있습니다. 1회에 한해 추가 계약직 근로계약을 체결할 수 있으며, 세 번째 근로계약을 체결할 때는 정규직 근로계약을 체결해야 합니다. 정규직의 경우 근로계약을 해지하는 게 쉽지 않으므로, 계약직 근로계약 방식을 잘 활용해야 합니다.

통상 관리직의 경우 60일을 초과하지 않는 범위 내에서 수습계약(수습 제도 조항)을 체결할 수 있고, 수습 업무에 대한 평가가 부정적인 경우 채용하지 않을 수 있습니다. 수습계약은 부적합한 근로자와 근로계약을 중단할 수 있는 중요한 안전장치입니다.

베트남 노동법은 한국과 마찬가지로 근로자

2만 2500동
베트남 1지역 최저임금
(2022년 7월 기준)

어용노조
노동자의 권익 보호보다는
회사의 이익을 위해 설립된 노조

근로자와 사용자에 부과되는 보험료

구분	근로자	사용자
사회보험	8%	17.5%
건강보험	1.5%	3%
실업보험	1%	1%
합계	10.5%	21.5%

파견에 관한 규정이 있습니다. 이와 별도로 파견법이 존재하는데, 파견 가능한 업종은 제한돼 있습니다. 일반적으로 생산직의 경우 근로자 파견이 불가능합니다. 한편, 베트남은 한국과 같이 사내하청 및 실질적 사용자임을 전제로 직접적인 고용의무를 부담하는 법령과 판례가 존재하지 않습니다.

노동법상 기업에 노동조합의 설립을 장려하지만 법령상 노동조합 설립을 강제하지는 않습니다. 노동조합은 국가조직의 일부 또는 기업 내부에서 경영자와 함께 회사 운영에 일정한 책임을 져야 하는 조직이라는 인식이 있습니다. 따라서 베트남 기업이 노동조합과 원만한 관계를 유지하고 적절히 관리하면 기업 경영에 상당한 도움이 됩니다. 일부에서 베트남 노동조합에 대해 어용노조라는 표현을 사용하기도 합니다. 또한 베트남 내에서 파업이 진행되기도 하지만 대부분은 노동조합의 공식적 관여가 없는 노동법상 불법파업으로 해석합니다.

기타 베트남에 처음 진출하는 기업들이 주의해야 할 내용으로 ① 이직이 잦고, 상대적으로 저임금 생산직인 경우 그 정도가 매우 심하며 ② 여성 근로자에 대한 보호가 강해 출산휴가 기간이 6개월로 길다는 점입니다. 베트남은 젊은 인구 비중이 큰 국가로서 다수의 근로자를 고용하는 회사의 경우 많은 여성 근로자가 임신과 출산으로 인한 각종 보호와 혜택을 챙겨야 하기 때문에 인력 운용에 신경을 많이 써야 합니다.

초과근무 | 베트남은 초과근무에 대한 제한이 많아 현지 기업들이 노무관리에 어려움을 겪고 있습니다. 하지만 생산직 근로자는 급여 수준이 낮기 때문에 초과근로수당을 더 많이 받기 위해 초과근로를 선호하는 경향이 있습니다. 주말이나 공휴일의 초과근무에 관해서는 상당히 높은 법정 초과근로수당을 지급해야 하고, 특히 공휴일 근무 시 기본급 이외에 별도로 300%의 시간당 급여를 추가로 지급해야 합니다. 법정공휴일은 연 11일이며, 그중 5일은 설 연휴인 데다 나머지 법정공휴일은 연 6일밖에 되지 않습니다. 그 때문에 베트남 근로자에게 인정하는 공휴일 수는 매우 적습니다.

지역별 최저임금 | 베트남에서 전국을 4개 지역으로 나눠 지역별 최저임금을 정하고 있습니다. 2022년 7월 1일부터 적용되는 지역별 최저임금은 지역별로 한화 약 20만원에서 28만원으로 차이가 있습니다. 이에 따라 섬유, 봉제업의 경우 지역별 최저임금이 낮은 저개발 지역으로 이전하는 경향이 있습니다. 국가임금위원회가 주관하는 지역별 최저임금 수준의 상승 비율은 기본급이 낮은 생산직 근로자의 경우 상당히 큰 영향을 미치고 있습니다.

공적 보험 제도 | 베트남은 사회·건강·실업보험의 3개 공적 보험 제도를 의무화하고 있습니다. 사용자와 근로자는 모두 각자 일정한 분담 비율의 금액을 보험료로 납부합니다. 다만 각종 보험료의 부과 기준이 되는 급여에 각각 일정한 한도가 있습니다. 사회보험료와 건강보험료는 공무원 최저임금의 20배를, 실업보험료는 지역별 최저임금의 20배를 기준으로 합니다. 예를 들어 현재 공무원 최저임금은 약 8만원이고 그 20배는 약 160만원이 되는데, 월 급여가 300만원인 경우에도 160만원을 급여로 간주하고 사회보험료를 납부하게 됩니다.

참고로 노동법상 퇴직금은 12개월 이상 근무한 근로자에 대해 1년에 2분의 1개월분의 퇴직금이 적립됩니다. 회사가 근로자를 위해 사회보험료를 납부하는 경우 사용자는 퇴직금 지급 의무가 없습니다. 사용자는 공적보험료 이외에 사회보험료 납부 기준이 되는 급여의 2%에 해당하는 금액을 노동조합 지원비로 납부해야 합니다. 이는 노동조합의 설립 여부와 관계없으며, 회사에 노동조합이 없을 경우 상위 노동조합(노동연맹)에 납부하게 됩니다.

용어 설명

포괄적·점진적 환태평양경제 동반자협정(CPTPP)

기존 환태평양경제 동반자협정(TPP)에서 2017년 미국이 탈퇴하자 일본·호주·캐나다 등 11개 아시아·태평양 국가가 2018년 3월 8일 칠레에서 출범한 다자간 자유무역협정(FTA). 2018년 12월 30일 발효됐다. 참가국은 일본, 캐나다, 호주, 멕시코, 싱가포르, 베트남, 말레이시아, 칠레, 페루, 뉴질랜드, 브루나이 등이다.

근로시간 개요

최대 근로 시간	일 8시간, 주 48시간 (정부의 권장 시간은 40시간)
휴식 시간	최소 30분 (야간 근무 시 최소 45분)
유급 휴가	12일의 유급휴가 (5년 단위로 1일씩 추가) 및 연 11일의 공휴일
초과 근무	일 정규 근로시간의 50% 이하, 월 40시간 이하, 연 200시간 이하로 허용 (봉제 등 일부 업종의 경우 300시간 이하 가능)
초과 수당	일반 초과수당: 기본급의 150% 이상, 주말 수당: 기본급의 200% 이상, 유급휴가 기간: 기본급의 300% 이상

SECTION 4
VIETNAM
Q40

베트남 투자와 교역 등에서 꼭 챙겨야 할 세제 혜택은 무엇인가요?

A40 외국투자자가 적용받을 수 있는 주요 세제 혜택은 법인세 우대, 수입관세 면제, 토지사용료 또는 토지임대료 감면, 부가세 면제 등입니다.

베트남 정부는 외국투자자본 조달을 통해 사회경제적으로 낙후된 지역을 개발하기 위해 여러 가지 세제 혜택을 제공하고 있습니다.

법인세·관세 등 각종 세제 혜택

법인세 우대 혜택은 크게 우대세율과 법인세 면제, 감면 기간으로 나눠볼 수 있으며, 투자되는 프로젝트의 규모, 프로젝트의 지리적 위치나 프로젝트의 사업 분야 등에 따라 각기 우대세율 및 법인세 면제, 감면 기간이 달라집니다. 베트남의 일반 법인세율은 20%로 순차적으로 법인세율이 낮아집니다. 이러한 일반 법인세율 대비 법인세 우대세율은 크게 17%, 15%, 10%가 적용될 수 있으며, 우대세율이 적용되는 대표적인 지역 및 사업 분야와 우대세율 적용 기간, 법인세 면제 및 감면 기간은 표에서 대표적인 내용을 확인할 수 있습니다.

관세 면제는 투자자의 프로젝트가 위치한 지역 또는 분야, 수입되는 품목의 종류에 따라 적용받을 수 있으며, 대표적으로 △법령으로 정해진 프로젝트의 고정자산을 구성하는 물품 △수출가공기업(EPE)의 생산 활동을 위해 수입하는 기계장치 △외국 계약자와 체결한 수출가공계약을 위해 수입한

법인세 우대 혜택

우대세율 구분	17%	15%	10%
적용 대상	• 사회경제적 낙후 지역에 대한 신규 투자 • 고품질 철강재, 에너지 절감, 농수산업 관련 기계 제조 등	• 사회경제적 낙후 지역 이외 지역의 농수산물 가공업, 임업, 축산업	• 사회경제적 매우 낙후 지역에 대한 투자 • 에너지 사업 투자 • 베트남 총리 지정 인프라 사업 투자 • 하이테크 산업(R&D) • 대규모 투자(투자금 6조 동 이상 및 법정 매출, 고용 요건 충족 시) • 기술이전 관련 부품소재 산업(기계공학, IT, 섬유 등 법령상 제시된 분야에 한정) • 하이테크 산업단지 • 경제구역(Economic Zone)
우대세율 적용 기간	사업 개시 연도부터 10년간	전체 사업연도	사업 개시 연도부터 15년간
법인세 면제 기간	과세소득 발생 후 최초 2년간 면제	해당 없음	과세소득 발생 후 최초 4년간 면제
법인세 50% 감면 기간	면제 기간 종료 후 4년간	해당 없음	면제 기간 종료 후 9년간

물품 △베트남 내에서 생산할 수 없는 소프트웨어 제작에 사용하기 위해 수입하는 원자재 및 소모품 △베트남 내에서 생산할 수 없는 과학 조사 및 기술개발 용도로 이용하기 위해 수입한 물품 등이 관세 면제 대상입니다. 수입관세 면제를 위해서는 해당 수입품을 실제 수입 목적에 부합하게 사용했는지를 세관이 검사하고, 그에 따라 관련 기업은 수책관리를 철저히 해야 하며, 만약 수책관리가 철저하게 진행되지 않으면 세관검사 시 세제 혜택을 부인당할 수 있다는 점에 유의해야 합니다.

토지사용료 또는 토지임대료의 감면

베트남 정부가 전략적으로 발전시키기를 원하는 특정 분야 또는 특정 지역에서 투자프로젝트를 수행하는 등 법령상 일정한 요건을 충족한 기업에 대해서는 해당 프로젝트의 토지사용료 또는 토지임대료를 면제받을 수 있습니다. 이러한 토지사용료 또는 토지임대료 면제의 혜택은 사회경제적 낙후 지역의 정도와 투자 장려 분야에 따라 3~15년 기간 동안 토지사용료 또는 토지임대료 면제 혜택을 부여하고 있습니다. 교육, 보건, 문화, 교육, 스포츠, 과학기술 분야에서 공공시설 건설 프로젝트, 공단 근로자를 위한 기숙사 건설 프로젝트 등이 이에 포함되며, BOT(Build Operate Transfer) 방식으로 진행하는 발전소 프로젝트의 경우에는 토지사용료 또는 토지임대료가 면제됩니다.

부가세 면세 혜택

베트남의 부가세 일반세율은 10%입니다. 수출가공구역 내에서 생산 물품 전량을 수출

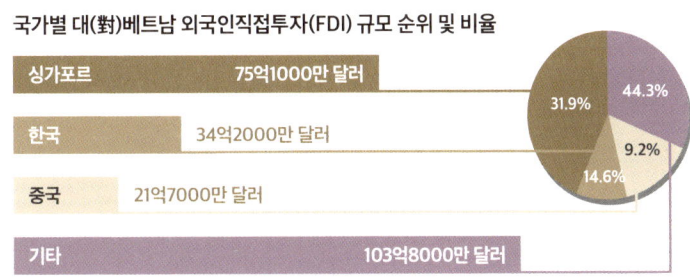

국가별 대(對)베트남 외국인직접투자(FDI) 규모 순위 및 비율
- 싱가포르: 75억1000만 달러 — 44.3%
- 한국: 34억2000만 달러 — 31.9%
- 중국: 21억7000만 달러 — 9.2%
- 기타: 103억8000만 달러 — 14.6%

자료: 베트남 기획투자부 투자청, 베트남 통계청, KOTRA 하노이 무역관 종합, 2020년

용어 설명

수출가공기업
(Export Processing Enterprise, EPE)
수출용 물품을 생산하는 기업으로 국가공업단지, 수출가공구역 및 경제구역 등에 설립되어 활동하는 기업을 말한다.

20%
베트남 법인세법상 세율은 20%로 표준 단일세율이다. 투자 지역, 업종, 투자 규모에 따라 각각 10%, 15%, 17%의 우대세율을 적용받고, 우대세율 적용 기간은 10년, 15년, 전 사업 기간으로 나뉜다.

하는 베트남 수출가공기업의 경우 생산 활동을 위해 수입하는 원부자재 및 기계설비는 부가세 부과하지 않습니다. 또한 과학기술 연구 및 개발 활동에 사용하는 원부자재 및 부품의 경우도 부가세 면제 대상입니다.

세제 혜택 검토 시 유의할 점

베트남 정부는 외국인투자자에게 매력적인 인센티브를 제시하고 있습니다. 그러나 투자자가 인센티브를 적용받기 위해서는 담당 관할기관에 인센티브 적용을 신청하거나, 외국투자기업이 우대세율이나 감면된 세액에 대해 과세관청에 신고하는 과정을 거쳐야 실질적 혜택을 적용받을 수 있습니다.

투자자 입장에서는 사업 및 투자 대상 지역에서 적용 가능한 세제 혜택에 대해 투자 전 명확히 정리한 후, 이를 토대로 관할기관(관할 세무서, 기획투자국, 공단관리위원회 등)과 협의해 혜택 적용 여부를 사전에 확인할 것을 추천드립니다. 그리고 베트남에서는 공무원들의 영향력이 막강해 조세 소송을 통해 행정기관의 과세처분에 대해 다툴 수 있는 기회도 거의 없다는 점에 유의해야 합니다.

SECTION 4
VIETNAM
Q41

사업장을 철수하고자 할 때 필요한 절차와 신경 써야 할 점은?

A41 베트남에서 사업을 청산하는 일은 까다롭고, 실무상 제약이 많습니다. 특히 세무 관련 업무에 시간과 비용이 많이 들고, 절차를 제대로 이행하지 않은 경우 법적 대표자가 출국 금지 처분을 받는 경우도 있습니다.

대표적인 방법으로 베트남 회사의 지분 또는 주식을 양도하는 방법과 회사의 자산을 양도하고 회사를 해산하는 방법이 있습니다.

기업법상 회사의 지분 및 주식 양도 제한 | 1인 유한책임회사의 경우 지분 양도는 단독 사원인 소유주의 결정으로 이뤄집니다. 2인 이상 유한책임회사의 경우 사원이 본인 지분을 제3자에게 양도하기 위해 △양도 목적이 된 지분을 제3자에 대한 양도 조건과 같은 내용으로 다른 사원들에게 지분 비율에 따른 양도를 제안해야 하고 △다른 사원들이 위 제안을 받은 후 30일 이내에 양수거절의 의사표시를 하거나 아무런 의사표시를 하지 않는 경우 가능합니다. 주식회사는 다른 창립 주주에 대한 양도를 제외하고는 창립 주주(발기인)의 경우 기업등록증 발급일로부터 3년 이내 제3자에 대한 주식 양도는

용어 설명
유한책임회사
주식회사처럼 출자자들이 유한책임을 지면서도 이사나 감사를 의무적으로 선임하지 않아도 되는 등 회사의 설립·운영과 구성 등에서 사적 영역을 폭넓게 인정하는 회사 형태다.

기업결합신고
일정 규모 이상의 기업결합(M&A)이 이뤄진 경우 공정거래위원회에 신고해 그 경쟁 제한성 여부를 심사받는 것을 말한다.

주주총회에서 승인 결의를 조건으로 해서만 가능합니다.

투자법상 양수인이 외국인인 경우의 제한 | 지분 또는 주식의 양수인이 외국인인 경우 일반적인 절차로서 관할 성이나 중앙직할시 기획투자국(DPI)의 양수도 거래 전 사전 승인 의무가 있습니다. 양수인이 외국인이고 ①조건부투자 분야를 영위하는 현지 기업의 외국인 지분 비율이 상승한 경우 ②외국인 또는 외국인이 50%를 초과하는 정관 자본금을 보유한 회사 등이 대상 회사의 지분 및 주식을 50%를 초과해 보유하게 된 경우 ③ 대상 회사가 국경 지역 또는 국가안보에 영향을 미치는 지역에 대한 토지 사용 증서를 보유한 경우 양수도 거래에 대해 기획투자국 등을 통한 사전 승인 절차를 진행해야 합니다. 한편 경쟁 법상의 신고 기준에 해당하는 경우 기업결합신고 등을 완료해야 합니다.

지분 및 주식 양수도 절차 | 기업결합신고 대상이라면 사전 승인 절차를 마무리한 후 계약을 체결해야 하며, 지분 또는 주식 양수도 계약 체결 이후 기획 투자국 승인을 받고, 해

당 승인 절차가 마무리되면 거래대금을 지급합니다. 이후 회사의 기업등록증과 투자등록증을 차례로 변경하는 것으로 양수도 인허가 절차를 진행하는 방식이 일반적입니다.

회사 자산의 매각 후 해산 | 회사 자산 매각은 1인 유한책임회사인 경우 직전 연도 재무제표상 총자산액 50% 이상 가치의 자산을 양도하는 거래는 단독 사원 승인이 필요합니다. 2인 이상 유한책임회사의 경우 직전 연도 재무제표상 총자산액 50% 이상의 가치에 해당하는 자산을 양도하는 거래는 사원총회에서 출석 사원 75% 이상 찬성 승인을 받아야 합니다. 주식회사의 경우 직전연도 재무제표상 총자산액 35% 이상의 가치에 달하는 자산을 양도하는 거래는 출석 주주의 65% 이상 찬성을 통한 주주총회 승인을 받아야 합니다. 직전연도 재무제표상 총자산액 35% 이상의 가치에 달하는 자산 양도 외의 계약을 체결할 때는 출석 이사의 과반수 찬성으로 이사회 승인을 받습니다.

해산 요건 | 회사의 해산은 △정관상 운영 기간이 만료 △1인 유한책임회사의 경우 단독 사원의 해산 결정, 2인 이상 유한책임회사의 경우 사원총회 해산 결의, 주식회사의 경우 주주총회 해산 결의가 있는 때 △기업법에 따른 최소 인원 기준을 6개월 연속 위반하고 회사의 형태를 변경하지 않은 때 △기업등록증이 취소된 때에는 해산해야 합니다. 다만 해산은 모든 재산상 채무를 이행하고 진행 중인 분쟁이 없는 경우에만 가능합니다.

해산 절차 | 먼저 해산 결의 및 통지를 해야 합니다. 1인 유한책임회사의 경우 소유주의 결정으로 해산이 진행되고, 2인 이상 유한책임회사의 경우 사원총회 출석 사원의 75% 이상찬성, 주식회사는 주주총회 출석 보유주식 65% 이상인 주주의 찬성으로 해산 결의가 이뤄지게 됩니다. 해산 결의 후 7영업일 내에 관련 결의서 및 의사록을 기업등록사무소, 관할 세무서 및 근로자에게 송부해야 합니다. 다음으로 채무 변제가 확인돼야 합니다. 회사 해산 시 ①미지급 임금, 퇴직금, 사회보험료, 건강보험료, 실업보험료, 기타 근로자에 대한 수당 ②미납 세금 ③기타 채무 순으로 변제가 이뤄집니다. 잔여 재산은 사원·주주의 지분 및 주식 비율에 따라 분배합니다.

마지막으로 해산 신청서를 제출해야 합니다. 회사의 법적 대표는 기업등록사무소에 채무 변제가 완료된 후 5영업일 내에 해산 신청서를 제출해야 합니다. 기업등록소는 해산 결정문 및 결의서를 접수한 날로부터 180일 내 또는 해산 신청서를 접수한 지 5영업일 내에 회사의 법적 상태를 해산으로 등록하게 됩니다.

베트남 유한책임회사와 주식회사 비교

구분	유한책임회사 1인 사원*	유한책임회사 2인 이상 사원*	주식회사
최소 투자자 수	1명	2명	3명
의사 결정권	소유자	사원총회	주주총회(1년 1회 의무), 이사회(사회이사 최소 20%)
공시 규정	없음	없음	있음
증권 발행	불가	불가	가능
특징	단독 투자자기 때문에 회사 설립 및 운영이 비교적 간단하고, 의사결정 기관과 절차, 운영 규정을 자유롭게 정관에 기재 가능	지인이나 베트남 파트너와 소규모로 회사를 설립하고자 할 때 적당한 형태의 회사	일반 대중으로부터 빠르고 쉽게 자금을 조달할 수 있는 회사 형태 추후 상장에 대비해, 운영과 관련한 공시 규정이 있음

*사원(member)은 유한책임회사의 구성원을 뜻하며, 주식회사의 주주와 같은 개념
자료: 리걸인사이트

SECTION 4
VIETNAM
Q42

인프라 개발을 촉진하고자 하는 베트남 정부의 구체적인 움직임이 궁금합니다

A42 베트남 정부는 지속 가능한 경제발전의 원동력을 구축하기 위해 과학기술의 혁신과 발전을 촉진하는 데 큰 관심과 열망을 표명하고 있습니다.

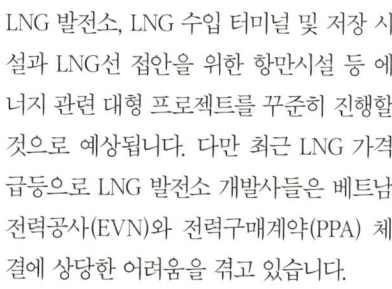

러시아-우크라이나 전쟁과 미·중 무역분쟁 장기화에 따른 원자재 공급 부족 및 운송 지연에 따른 생산 차질과 더불어 최근의 에너지 비용 증가는 베트남 정부가 사회간접자본(SOC) 부족을 인식하고 개선의 노력을 기울이는 계기가 됐습니다.

신재생에너지 비중 확대

베트남은 2050년까지 탄소중립을 달성할 것을 선언하면서 에너지전환 의지를 표명했습니다. 베트남 정부가 곧 발표할 '제8차 전력개발계획' 잠정 초안은 온실가스 배출량 감소와 생산 거점 지위 유지를 동시에 달성하기 위해 전력공급의 70% 이상을 차지하던 석탄화력을 액화천연가스(LNG)로 대체하고, 신재생에너지 보급을 확대하는 방안을 준비하고 있습니다. 향후 베트남 전력 수요를 지속적으로 충당할 수 있는 LNG 발전소, LNG 수입 터미널 및 저장 시설과 LNG선 접안을 위한 항만시설 등 에너지 관련 대형 프로젝트를 꾸준히 진행할 것으로 예상됩니다. 다만 최근 LNG 가격 급등으로 LNG 발전소 개발사들은 베트남 전력공사(EVN)와 전력구매계약(PPA) 체결에 상당한 어려움을 겪고 있습니다.

신재생에너지의 경우 2030 재생에너지 발전계획을 통해 태양광과 풍력에 기초한 재생에너지 발전 계획을 제시하고 있으며, 2030년까지 수력을 제외한 재생에너지 비율을 10% 선까지 끌어올리기 위해 적극적인 정책을 추진하고 있습니다. 그런데 태양광발전은 지난 수년간 발전차액지원제도를 통해 태양광 발전회사들에 상당히 양호한 보조금을 제공함으로써 국가 전력망에 부담을 줄 정도로 큰 규모의 투자가 진전됐습니다. 이에 따라 향후 풍력발전에 대한 개발 전망이 매우 양호한 것으로 평가되고 있습니다.

교통인프라 정부고시사업 증가 전망

베트남은 도로에 의존했던 기존 국가 운송망의 한계를 보완하기 위해 총구간 1545km, 총사업비 587억1000만 달러가 투자되는 초대형 국책사업으로 베트남의 남북을 연결하는 고속철도 사업을 계획하고 있습니다. 아직 국회 승인을 받기 전이나 교통운송부가 작성한 최종 보고서를 정치국에 제출해 국회 승인을 요청하는 절차를 진행 중입니다.

고속도로의 경우 남북고속도로 1단계 사업의 11개 구간이 현재 공사 중이며, 공사 구간 중 3개 구간은 민관합작투자(PPP) 방식으로 진행할 예정이고, 8개 구간은 정부고시사업으로 진행 중입니다. 주목할 점은 민관합작사업의 사업성 부족으로 인해 정부고시사업의 숫자가 더 증가할 가능성이 있다는 것입니다. 항공인프라의 경우 호찌민시 떤선녓 국제공항의 수용능력이 한계에 다다른 상황이어서 동나이성에 새로운 롱탄국제공항을 2040년 완공 목표로 건설하고 있습니다.

디지털전환과 도시 기반시설 혁신

베트남 정부는 디지털 인프라를 가속화하기 위해 2020년 6월 디지털전환을 위한 국가 프로그램을 공식적으로 발표했습니다. 온라인으로 신청부터 결재까지 가능한 디지털 정부, 국내총생산(GDP) 대비 디지털 경제 비중 20% 이상 달성, 광섬유 인터넷 및 4G 및 5G 보급을 통한 디지털 사회 진입을 빠르면 2025년, 길면 2030년까지 달성하겠다는 방침입니다.

도시 기반시설의 경우 하노이와 호찌민 지하철 건설사업의 일환으로, 2021년 11월 베트남 최초의 상업 지하철인 하노이 깟린-하동 구간이 개통됐고, 그 밖에 하노이 2·3호선 및 호찌민 1·2호선 지하철 사업은 현재 공사가 진행 중입니다. 베트남은 제한된 지하철 운송 자원을 더욱 효율적으로 운영하기 위해 아시아개발은행(ADB)과 협력해 지하철과 기존 운송 시스템을 연결하는 프로젝트를 진행하고 있습니다.

베트남은 현재까지 오토바이 중심의 개인 운송수단이 우세해 버스, 지하철의 대중교통을 이용하는 인구수가 절대적으로 부족한 것은 사실이나 지하철의 순차적 개통과 정보통신을 기반으로 한 대중교통 시스템의 개혁 조치에 힘입어 개인 운송수단에 대한 의존도를 혁신적으로 개선하고자 하는 의욕을 보이고 있습니다.

> **용어 설명**
>
> **아시아개발은행 (Asian Development Bank, ADB)**
> 아시아 지역의 경제개발을 위해 설립한 지역 금융기관이다. 저개발국과 개발도상국이 밀집해 있던 아시아 지역 국가들이 지역 개발을 지원할 금융 기구의 필요성을 제기했고, 미국이 동조하면서 설립이 추진됐다.
>
> **민관합작투자 (Public Private Partnership, PPP)**
> 정부가 발주하는 특정 프로젝트 또는 정부가 육성하고자 하는 공공 인프라스트럭처 산업에 민간자본, 특히 외국자본 참여를 유도함으로써 부족한 기술력과 자본 등을 확충하는 방식의 투자를 뜻한다.

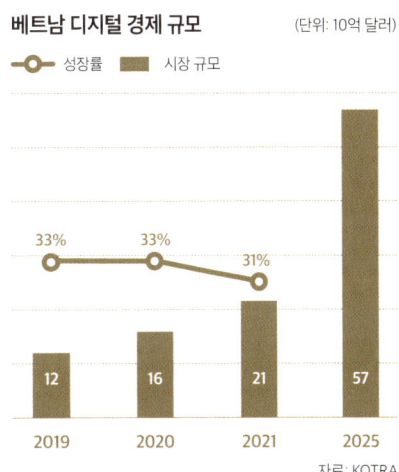

베트남 디지털 경제 규모 (단위: 10억 달러)

연도	2019	2020	2021	2025
시장 규모	12	16	21	57
성장률	33%	33%	31%	

자료: KOTRA

SECTION 4
VIETNAM

Q43
베트남 투자 진출 시 진입장벽은 어떤 것이 있나요?

A43 베트남 정부가 시장진입을 확약하지 않은 사업 분야나 구체적인 규정이 없는 사업 분야의 경우 외국인투자에 관한 명확한 법 규정이 없기 때문에 인허가 당국의 재량권에 의해 사업 진출이 좌우됩니다.

베트남 법령 또는 베트남이 체결한 국제조약에 의해 시장진입이 제한되는 분야가 있습니다. 2020년 개정된 투자법은 채권추심업에 대해 외국인뿐 아니라 내국인도 투자를 금지하도록 지정했습니다. 투자법과 투자법 시행령에 따르면 △국가 독점 사업으로 지정한 사업 △언론 사업 △여론 조사업 △인력 송출 사업 △공중 서비스업 △폭발물 제조업 △선박 수입 및 해체업 △우편사업 △재수출 목적의 임시 수입업 등은 외국인 시장진입이 금지되는 업종입니다. 중등교육 서비스 및 근로자 파견업과 같이 베트남 정부가 시장진입을 확약하지 않은 사업 분야나, 구체적 규정이 없는 사업 분야의 경우 정부는 투자자의 신청에 따라 진입 여부를 건별로 심사·판단합니다. 이들 업종의 진입 허가는 전적으로 베트남 정부의 재량에 따르게 됩니다.

84개
해외투자에 대한 84개의 투자 제한 사업에 해당하지 않는 업종은 무조건 시장에 진입할 수 있다. 이 중 59개 업종은 조건부로 투자가 가능하다.

보유지분 제한업종 | 외국인이 베트남에 투자법인을 설립할 때 외국인 보유지분에 제한이 있는 경우가 있습니다. 내륙 운송 등 운송업 업종 일부와 전자게임업 등의 경우 외국인 100% 단독으로 베트남 자회사를 설립할 수 없고 베트남 투자자와 합작회사 설립만 허용됩니다. 이들 업종은 합작회사 설립 시에도 외국인 지분이 49%를 초과할 수 없습니다. 컨테이너 취급 서비스 등에 대해서는 외국인 지분제한이 50%이며, 영상 제작·영상 배급·설비 기반 통신사업 등의 경우 51%, 그리고 비설비 기반 통신사업은 외국인 지분 제한이 65%입니다. 외국인이 합작회사 형태로만 베트남 시장에 진입하는 것이 허용되지만 외국인 보유지분에 대해서는 제한이 없는 업종이 있는데 광고업, 통관업, 보안서비스업 등은 외국인 지분이 99.9%인 사례도 많습니다.

사실상의 외국인투자 제한 | 법령은 외국인 시장진입을 허가하고 있지만 정부가 정책적 판단으로 제한하는 경우가 있습니다. 외국 지분 100%의 은행, 파이낸스 회사, 증권사 또는 자산운용사 설립 등은 법령상 자격요건을 갖출 경우 아무런 법적 제약이 없습니다. 하지만 베트남 중앙은행이나 국가증권위원회 등 인허가 기관은 운영 중인 은행, 파이낸스 회사, 증권사 또는 자산운용사 등의 인수를 통한 외국인투자를 허용할 뿐이고 신규 설립 허가에 대한 라이선스는 발급하지 않고 있습니다. 이는 베트남 금융업에 대한 경쟁 조절 및 금융기관에 대한 구조조정 목적으로 이해되고 있습니다.

투자 절차상, 사업 운영상의 제한 | 외국인투자자에 대해서만 적용하는 투자 절차상 제한이 있는 경우가 있습니다. 외국인의 베트남 법인 설립을 위해서는 프로젝트(사업계획)가 있어야 합니다. 해당 프로젝트에 대해 관할 투자 담당 기관에서 사전 허가를 받아야 하며 이후 투자등록증을 발급해줍니다. 투자등록증 발급 후 한국의 법인등기에 대응하는 기업등록 절차를 진행하는데, 베트남 기업과 달리 외국인투자자에게는 투자등록증에서 투자 허가를 받은 목적 사업에 대해서만 영업이 가능하므로 목적 사업을 등재해야 합니다. 외국인투자자 참여를 조건부로 허가하는 업종의 베트남 기업을 인수합병(M&A)할 때 외국인지분이 50%를 초과하는 경우에는 성급 인민위원회 산하 기획투자국(DPI)에서 M&A에 대한 승인을 받아야 마무리할 수 있습니다.

또한 내국인에게는 제한이 없지만 외국인투자자에 대해 운영상 제한이 있는 경우가 있습니다. 소매업이나 이커머스 등의 경우에는 외국인은 영업허가에 해당하는 서브라이선스(Sub-license)를 받아야 하며, 소매 점포허가의 경우 관련 법령에 의한 경제적수요심사(ENT)를 받아야 합니다. 경제적수요심사는 특정 구역 내 기존 서비스 공급자 수, 시장 안정성 및 지리적 규모 등을 고려하는데 실제 허가 여부는 관할기관의 재량적 판단에 따라 이뤄집니다. 부동산 사업의 경우 내국인은 오피스 등에 대한 부동산 매매업 등 2차 시장에 대한 사업제한이 없지만, 외국인은 대규모 투자를 전제로 하는 부동산 개발 방식으로 부동산 사업을 하는 것이 원칙이기 때문에, 오피스의 매입·매각을 전제로 하는 부동산 사업은 불가능합니다. 다만 최근 개정된 부동산사업법은 부동산 임차 후 전대 사업에 대해 예외적으로 2차 시장에 대한 투자를 허가하기도 했습니다.

이 밖에 영화 제작, 배급 및 상영 서비스의 경우 외국인은 합작회사를 통한 투자가 가능하지만, 모든 영화의 내용은 베트남의 권한 있는 당국의 검열을 받도록 한국-베트남 FTA에 규정돼 있습니다. 연안 운송사업의 경우 외국 선원은 베트남 합작투자가 소유한 베트남 국적 선박(또는 베트남에 등록된 선박)에서 일하는 것이 허용되지만, 선박 전체 피고용인의 3분의 1을 초과해서는 안 되며 선장 또는 최초 최고책임자는 베트남 시민이어야 합니다. 외국계 로펌의 경우에도 중재 이외의 소송 참여는 불가능하며, 공증사무서 비스도 제공할 수 없습니다. 또한 산업재산권과 저작권에 대해 자문할 수 없는 것이 원칙입니다.

용어 설명

경제적수요심사 (Economic Needs Test, ENT)

기업이 시장에 진입하는 것이 경제적 기반에 비추어볼 때 정당한지 여부의 결정을 정부·업계·전문직 협회가 통제하는 제도를 말한다.

2차 시장 (Secondary Market)

투자 대상 기업을 다른 사모펀드 등에 매각하는 시장으로 회수자에게는 유동성 확보, 인수자에게는 초기 투자 기간 단축으로 인한 투자 위험 감소 등 이점이 있다.

SECTION 4
VIETNAM
Q44

외국인이 주택을 비롯한 부동산에 투자하는 데 특별한 제한이 있나요?

A44 한국과 베트남 간 개인 자본 이동은 자유롭지만 한국에서 외화를 반출할 경우 부동산 투자 목적이라는 것을 국세청에 신고해야 합니다. 또한 베트남에서 얻은 소득이 있다면 베트남에 세금을 납부해야 합니다.

코로나19 사태 이전 한국인 사이에 베트남 아파트를 투자 목적으로 구매하기 위해 베트남을 방문하는 사람이 많았습니다. 외국인이 베트남 부동산을 투자 목적으로 구매할 때는 많은 제약이 따릅니다. 그럼에도 부동산 컨설팅 회사의 말만 믿고 덜컥 입금부터 하는 경우가 적지 않았다고 합니다. 이때 돈만 주고 주택소유권을 이전받지 못하거나 투자금을 회수하지 못하는 경우도 많았습니다. 특히 투자 또는 거주 목적으로 베트남 주택을 구매하는 경우 법령에서 정한 절차에 따라야 합니다. 그래야 이후 투자수익을 한국으로 회수할 때 문제가 생기지 않습니다.

외국인 개인은 베트남 출입국사무소 입국

26억9000만 달러
2022년 1분기 베트남 부동산 외국인직접투자(FDI) 규모

도장이 찍힌, 만료되지 않은 여권을 소지하고 적법하게 입국한 경우 외국계 법인 등은 베트남 법령에 따라 적법한 투자등록증과 기업등록증을 발급받아 베트남 회사를 설립하는 등 적법한 인허가서가 있는 경우 주택 구매가 가능합니다.

구매할 수 있는 주택의 종류

외국인은 아파트, 빌라 등 주택을 구매할 수 있습니다. 단, 이들 주택은 베트남 상업주택건설 프로젝트를 통해 지은 것이어야 합니다. 따라서 구시가지 등에 있는 기존의 일반 주거지 주택은 살 수 없습니다. 외국인이 구매 가능한 상업주택건설 프로젝트 목록은 성급 건설국 홈페이지에서 확인할 수 있지만, 업데이트가 빠르지는 않습니다. 상업주택건설 프로젝트상의 주택이라 해도 외국인이 구매 가능한 수량 한도가 있습니다. 아파트의 경우 아파트 한 동 가구 총수의 30% 및 각 행정동에 공급된 아파트 가구 총수의 30%를 한도로 합니다. 단독주택의 경우 공급 물량이 2500가구

이하인 경우 10%, 2500가구를 초과하는 경우 250가구까지만 구매 가능합니다.

외국인과 외국계 법인은 분양이 아닌 기존 주택 매매를 통해 베트남 주택을 구매할 수도 있습니다. 즉 상업주택건설 프로젝트를 통해 지은 주택 중 외국인에게 분양된 주택을 살 수 있는 것입니다.

투자 목적 주택 구매

외국인 개인은 주택을 구매한 후 제3자에 대한 임대를 통해 임대소득을 얻을 수 있습니다. 이 경우 세무서로부터 세금 코드를 발급받고 매년 사업자등록세(30만~100만 동)와 연간 총임대소득의 10%(개인소득세 5%, 부가가치세 5%)를 임대소득세로 신고 납부해야 합니다. 다만, 연간 총임대소득이 1억 동 이하 소액이면 면세입니다.

외국인 개인과 달리 외국계 법인 등은 주택을 구매한 후 직원의 숙소 용도로만 사용 가능합니다. 제3자에게 임대하거나 사무실 용도로 쓰는 등 영리 목적으로 사용할 수 없습니다. 다만, 주택가격 상승에 따른 투자수익을 기대할 수는 있습니다.

주택 구매 후
토지사용권증서 발급 및 이전 문제

상업주택건설 프로젝트를 통해 지은 주택을 분양받는 경우 준공된 주택을 인도받으면서 토지사용권증서(일명 핑크북)도 발급받게 됩니다. 베트남에서는 토지사용권증서를 발급받은 후 잔금 5%를 지급하는 것이 분양계약의 일반적 형태입니다. 그러나 토지사용권증서를 발급받는 데 6개월에서 2년까지 걸리기도 합니다. 그 때문에 임시

용어 설명

핑크북

분홍색 문서인 핑크북은 베트남 정부가 발행하는 주택소유권 및 토지 사용 권리증이다. 외국인이 베트남에서 주택을 공식적으로 구입하려면 핑크북을 반드시 확인해야 한다.

로 주택 분양 계약서 등으로 소유권을 증명하고 권리행사를 할 수밖에 없는 상황이 존재하기도 합니다. 주택개발회사 건축 주택의 인허가 하자, 토지사용권 신청 지연 및 누락, 관공서 발급 지연 등으로 토지사용권증서 발급이 지연되는 경우가 많습니다. 주택개발회사의 평판이나 업력을 살펴보고 주택을 분양받는 게 적절합니다.

외국인의 주택 소유 기간과 관련해 베트남인은 주택 소유 기간에 대한 별도의 제한이 없습니다. 반면, 외국인 개인이 구매한 주택의 경우 주택 소유 기간이 토지사용권증서를 발급받은 때로부터 최대 50년이고 만기 3개월 전에 기간 연장 신청을 할 수 있습니다. 외국계 법인 등의 경우 투자증명서에 기재된 투자 허가 기간과 주택 소유 기간은 동일합니다. 외국계 법인의 투자증명서상 투자 허가 기간이 연장되는 경우 주택 소유 기간도 그에 따라 연장됩니다.

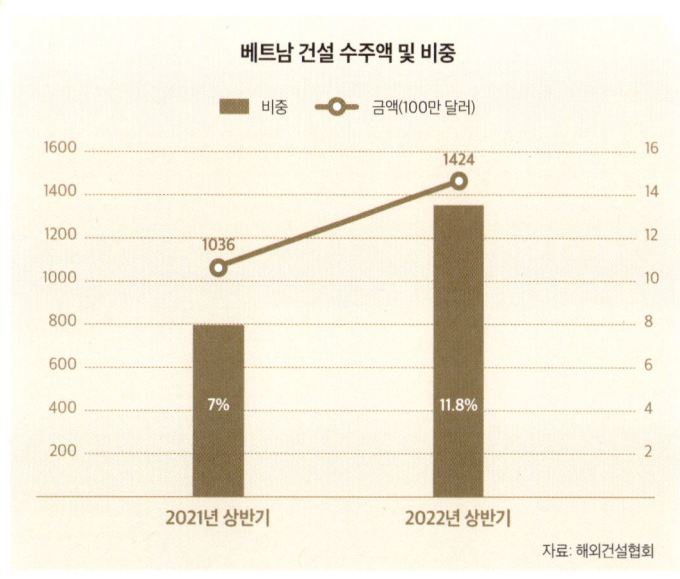

자료: 해외건설협회

SECTION 4
VIETNAM
Q45

베트남 기업에 대한 M&A 진행 시 기업결합신고 과정에서 유의할 점은 무엇인가요?

A45 M&A 거래를 통한 베트남 시장 진출은 지분 확보의 투명성을 담보하기 힘들다는 평가를 받는 만큼 철저한 현지 조사와 기업 현황 분석이 필요합니다.

기업의 해외 진출 방법 가운데 빠르게 진출할 때 주로 활용하는 것이 현지 기업에 대한 인수합병(M&A)입니다. 하지만 대부분의 국가에서 외국 기업에 의한 M&A에 여러 가지 조건을 부여하는 경우가 많습니다. 베트남 역시 그렇습니다.

베트남 경쟁법은 기업 간 합병, 기업인수, 합작투자 등 법령에서 정한 경제력 집중 행위에 대해 규율하고 있습니다. 최근 개정된 베트남 경쟁법은 투자자들에게 상당한 부담을 주는 방식으로 크게 바뀌었습니다. 이에 따라 M&A 진행 시 경제력 집중 행위에 대한 검토와 인허가는 가장 중요한 절차가 됐습니다. 베트남 경쟁법에 따르면 일정한 경제력 집중 행위에 대해서는 국가경쟁위원회(NCC)에 사전신고해야 하고, NCC는 신고된 경제력 집중행위에 반경쟁적 효과가 있는지 평가해 거래 금지, 조건

280억 달러
베트남에 투자된 자본 규모는 280억 달러(한화 약 39조7880억원), 2720개 사업에 투자됐다(딜로이트 베트남, 2021년 8월 기준).

부승인, 거래 승인 등의 결정을 할 수 있습니다. 그런데 실무상으로 베트남 경쟁법의 NCC가 아직 설치되지 않았습니다. 이 때문에 현재는 베트남경쟁 및 소비자보호국(VCCA)에서 인허가 업무를 수행하고 있습니다. 이는 기본적으로 한국의 기업결합신고와 비슷합니다.

사전신고 기준 및 절차

기업결합신고는 ①자산 총액 ②총매출액 ③거래 가액 ④관련 회사들의 관련 시장 내 시장점유율의 합계와 관련해 다음 기준의 어느 하나에 해당해야 합니다. 신고 기준에 해당하는 기업결합 관련 회사는 사전에 NCC에 신고하고, NCC의 승인을 받은 이후에 주식 양수도 계약 등 각종 거래 문서에 서명해야

기업결합신고 기준

	일반 기업	증권업	보험업	은행업
자산 총액	3조 VND 이상	15조 VND 이상		베트남 전체 은행 자산 총액 합계의 20% 이상
총매출액	3조 VND 이상	3조 VND 이상	10조 VND 이상	베트남 전체 은행 매출액 합계의 20% 이상
거래 가치	1조 VND 이상	3조 VND 이상		베트남 전체 은행 자본금 합계의 20% 이상
시장점유율 합계	20% 이상			

합니다. 또한 총자산, 총매출, 관련 시장점유율을 판단하기 위해서는 계열회사의 수치도 모두 합산해야 합니다.

투자자가 기업결합신고서를 제출하면 NCC는 7영업일 이내에 제출 서류의 완전성과 유효성 여부를 검토합니다. 신고 서류가 접수되면 그로부터 30일 이내에 예비 심사를 진행해 기업결합 행위의 진행을 승인하거나 또는 기업결합에 관한 정식 심사에 회부합니다. 실무적으로 완전하고 유효한 서류가 접수됐다고 판단한 경우 NCC 측에서 확인서를 발급해줍니다. 해당 확인서 작성일이 위 30일의 기산일이 됩니다. 만약 기업결합신고가 정식 심사로 회부될 경우 NCC는 예비 심사 결과 통보일로부터 90일 이내에 정식 심사 결과를 통보해야 합니다. 다만, 사안이 복잡한 경우 60일을 초과하지 않는 범위 내에서 심사 기간이 연장될 수 있습니다.

심사 및 제재

예비 심사는 시장점유율, 점유율 집중도 HHI 지수의 변화를 기준으로 이뤄집니다. 아래 기준을 충족하는 경우 사전평가만으로 거래가 승인됩니다. 만약 기업결합의 대상이 되는 거래가 위 조건 중 어디에도 해당하지 않는다면 정식 심사 절차를 거쳐야 합니다. 정식 심사에서 ①시장점유율 ②HHI 지수 ③거래 당사자 간 관계 ④합병으로 인한 경쟁 우위 ⑤가격 변화에 미칠 영향 ⑥시장 진입장벽 등 경쟁을 제한하는 요소들 ⑦과학기술 관련 산업, 중소기업 및 베트남 기업들의 경쟁력을 높일 가능성 등의 정책적 요소 등을 고려해 해당 기업결합의 승인, 조건부승인 또는 금지 여부를 결정합니다.

예비 심사 기준

	합병 후 시장점유율	HHI 지수	합병 전후 HHI 지수의 변화
수평적 합병	20% 미만	-	-
	20% 이상	1800 미만	-
	20% 이상	1800 초과	100 미만
수직적 합병	20% 미만		

용어 설명

HHI 지수(Herfindahl-Hirschman Index)

허핀달-허쉬만 지수는 시장 내에서 특정 주체가 갖는 집중도를 파악해 시장의 경쟁도를 평가하기 위한 지수다.

만약 기업결합 행위에 참가하는 회사가 기업결합신고를 이행하지 않았을 경우 총매출액의 1~5%에 해당하는 과징금 처분을 받을 수 있습니다. 또한 기업결합신고 후 예비 심사 또는 정식 심사의 확정 전 기업결합을 실행했을 경우 0.5~1%의 과징금 처분을 받게 됩니다. 기업결합의 조건부승인 내용을 이행하지 않거나 기업결합 금지 대상과 기업결합을 실행한 경우 1~3%의 과징금 처분을 받을 수 있습니다. 이때 총매출액 기준은 직전 회계연도 관련 시장 총매출액을 기준으로 합니다. 만약 금지된 기업결합행위를 실행한 경우 과징금 외에 취득한 주식·지분 강제 매각, 해당 회사의 상품·용역의 가격 또는 계약상 거래 조건에 대한 주무관청 통제 등의 조치가 취해질 수 있습니다.

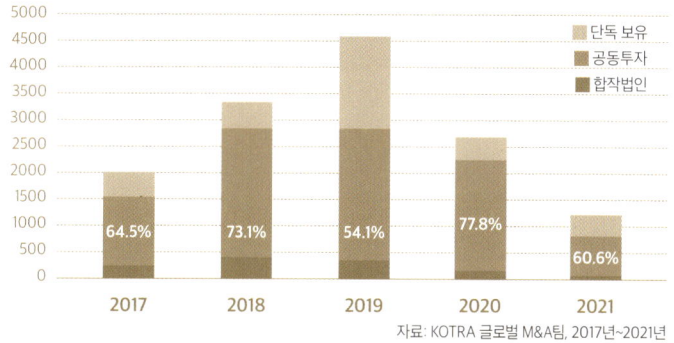

한국 투자기업의 주주 형태 비율
(단위: 100만 달러)
자료: KOTRA 글로벌 M&A팀, 2017년~2021년

SECTION 4
VIETNAM
Q46

베트남 투자와 관련한 소송·중재제도는 한국과 어떻게 다른가요?

A46 베트남은 중국을 대체하는 공급망 다변화 기지로 급부상하고 있습니다. 하지만 통상 및 시장 리스크도 커지고 있어 국내 기업들의 각별한 주의가 필요합니다.

베트남이 사회경제적으로 발전을 거듭하게 되면서 사법개혁과 양질의 사법 서비스에 대한 수요가 증가했습니다. 그에 따라 점진적으로 사법제도의 발전과 개혁이 이뤄지고 있습니다. 하지만 베트남은 사회주국가로 한국과 매우 다른 법률제도를 갖추고 있습니다. 헌법상 원칙인 민주 집중의 원칙에 따라 사법부는 통제 대상이 될 수 있으며, 사법부의 역할과 기능은 제한적입니다. 사법부의 독립과 재판의 독립 역시 상대적으로 취약합니다. 법원 내에서 다른 행정기관과 마찬가지로 당 조직이 병렬적으로 존재하고, 대부분의 판사는 당원의 지위를 가지고 있습니다.

베트남 소송 제도의 주요 특징

베트남 법원은 4급으로 이루어지며 소송은 2심 제도입니다. 최고인민법원 산하에 3개 고등법원이 존재하고(하노이, 호찌민, 다낭 소재), 그 아래 성급 인민법원이 있으며 제일 아래에는 현급 인민법원이 있습니다. 현급 인민법원에서 소송 사건 1심을 진행하는 것을 원칙으로 하고, 성급 인민법원에서 2심을 진행하는데 성급 인민법원은 최종심 판결을 합니다. 다만 외국인이나 외국법인이 당사자인 경우, 또는 기타 법령에서 정한 사건은 성급 인민법원이 1심으로 관할하고 그 사건의 항소심은 고등법원이 관할합니다. 소송 사건 1심은 1명의 판사와 2명의 참심원으로 구성되고, 항소심은 3명의 판사가 재판합니다. 참심원은 베트남 조국전선 등이 추천한 공민에 의해 지명되고 인민의 재판 참여를 이념으로 하지만 법률과 소송법을 전문으로 하지 않기 때문에 재판에서 적극적인 역할을 하지 못하고 있습니다.

베트남 소송 제도의 또 다른 특징은 검사의 재판 참여입니다. 검사의 재판 참여는 형사소송뿐 아니라 다른 모든 소송 사건에 적용되고, 검사는 스스로 모든 판결에 대해 항소할 권리를 지니고 있습니다. 그런데 검사의 재판 참여는 판사에게 상당한 부담이 되며, 소송 사건 당사자 입장에서도 검사의 존재를 크게 의식하면서 재판을 준비해야 하므로 이중부담이 되고 있습니다.

한편 베트남 법원의 확정판결에 대해 재심

과정을 거쳐 확정판결의 하자를 교정할 기회가 있습니다. 또한 한국에서는 인정되지 않는 감독심(Judicial Review)에 의한 확정판결 교정 절차가 있습니다. 감독심 신청은 확정된 판결에 법률적 하자가 있다고 판단되는 경우, 법원 또는 검찰이 확정판결에 대해 불복하는 절차입니다. 다만 판결의 당사자들은 법원 또는 검찰이 확정판결에 대해 불복할 수 있도록 법원 또는 검찰에 신청할 수 있을 뿐입니다. 패소 당사자가 판결의 집행을 저지하기 위해 감독심을 신청하고, 집행정지 신청을 동시에 하여 민사판결의 집행을 저지하는 경우가 매우 흔합니다.

베트남 중재제도의 주요 특징

베트남에 진출한 대부분의 한국계 기업은 모두 베트남의 대표적 중재 기관인 베트남 국제중재센터(VIAC)를 관할로 정하고 있습니다. 베트남 중재 기관에 대한 중재 신청은 싱가포르나 홍콩의 중재 기관에 비해 중재 절차 비용이 현저히 저렴합니다. 이 때문에 한국계 기업들은 특별히 중요한 사건이 아니라면 대부분 VIAC 중재를 이용합니다.

베트남 중재제도의 가장 큰 장점은 중재판정을 받은 당사자가 별도로 베트남 법원에 중재 판정에 대한 집행 결정 절차를 거칠 필요 없이 곧바로 집행 신청을 진행할 수 있다는 점입니다. 승소한 중재 판정으로 집행 결정을 신청하는 당사자에게 집행 결정 자체가 별도의 법원 절차라는 점에서 상당한 부담이 됩니다. 베트남 중재의 경우 베트남 법원에서 진행하는 집행 결정 절차를 제외하는 것은 매우 큰 장점입니다. 베트남 중재 절차의 단점은 복잡한 사건을 처리할 수

용어 설명

뉴욕협약
외국중재판정의 승인 및 집행에 관한 국제협약으로, 통상 무역거래에서 분쟁이 발생하는 경우 당사자 간 소송보다 중재에 의해 해결하는 것을 의미한다. 국제 중재는 미국을 포함해 157개국에서 폭넓게 인정받고 있다.

26건
베트남 국제 중재 사건은 26건으로 미국(62건), 중국(53건)에 이어 베트남이 3위를 차지했다(대한상사중재원, 2014~2019년 기준).

있는 중재인 후보자가 많지 않다는 점입니다. 중재인 후보자 숫자가 제한적인 데다 경험이 풍부한 중재인 후보가 적어 동일한 중재인을 계속 선임할 수밖에 없습니다.

베트남은 뉴욕협약 가입국입니다. 외국 중재 판정에 대해 베트남 법원의 집행 결정을 받게 되면 집행할 수 있는 등 법령상 제한이 없습니다. 수년 전 통계에 따르면 지난 10년간 외국중재판정에 대해 약 50% 정도만 베트남 법원에서 승인된 것으로 밝혀졌습니다. 물론 전체 승인 비율은 전체 집행 결정 신청 사건의 절반 수준이지만, 최근 외국중재판정의 승인 비율은 계속 높아지고 있습니다. 그래도 여전히 베트남 법원에서 외국 중재판정에 대한 승인을 받는 것은 매우 어렵습니다.

베트남에서 거래 당사자들 사이에 분쟁이 발생하는 경우, 사법제도의 수준이 높은 한국 기업들의 눈높이에서 아쉬운 부분이 매우 많습니다. 베트남 투자 시 이러한 사법 리스크를 명확하게 인식할 필요가 있습니다.

베트남 소송제도의 주요 특징

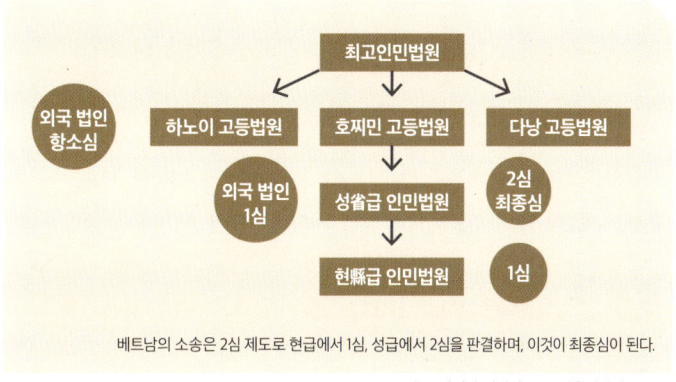

베트남의 소송은 2심 제도로 현급에서 1심, 성급에서 2심을 판결하며, 이것이 최종심이 된다.

자료: 아세안 데일리 뉴스, 이홍배 율촌 변호사

SECTION 4

사례로 보는 베트남 해외 진출

대우건설 하노이 한국형 신도시 개발사업이 성공할 수 있었던 이유

베트남 하노이 시내에서 가장 큰 호수인 서호(西湖) 옆에서 진행되는 대우건설의 스타레이크시티 복합 개발 사업은 총사업비 약 22억 달러(한화 약 2조 6000억원) 규모로, 210만4281㎡(약 63만6545평)에 이르는 신도시를 조성하는 사업입니다.

베트남은 1996년 대우건설에 민간 제안 방식의 신도시개발 사업을 제안하면서 시작됐습니다. 대우건설이 도시계획과 설계부터 모든 개발 절차를 진행하는 조건에 따라 인허가, 토지 보상 및 수용, 토지 사용권 승인 등의 모든 절차를 스스로 밟아야 하고, 투자 리스크도 단독으로 짊어져야 하는 부담이 있었습니다. 실제로 동 사업은 대우그룹 부도로 존폐 위기를 맞았지만 이후 대우건설을 포함한 5개 건설회사가 컨소시엄을 재구성해 계속 진행했습니다. 2006년 'THT Development'라는 사명으로 투자 허가서를 발급받아 법인이 설립됐습니다. 이후 대우건설이 2011년 컨소시엄 지분을 전량 인수해 단독 사업으로 진행하고 있습니다.

스타레이크시티 복합 개발 사업의 특징은 도시 전체가 추구하는 기능과 인프라까지 고려해 계획·설계했다는 점입니다. 전체 부지의 40%만 개발에 활용하고, 나머지는 공원과 도로 등 인프라 구성을 위해 사용했습니다. 주택용지는 개발 부지 20%로 제한하고 나머지에 상업 및 업무 시설 및 국제 학교 등을 도입했습니다. 또한 건설부 등 8개 베트남 관계 부처가 입주할 예정입니다. 2단계로 나누어 추진 중인 이 사업은 1단계 주택분양 이후 2단계를 진행하고 있는데, 주택(빌라)은 코로나19 사태에도 불구하고 분양이 마무리됐습니다. 대우건설은 자체 개발·분양 사업과 더불어 부지 매각을 진행해 삼성전자 R&D센터, 신라호텔, 롯데호텔, CJ 등의 사업을 진행 중입니다. 삼성전자 R&D센터는 2022년 말 준공 예정입니다.

이 사업의 성공 요인으로 최고의 입지를 확보할 수 있었던 점과 함께 대우건설의 현지화 전략과 문화적 공감대 형성이 있었습니다. 이를 통해 인허가 담당 공무원과 원만한 관계를 형성해 사업 리스크를 최소화했습니다. 또한 중·장기적 관점에서 개발 사업을 추진하면서 시공을 통한 이익 획득이 아닌 개발 사업의 가치 자체를 높일 수 있었다는 점도 염두에 둬야 합니다.

주식 추가 취득 과정에서 경영권 분쟁 발생해 철수 결정

A사는 베트남 제과업 상장사 주식 30%를 인수했으나 8년 동안 이어진 경영권 분쟁 후 보유 주식을 전량 처분했습니다. 제과업은 청소년 인구 비중이 높은 베트남에서 매우 유리한 분야였으며, A사는 대상 기업을 동남아 최고의 기업으로 성장시키겠다는 구상을 갖고 있었습니다.

그러나 A사가 주식을 추가 취득하는 과정에서 다른 주요 주주의 반발을 극복하지 못했습니다. 대상 기업을 완전히 외국인투자자에게 뺏길 수 없다는 이유로 이들은 우호적 투자자를 유치하고, 자산 운

용사 지분 인수 등을 통해 반대 측 보유 주식 비율을 50% 이상 높였습니다. 결국 A사는 코로나19의 영향과 경영권 분쟁으로 인해 소기의 성과를 달성하지 못하고 철수했습니다.

B사는 베트남 법률의 지분 제한으로 대상 회사의 주식을 매수하고 이사회 1명에 대한 지명권을 취득했으며, 대상 기업 상호에 B사의 상호가 포함되도록 했습니다. 그러나 B사의 추가 출자와 영업에서의 역할을 기대하는 베트남 투자자와 B사 사이에서 경영권 분쟁이 발생했습니다. 결국 B사가 지명한 이사는 대상 기업의 경영에서 사실상 배제됐습니다. 한편 B사는 한국에서 기업인수로 인해 상호가 변경됐습니다. 이에 대상 기업의 상호도 그에 따라 변경하고자 했으나, 경영권 분쟁 상태에서 이루지 못했습니다. 결국 양 투자자들은 소송 등으로 이어지면서 분쟁이 확대됐고, 모두 손해를 본 이후 상호 협의를 통해 분쟁을 종결했습니다.

구 투자법에서 합작회사를 로컬 파트너와 베트남 파트너가 회사를 설립해 공동으로 경영하는 것으로 정의했습니다. 합작계약서의 필수 기재 사항이나 합작회사 설립 시 제출 서류 등을 명시하는 등 합작회사에 대한 특별한 규정들이 존재했습니다. 이후 2014년 투자법부터 합작회사에 관한 규정이 투자법에서 완전히 사라지게 됐습니다. 그러나 현실적으로 베트남 파트너와 좋은 합작 사업을 진행하기 위해선 잘 준비된 합작 계약서 이외에 베트남 국가와 국민, 현지의 사업 방식과 관행 및 문화에 대한 철저한 이해와 만반의 준비가 필요합니다. 합작 투자 회사의 성공은 잘 준비된 합작 계약서, 양 투자자가 공유한 비전, 명확한 역할 분담, 현지 문화에 대한 이해와 상호 신뢰, 그리고 꾸준한 대화를 위한 노력이 수반돼야 합니다.

SECTION 5

주목해야 할 해외 진출 이슈

자원 부국에서 제조업 국가로의 변신을 꾀하는 인도네시아

인도네시아는 2억7000만 명의 인구를 보유한 세계 4위의 인구 대국입니다. 만 15~65세의 생산가능인구 비중이 70%에 이르러 인구보너스 최고 구간을 지나고 있습니다. 2020년 기준 명목국내총생산(GDP)은 1조600억 달러로 아세안 국가 가운데 최대 규모이며, 세계 15위입니다. 인도네시아는 다양한 천연자원이 풍부하게 매장된 국가로 팜오일, 석탄, 금, 주석, 천연고무 등 원자재 수출이 많은 국가입니다. 2차전지의 핵심 원료인 니켈 매장량 세계 1위 국가이기도 합니다. 인도네시아는 5개의 큰 섬으로 이루어져 있는데, 이 중 가장 큰 자바섬에 전체 인구의 56.7%인 1억5000만 명이 거주하면서 전체 GDP의 57%가 자바섬에 집중돼 있습니다. 대부분의 국제거래 역시 자바섬의 자카르타를 중심으로 이루어지고 있습니다.

#원자재

인도네시아는 원자재나 1차 소재를 생산해 수출하는 업스트림이 높은 비중을 차지하고 있으며, 다운스트림은 단순 조립 비중이 높습니다. 실제 인도네시아의 수입에서 가장 큰 비중을 차지하는 것은 최종 제품을 생산하기 위한 가공 원부자재로 총수입의 75%를 차지하고 있습니다. 인도네시아 정부는 원자재 및 단순 조립 형태의 수출에서 탈피해 고부가가치 제품 생산 및 수출로의 전환을 적극 도모하고 있습니다.

#광물

최근 인도네시아 정부는 풍부한 매장량을 자랑하는 광물을 중심으로 한 산업생태계 형성과 이에 기반한 지역사회 발전 연계 전략을 추진하고 있습니다. 원자재 형태의 광물 수출은 금지되고 있으며, 인도네시아 국내에서의 광산 제품 가공 및 정제를 의무화했습니다. 2020년부터 니켈의 원자재 형태 수출이 금지됐으며, 2023년부터는 알루미늄의 원료인 보크사이트에 대한 원자재 수출이 금지될 예정입니다. 이들 자원을 필요로 하는 기업으로서는 인도네시아 현지에 제련소 건설과 관련 제품을 위한 생산 시설 건립이 필요한 상황입니다.

에너지자원의 경우 인도네시아는 세계 5위 규모의 풍부한 석탄 매장량을 보유하고 있습니다. 온실가스 배출로 인한 석탄 사용량 감소에 대응하기 위해 인도네시아는 석탄 가스화, 석탄액화를 비롯한 일곱 가지 석탄 다운스트림 구축에 나서고 있으며, 친환경으로의 전환을 위해 다양한 인센티브 부여

`#원자재` `#디지털경제` `#이슬람국가` `#제조업육성` `#광물`

방안을 논의 중입니다.

#제조업육성 #이슬람국가

또한 인도네시아는 연간 174억 달러 규모의 세계 최대 팜오일 생산 및 수출 국가기도 합니다. 팜유를 이용한 녹색연료 생산을 2030년까지 대폭 증가시키기 위해 2023년부터 바이오디젤 의무 함량 비중을 40%까지 높일 예정입니다.

인도네시아는 식음료, 섬유·봉제, 전기자동차, 화학·전자 등 5대 중점 분야의 제조업을 육성함으로써 2030년까지 세계 10대 산업국으로 진입한다는 목표를 지니고 있습니다. 이를 위해 부문별로 국영기업을 포함하는 지주사 설립은 물론 글로벌 기업과의 협력을 활발하게 추진하고 있습니다. 인도네시아는 현재 목적에 따라 다르게 지정된 12개의 경제특별구역을 운영 중이며, 향후 6개를 추가로 지정할 예정입니다. 제조업 기반 강화를 위해 현재 운영하고 있는 128개소의 산업지대에 더해 2024년까지 최소 27개 지역을 추가할 계획입니다. 인도네시아 정부는 세계 최대의 이슬람 국가라는 점을 활용해 할랄 전용 산업단지 2곳을 운영 중이며, 향후 6곳을 추가할 계획입니다.

#디지털경제

일반적인 인식과 달리 인도네시아는 발달된 모바일 경제를 구축하고 있습니다. 인도네시아의 1인당 하루 모바일 앱 평균 사용 시간이 5.5시간으로 세계에서 가장 높습니다. 인터넷 경제 규모는 440억 달러에 이르며, 동남아시아 국가 가운데 가장 큰 성장세를 보이고 있습니다. 인도네시아는 아세안 유니콘 스타트업의 중심 활동 무대기도 합니다. 아세안 국가 소재 유니콘 스타트업 24개사 가운데 8곳이 인도네시아를 기반으로 하고 있습니다. 자카르타의 스타트업 생태계 가치는 340억 달러 규모로 스타트업 100대 신흥국 가운데 뭄바이, 코펜하겐에 이어 3위를 기록 중입니다.

또 다른 인도네시아의 특징 가운데 하나는 화교(화인)입니다. 상장기업 가운데 화교 기업이 70% 이상을 차지하고 있으며, 특히 첨단산업과 의료서비스 및 전자상거래 유통 분야에서 큰 영향력을 보유하고 있는 것으로 알려졌습니다.

인도네시아는 세계 최대의 이슬람 국가로 많은 잠재력을 지니고 있습니다. 거대한 내수시장과 미래 에너지전환의 핵심 자원을 보유한 인도네시아는 우리 기업의 해외 진출에 좋은 기회를 제공할 것입니다.

SECTION 5
INDONESIA

Q47 인도네시아 진출을 고려해야 하는 주된 이유는 무엇인가요?

A47 인도네시아 정부의 적극적인 코로나19 대응 정책에 따라 민간 소비 및 투자가 회복될 것으로 전망됩니다. 인도네시아 중앙은행의 적극적인 금리정책으로 달러 대비 루피아 환율은 2020년 11월부터 안정적인 흐름(1달러당 1만4000루피아 선)을 유지하고 있습니다. 성장 잠재성을 볼 때 매력적인 투자처로 꾸준한 자금 유입이 예상됩니다.

최근 현대자동차, LG솔루션 등 국내 대기업은 인도네시아를 전기차 및 2차전지 생산 기지로 적극적으로 활용하기 위해 투자를 크게 늘리고 있습니다. 인도네시아는 중국을 대체하는 생산기지로서 성장성은 물론 자체적인 대규모 시장도 보유한 잠재력이 큰 국가입니다.

풍부하고 젊은 인구

인도네시아 인구는 약 2억8000만 명으로 세계에서 네 번째로 많습니다. 인도네시아 인구의 평균연령은 29세에 불과하며, 만 15~64세의 생산 가능 연령은 인구의 약 71%를 차지하고 있습니다. 게다가 2021년 기준 합계 출산율은 2.26명입니다. 높은 출산율로 인해 인도네시아 인구는 조만간 3억 명을 돌파할 전망입니다. 인도네시아의 1인당 GDP는 약 4500달러 수준으로 인건비와 각종 물가는 저렴한 편입니다. 기업의 입장에서 보면 인도네시아의 인구구조 및 물가는 매우 큰 장점이라 할 수 있습니다.

아세안의 핵심 국가

인도네시아는 아세안(ASEAN)이라고 하는 동남아시아 국가연합의 일원입니다. 아세안은 인도네시아, 말레이시아, 베트남, 싱가포르 등 동남아시아 국가 10개국으로 이뤄져 있으며, 동남아시아 지역의 단일시장 및 단일 생산 기지화를 위해 회원국 간 제한 없는 자유무역을 장려하고 있습니다.

아세안은 2007년 채택된 '아세안경제공동체(ASEAN Economic Community, AEC)' 청사진에 따라 재화, 서비스, 투자, 숙련 노동자, 자본의 자유로운 이동을 추진해오고 있습니다. '아세안 상품 무역에 관한 협정(ASEAN Trade In Goods Agreement, ATIGA)', '아세안 서비스 기본 협정(ASEAN Framework Agreement on Services, AFAS)', '아세안 포괄적 투자 협정(ASEAN Comprehensive Investment Agreement, ACIA)', '아세안 자연인 이동에 관한 협정(ASEAN Agreement on the Movement of Natural Persons, AAMNP)' 등을 기반으로 회원국 간 상품 무역, 서비스, 투자, 인적 이동 등의 자유화를 추진하고 있습니

용어 설명

한-인도네시아 포괄적경제동반자협정

한국과 인도네시아가 추진하고 있는 포괄적경제동반자협정(Comprehensive Economic Partnership Agreement, CEPA)이다. 이 협정으로 한국은 열연강판, 도금강판, 합성수지, 자동차 및 부품 등 대(對)인도네시아 수출 금액이 큰 주력 품목에 대해 관세 철폐를 확보했다.

다. 이에 따라 국내 투자자가 인도네시아에 생산 공장을 확보해 인도네시아에서 생산한 제품을 아세안 회원국에 수출할 경우 각종 협정에서 제공하는 혜택을 누릴 수 있습니다. 현대자동차 사례를 살펴보면, 인도네시아에서 생산된 차종을 아세안 회원국에 수출할 경우 부품 현지화율 40% 이상 등 일정 조건을 충족하면 무관세 혜택을 볼 수 있습니다.

민주주의 정치 체계

인도네시아는 동남아시아의 <mark>개발도상국</mark> 중 거의 유일하게 예측할 수 있는 민주주의 정치체제를 갖춘 국가입니다. 인도네시아를 지구상에서 인도, 미국 다음으로 세 번째로 큰 민주국가라고 이야기하는 이유는 여기에 있습니다. 물론 인도네시아의 민주화는 아직도 부족한 면이 많지만, 2002년 인도네시아 헌법 개헌 이후 현재까지 평화적이고 민주적인 방식으로 정권 교체를 이뤄왔습니다. 외국인투자자의 경우 인도네시아와 같이 민주주의 정치체제를 확립하고 일정 수준의 투명성과 예측 가능성이 확보된 국가에 투자하는 게 장기적 관점에서 안정성을 확보할 수 있는 선택입니다.

조코 위도도 인도네시아 대통령(왼쪽)이 2022년 3월 16일 인도네시아 브카시의 현대자동차 공장에서 열린 준공 및 수출 기념식에서 정의선 현대차그룹 회장(가운데)이 지켜보는 가운데 전기차 '아이오닉 5'에 서명하고 있다.

개발도상국
선진국에서 채택되고 있는 기술·지식 및 제도가 아직 충분히 보급되지 않아 산업의 근대화와 경제개발이 뒤처지고 있는 나라를 의미한다.

한국 대중문화에 대한 선호

인도네시아의 젊은 세대들은 한국의 아이돌, 드라마, 영화 등 한국 대중문화 전반에 우호적인 태도를 갖고 있습니다. 넷플릭스 인도네시아의 2022년 9월 TV 쇼 순위를 봐도 상위권은 모두 한국 드라마와 영화입니다. 이러한 분위기는 국내 기업이 인도네시아에 진출할 경우 초기 정착 및 고객층 확보에 큰 도움이 될 수 있습니다.

최근 한국과 인도네시아 간 비준된 포괄적 경제동반자협정(CEPA)은 섬유, 신발 등 전통적 분야의 협력에 더해 기후변화, 팬데믹, 공급망 위기 등 새로운 통상 환경에서 청정에너지, 보건·의료, 전기차, 디지털 혁신 등 신사업 분야로 한-인도네시아 간 협력을 확대할 수 있는 계기를 만들어주고 있습니다.

인도네시아 지역 SWOT 분석

강점(Strength)	약점(Weakness)
· 아세안 최대 국내총생산 규모 · 코로나19 이후 높은 성장률 예상 · 세계 4위 인구수와 청년층 지배(평균나이 31세)	· 정책의 수시 변경 및 규제로 사업 여건 열악 · 물류·유통을 비롯한 제반 인프라 열악 · 교육·의료시설 수요 대비 공급 부족
기회(Opportunity)	**위협(Threat)**
· 한류 열풍으로 한국산 제품 및 서비스 인기 유지 · 정보통신, 스마트산업 등 4차 산업 육성 확대 · 지역 균등 개발, 수도 이전 추진 등 재개	· 중·일 기업 및 재벌 그룹 장악으로 높은 진입장벽 · 조코위 마지막 정부로 과감한 정치개혁 예상 · 보호무역주의, 무역전쟁 등 외부 위협 지속

자료: KOTRA, 2021 국별 진출 전략 인도네시아, 2021년

SECTION 5

INDONESIA

Q48 해외 기업 유치를 위한 주요 지원제도는 무엇이고 담당 기관은 어디인가요?

A48 2020년 11월 인도네시아 정부는 투자 유치 활성화를 위한 일자리 창출 특별 법인 '옴니버스법' 시행령을 발표했습니다. 우리 기업이 참고할 만한 주요 사항은 외국인투자 분야 개방, 고용 환경 개선, 위험에 기반한 인허가 절차 변경과 OSS 플랫폼으로 인허가 처리 일원화 등입니다.

인도네시아 정부는 기본적으로 '2007년 제25호 투자에 관한 법률'(이하 투자법)을 통해 인도네시아에 대한 해외직접투자를 관리하고 있습니다. 투자법은 2020년 소위 '옴니버스법'이라 불리는 '일자리 창출법'에 의해 일부 개정됐습니다. 투자법에 따르더라도 외국인투자는 원칙적으로 인도네시아 회사법에 따른 유한책임회사(Perseroan Terbatas)의 형태로 이뤄져야 합니다. 적법한 외국인투자에 대해선 관련 법에 의한 투자 인센티브가 제공됩니다. 또한 2021년 인도네시아에 대한 외국인투자 가능 목록(Investment List)이 소위 네거티브에서 포지티브 리스트로 변경됐습니다. 이에 따라 인도네시아에 대한 외국인투자는 특정 비즈니스 분야에 대한 외국인투자가 명시적으로 금지되지 않았다면, 투자를 전면적으로 허용하는 체제로 전환됐습니다.

OSS (Online Single Submission)

인도네시아의 인허가 신청 및 발급 절차를 온라인으로 일원화하는 시스템

71억 달러 규모

상위 10개국의 투자 규모는 71억 달러(한화 약 10조 855억원) 규모

외국인투자에 대한 주요 인센티브

인도네시아 정부는 관련 법률에 따라 인도네시아에 투자하는 외국인투자자에게 투자 인센티브를 제공하고 있습니다. '인도네시아 재무부 규정(130/PMK.010/2020)'에 따르면, 선도 산업군(Pioneer Industry)에 투자하는 법인의 경우 법인세 감면 혜택을 받을 수 있습니다. 이를 위해 요구되는 최소 투자 금액은 1000억 루피아(한화 약 90억원)입니다.

선도 산업군 및 최소 투자 금액 요건을 만족할 경우 ① 최소 5000억 루피아(한화 약 450억원) 규모의 투자를 이행하는 법인은 100% 법인세 감면을 받을 수 있으며 ② 최소 1000억 루피아 이상 5000억 루피아 미만 규모의 투자를 이행하는 법인의 경우 50% 법인세 감면을 받을 수 있습니다. 일정 조건을 충족할 경우 100% 법인세 감면 혜택 역시 장기적으로 제공됩니다.

인도네시아 재무부 규정에 따라 투자를 진행한 산업 분야가 선도 산업군에는 포함되지 않았지만 당해 투자가 일정 조건을 만족할 경우, 투자를 이행한 인도네시아 법인은 법인세 감면을 신청할 수 있습니다.

법인세 감면이라는 투자 인센티브를 얻기 위해선 우선 투자를 고려하고 있는 산업 분야가 재무부 규정상 선도 산업군에 포함돼 있

외국인투자자 법인세 100% 감면 혜택

기간	투자 금액 범위
5년	5000억~1조 루피아(한화 약 900억원) 미만
7년	1~5조 루피아(한화 약 4500억원) 미만
10년	5~15조 루피아(한화 약 1조3500억원) 미만
15년	15~30조 루피아(한화 약 2조7000억원) 미만
20년	30조 루피아 이상

용어 설명

인도네시아 건축 허가 (Izin Mendirikan Bangunan, IMB)

인도네시아에서 건설을 합법적으로 하려면, 해당 토지의 용도에 맞춰 어떤 목적과 설계로 건축물을 사용할지 정부의 승인을 받아야 한다. 민원인이 토지대장에 등재하고, 발급이 완료되면 지방정부의 건축 규정에 맞는 설계와 구비 서류를 준비해 허가를 내고 건물이 완공되면 공무원이 실사를 나온다.

는지에 대해 인도네시아 법률 전문가의 도움을 받아 검토해봐야 합니다.

투자 인센티브 결정을 담당하는 인도네시아 주요 기관

투자 인센티브에 관한 사항을 담당하는 기관은 인도네시아 투자부입니다. 인도네시아 투자부는 외국인투자 인센티브 제공에 대한 사항을 결정합니다. 이에 대한 승인서를 인도네시아 재무부에서 세무서에 발급하면 승인서 내용에 따라 세무서에서 혜택을 제공합니다.

인도네시아에 투자하려는 국내 기업의 경우 위에서 추천한 바와 같이 투자를 고려하고 있는 산업 분야가 선도 산업군에 포함돼 있는지 우선 검토해봐야 합니다. 고려하고 있는 투자의 규모가 대규모고 고용 유발 효과가 적지 않다고 판단될 경우, 인도네시아 투자부와 투자 인센티브 관련해 사전 협의해볼 것을 추천합니다.

참고로 인도네시아 투자부와의 협의를 고려할 때 어느 정도 구체성을 갖춘 투자 계획을 수립하고, 이에 따른 고용 유발 효과 등을 협의에 앞서 분석해놓을 경우 협의가 원만하게 진행될 수 있습니다.

문승욱 전 산업통상자원부 장관(오른쪽)이 2022년 2월 21일(현지 시간) 인도네시아 자카르타 투자부 장관 집무실에서 바흘릴 라하달리아 투자부 장관과 면담에 앞서 인사를 나누고 있다.

SECTION 5
INDONESIA

Q49
각종 인허가 과정에서 우선적으로 고려해야 할 사항은 무엇인가요?

A49

인도네시아의 경제 규모는 빠르게 성장하고 있지만, 정부의 행정력이나 정치·사법 체제가 이를 따르지 못한다고 평가됩니다. 투자부나 중앙정부에서 투자 유치를 목적으로 투자 인허가를 쉽게 승인해도 환경영향평가, 교통영향평가, 건축허가 등은 지방정부 소관이며, 개별적 사업허가를 받기 위한 시간과 노력이 필요합니다.

인도네시아 정부는 모든 투자를 <mark>내자투자</mark>와(Penanaman Modal Dalam Negeri, 이하 PMDN)와 <mark>외자투자</mark>(Penanaman Modal Asing, 이하 PMA)로 구분하고 있습니다. PMDN은 인도네시아 국적 보유자 전용 투자입니다. 외국인이 당해 투자와 관련해 단 1%라도 지분을 보유하면 PMA로 구분됩니다. PMDN에는 투자 관련 '업종 제한' 또는 '최소 투자금 제한'이 거의 적용되지 않습니다. 반면, PMA의 경우 다양한 '투자 및 업종 관련 제한'을 두고 있습니다. 이에 국내 투자자들이 인도네시아에 투자하기 위해 법인을 설립할 경우 PMA 법인으로 분류되며 다양한 투자 관련 제한이 적용된다는 점을 기억해야 합니다.

PMA 법인 설립을 위해 갖춰야 할 조건은 ①투자 및 사업 활동에 관한 대통령령(이하 대통령령)상 외국인투자 금지 업종이 아닐 것 ②최소 2명 이상의 주주를 확보할 것 ③토지와 건물을 제외하고 한 업종당 최소 100억 루피아 이상의 자본금을 갖출 것 ④최소 발행자본금은 25억 루피아 이상일 것 등입니다. 인도네시아에 대한 외국인투자 시 필요한 인허가는 업종별로 다르게 구분하고 있습니다.

건설업 및 부동산 개발업 | 인도네시아에서 건설업을 영위하기 위해서는 법인 또는 대표 사무소를 설립해야 합니다. 현재 인도네시아 법률(Government Regulation No.

용어 설명

내자투자(Penanaman Modal Dalam Negeri, PMDN)
내국인에게는 내자투자 혹은 일반 투자를 허용한다. 단, 1%의 지분이라도 외국인이 보유하고 있으면 외자투자 회사로 간주한다.

외자투자(Penanaman Modal Asing, PMA)
외국인, 외국법인, 외국 정부 혹은 외자투자 회사의 투자를 의미한다.

밤방 수산토노 인도네시아 신수도부 장관이 2022년 8월 30일 서울 중구 신라호텔에서 열린 '2022 글로벌 인프라 협력 콘퍼런스(GICC)'에서 축사를 하고 있다.

5 of 2021 on the Organization on Risk-Based Business Licensing)에 따라 인도네시아 건설회사에 대한 외국인 최대 허용 지분은 비(非)아세안 국가의 경우 67%입니다(아세안 국가의 경우 70%). 즉 국내 기업이 인도네시아에 건설사를 설립할 경우 최소 33%의 지분은 인도네시아 국민 또는 인도네시아 PMDN 회사가 보유해야 합니다. 이때 PMDN 주주가 꼭 건설회사일 필요는 없습니다. 다만 법인이 아닌 대표 사무소를 설립해 건설업을 영위하려 할 경우 건설 프로젝트를 단독으로 수행할 수 없으며 반드시 인도네시아 내국 건설회사와 함께 공동 작업(Joint Operation) 방식으로 수행해야 합니다. 인도네시아 투자부에서 인가하는 대표 사무소의 형태는 건설 공사, 건설 설계, 건설 엔지니어링 등으로 분류됩니다. 또한 정기적으로 대표 사무소의 인허가를 갱신해야 합니다.

부동산 개발업 | 인도네시아에서 부동산 개발업을 영위하기 위해서는 부동산 개발 법인을 설립해야 합니다. 부동산 개발 법인에 대한 외국인의 지분 보유는 100% 허용돼 있습니다. 다만 인도네시아에서 토지는 다양한 법적 형태로 존재하고 있습니다. 부동산 개발업을 위해 토지를 매수할 경우 인도네시아 법률 전문가와 미리 상의할 필요가 있습니다.

금융업 | 인도네시아 금융회사의 영업 및 지분 양도 등은 인도네시아 금융감독청(Otoritas Jasa Keuangan, 이하 OJK)의 규제하에 진행됩니다. 이에 신규 법인 설립 또는 인도네시아 금융사의 지분 인수를 고려하고 있는 국내 금융사는 OJK 규정에 대한 검토를 먼저 진행해야 합니다. 또한 OJK가 금융사 지분 인수 거래와 관련해 신규 지배주주 및 신규 지배주주가 선임한 이사 및 감사에 대해 적정성 심사를 이행할 때, OJK와 매수자 사이에 효율적인 커뮤니케이션을 위해 전문가의 도움을 받을 필요가 있습니다.

건설 공사 규모별 요구되는 면허

구분	건설 공사 규모	
소규모	K1(납입 자본금 IDR 50,000,001~500,000,000)	입찰 규모 최대 IDR 300,000,000
	K2(납입 자본금 IDR 200,000,001~500,000,000)	입찰 규모 최대 IDR 1,000,000,000
	K3(납입 자본금 IDR 350,000,001~500,000,000)	입찰 규모 최대 IDR 2,500,000,000
중간 규모	M1(납입 자본금 IDR 500,000,001~)	입찰 규모 최대 IDR 10,000,000,000
	M2(납입 자본금 IDR 2,000,000,001~)	입찰 규모 최대 IDR 50,000,000,000
대규모	B1(납입 자본금 IDR 10,000,000,001~)	입찰 규모 최대 IDR 250,000,000,000
	B2(납입 자본금 IDR 50,000,000,001~)	제한 없음

SECTION 5
INDONESIA
Q50

인력 채용 및 노무관리에서 신경 써야 할 점은 무엇인가요?

A50

인력 채용과 노무관리에는 다양한 변수가 작용하는데 회사의 형태, 고용 인원 수, 산업적·지역적 특성, 기업의 라이프사이클 등을 고려해야 한다.

옴니버스법에 의한 노동법 일부 규정 개정 및 폐지

'일자리 창출법'이라 불리는 소위 '옴니버스법'이 2020년 11월 2일 발효됐습니다. 이 법 제81조는 2003년 노동법의 일부 규정을 개정하거나 폐지하는 내용을 담고 있습니다. 인도네시아는 근로자의 권리 보호를 중시하는 국가입니다. 이러한 법 문화 및 강력한 노동조합은 인도네시아 진출을 고려할 때 결정을 망설이게 하는 주요인입니다.

또한 인도네시아의 노동법은 외국인투자자에게 친화적이지 않다는 인식이 있습니다. 외국인투자자들은 노동법의 일부 규정이 개정 및 폐지됨에 따라 외국인투자자에게 좀 더 친화적인 방향으로 변경될 것인지 살펴보고 있는 상황입니다.

1만8089루피아

인도네시아 시간당 평균임금은 1만8089루피아(약 1653원)다 (2021년 기준).

인도네시아 노동법상 노무 관련 주요 유의 사항

인사 관리 | 인도네시아 법상 인사 관련 업무를 담당하는 HR 매니저는 반드시 인도네시아 국적을 보유하고 있어야 합니다. 인사가 만사임을 고려할 때, 인도네시아에 처음 진출한 국내 회사는 사측 및 근로자 측과 쌍방 소통을 원활하게 진행할 수 있는 HR 매니저 고용을 추천합니다. 근로관계 종료, 승진 및 채용 등 HR 업무는 현지 법에 따라 인도네시아 국적의 HR 매니저만 처리할 수 있습니다.

근로관계 해지 절차 | 인도네시아는 해고에 대해 한국보다 훨씬 강하게 규제하고 있습니다. 인도네시아 법상 적법한 근로관계 해지를 위해 사측은 해당 근로자와 합의해야 합니다. 합의가 없는 근로관계 해지는 근로자에게 귀책사유가 있는 경우에도 노사관계 법원의 승인을 받지 않은 한 유효하지 않습니다. 적법한 근로관계를 해지하기 위해서는 해당 근로자와 합의 이후 소위 상호고용종료계약(Mutual Employment Termination Agreement, META)으로 불리는 근로관계 해지 계약을 체결한 이후, 이를 해당 법원에 등록해야 합니다.

최근 전 세계 경제가 침체하면서 인도네시아에 진출한 많은 국내 기업이 경영 정상화를 위한 인력 조정을 고려하고 있습니다. 이때 근로자와의 합의를 통한 적법한 근로관계 해지가 아닌 일방적인 해고는 법적으로 유효하지 않습니다. 만약 근로자와 합의에 이르지 못한 경우 노사관계 법원의 승인을 받은 후에 근로관계를 종료할 수 있습니다.

옴니버스법에 의한 노무 관련 주요 변경 사항

옴니버스법이 발효된 이후 노무 관련 주요 변경 사항을 담고 있는 정부 규정이 제정됐으며, 이는 근로관계 종료·아웃소싱·기간제 근로계약 등의 내용을 담고 있습니다.

법정 근로관계 종료 사유 | 옴니버스법을 통해 근로관계 종료의 사유가 아래와 같이 더 명확하게 정리됐습니다.

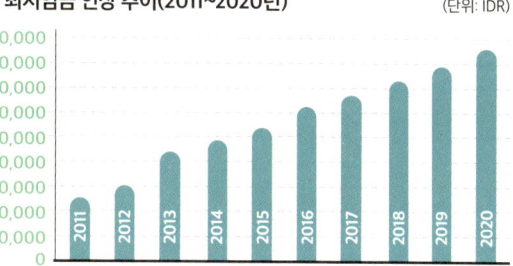

자카르타 최저임금 인상 추이(2011~2020년) (단위: IDR)

자료: 인도네시아 진출 기업 인사노무 안내서, 고용노동부, 노사발전재단, 2021년

옴니버스법
다음의 사유로 근로계약이 종료될 수 있음.

- 사용자 회사의 합병, 인수 또는 분할
- 사용자 회사의 경영 효율화 청산
- 사용자 회사의 지급불능 또는 파산
- 불가항력으로 인한 사용자 회사 청산
- 직원의 근로관계 종료 요청
- 노사분쟁해결위원회의 근로관계 종료 결정
- 5영업일 연속 결근(사용자가 근로자에게 결근 관련해 2회 통지해야 함)
- 근로자가 고용계약, 사규 또는 단체협약상 조항을 위반한 경우(사용자가 근로자에게 연속적으로 관련 경고장을 3회 발송해야 함(경고장은 발송 후 6개월간 유효함).
- 근로자가 고용계약, 사규 또는 단체협약상 중요 조항을 위반한 경우(이 경우 사용자의 통지가 요구되지 않음)
- 근로자가 범죄행위 혐의로 구금되어 6개월 동안 업무를 수행하지 못한 경우
- 근로자가 산업재해로 인한 장기간 통증 또는 장애로 12개월(연속) 이상 업무를 수행할 수 없는 경우
- 직원 퇴직 연령 도달
- 직원의 사망

용어 설명

아웃소싱 (Outsourcing)

기업 내부의 프로젝트나 활동을 외부 기업에 위탁해 처리하는 경영전략으로 기업의 감량화를 통한 가격경쟁력 확보와 생산성 향상을 위해 도입했다.

다만, 이 경우에도 근로관계가 종료하기 위해선 양측의 합의가 필요하며, 합의에 실패할 경우 노사관계 법원에서 승인받은 경우에만 적법하게 종료할 수 있습니다.

아웃소싱 | 기존에는 아웃소싱할 수 있는 업무 유형에 제한이 있었으나 법 개정으로 이 제한이 철폐됐습니다. 생산 또는 관련 비즈니스에 직접적 영향이 있는 업무에 대해서도 아웃소싱을 할 수 있게 되면서 인건비 부담이 줄어들 것으로 예상됩니다. 그러나 하도급의 경우 업무 성격에 따라 이를 규제하는 법률이 별도로 존재하기 때문에 하도급계약 체결 시 관련 법률 검토가 필요합니다.

기간제 고용계약 | 기간제 고용계약의 최장 기간이 종전의 2년에서 5년으로 연장됨에 따라 초기 인건비 부담을 덜 수 있게 됐습니다. 다만, 변경된 규정은 종전과 달리 수습 기간도 고용 기간으로 간주한다는 점에 유의해야 합니다. 인도네시아 정부는 옴니버스법 제정으로 300만 개의 일자리 창출을 기대하고 있습니다. 옴니버스법의 외국인 투자 관련 변경 사항에 대한 시행 규정들이 순차적으로 공표되고 있습니다. 인도네시아 투자에 관심이 있다면, 옴니버스법의 외국인 투자 관련 주요 변경 사항들이 실무상 적용되기까지 시행 규정 등 후속 입법 추이를 예의 주시해야 합니다.

SECTION 5
INDONESIA

Q51 세금과 관련해서 주의해야 할 점은 무엇인가요?

A51 인도네시아 거주자와 외국회사의 고정사업장은 반드시 조세 채무액을 납부해야 합니다. 납세의무자는 직접 납부, 제3자를 통한 원천징수 및 두 가지 방법을 혼용해 조세 채무를 해결할 수 있습니다.

국내 투자자가 유의해야 할 인도네시아 주요 세금은 부가가치세, 역외부가가치세, 법인세, 양도세 등 매우 다양합니다.

77.6%
인도네시아 국세청에 따르면 2020년 인도네시아 세금 납부율은 77.6%다.

인도네시아 내국세

부가가치세와 역외부가가치세 | 부가가치세법(VAT Law No. 8 of Year 1983) 제3조 1항에 따라 VAT는 상품 및 서비스에 부과되며, 세율은 2022년 4월 1일부터 당초 10%에서 1% 인상된 공급가의 11%입니다. 부과 대상은 재무부 규정(MOF Regulation No. 197/PMK.03/2013)에 따라 연매출이 IDR 48억을 상회하는 경우 부가가치세 기업 또는 기업가(이하 VAT Entity 또는 VAT Entrepreneur)로 분류돼 부가가치세(Value Added Tax)가 부과됩니다. 다만 VAT 부과에서 면제되는 상품과 서비스가 존재하기에 VAT 면제를 받는 상품 및 서비스만 제공하는 경우에는 당해 기업을 VAT Entity로 등록할 필요가 없습니다.

역외부가가치세(Offshore VAT)의 경우 역외 거주자(Offshore Entity)에게 로열티 또는 용역 대가를 지급하는 역내 법인에 역외부가가치세가 부과되며, 세율은 11%입니다. 역외부가가치세는 해당 법인의 VAT Entity 등록 여부와 상관없이 부과됩니다. 참고로 인도네시아에 법인을 설립했지만 VAT Entity로 등록하지 않은 경우에는 역외부가가치세를 납부했다 할지라도 별도 세금 공제 혜택을 누릴 수 없습니다.

법인세 | 소득세법(Law No. 7 of Year 1983의 17조 2a항)에 따라 법인은 수익의 22%에 해당하는 법인세를 납부해야 합니다. 회계연도 매출액이 IDR 500억 미만인 법인은 법인세 50%를 일부 감면받을 수 있으며, 감면 금액은 매출 금액에서 최대 IDR 48억까지 22%의 비율로 계산됩니다.

> 예를 들어 회사의 1년 매출액이 IDR 48억 미만인 경우 과세소득에 대해 다음과 같은 산식을 적용해 법인세를 부과합니다.
> [과세소득 x 50% x 22%]
>
> 다만 회사의 1년 매출액이 IDR 48억을 초과(예시: IDR 100억)하는 경우 다음과 같은 산식을 적용해 법인세를 부과 합니다. [48억 / 100억 x 50% x 22%] + [52억 / 100억 x 22%]

양도세 | 양도세의 경우 부동산 양도와 주식 양도 시 부과됩니다. 부동산 양도의 경우 토지 또는 건물에 대한 권리를 이전하는 경우 매도자에게 실거래가액(다만 실거래가액이 공시 거래 평가액보다 낮을 경우에는 공시 거래 평가액을 적용함)의 2.5%에 해당하는 부동산 양도세가 부과됩니다. 참고로 공증인은 당해 부동산 양도세를 완납

하기 전까지 권리이전증서에 서명할 수 없는데, 이 증서를 완비해야 소유권이전절차가 완료됩니다.

주식 양도세의 경우 상장주식을 양도할 때는 양도 가액의 0.1%에 해당하는 주식 양도세가 원천징수됩니다. 다만 회사 설립에 참여한 주주가 소유한 주식을 양도할 경우, 1주당 기업공개 시점 주식 가치의 0.5%에 해당하는 금액의 원천징수가 추가로 부과됩니다. 다만 비상장 주식을 양도하는 경우, 매도자가 인도네시아 비거주자라면 주식 양도가액의 5%에 해당하는 금액이 원천징수됩니다.

토지 및 건물 취득세 | 인도네시아에서 토지 및 건물을 취득할 경우 취득세가 부과됩니다. 취득세는 지방세의 일종으로 지방토지세에 의한 명목으로 부과됩니다. 취득세는 매매 이외에 증여, 상속, 기부 등에도 부과되며, 취득가액의 5%에 해당하는 금액으로 과세됩니다.

용어 설명
과실송금

투자가들이 외국에 투자해 얻은 이익(배당)금을 본국에 송금하는 것을 말한다. 우리나라의 외자도입법은 해외투자자가 정당하게 취득한 이익금의 대외송금(對外送金), 곧 과실송금을 보장하고 있다.

인도네시아 세수 목표
(단위: 조 루피아)

구분	2022	2023	2024	2025
개정 전	1,265.0	1,387.3	1,519.8	1,673.2
개정 후	1,401.3	1,536.9	1,721.6	2,012.3
증가율	10.8%	10.8%	13.3%	20.3%

자료: 인도네시아 재무부

한국-인도네시아 조세조약

양국 간 조세조약에 따라 부동산 양도세는 양도된 부동산이 위치한 국가에서 과세하며, 한국 기업이 인도네시아에서 보유하고 있는 사업용 재산의 일부를 구성하는 동산을 양도할 경우 인도네시아에서 과세함을 원칙으로 합니다. 과실송금의 경우도 조세조약에서 정하는 사항에 대해 별도의 세율을 적용하고 있습니다.

대한민국 내국 법인이 인도네시아 회사와 특정 용역 제공을 위한 계약을 체결하고, 이를 위해 본인의 직원을 인도네시아에 파견해 1년 중 3개월 이상 체류하게 하면서 당해 용역을 지속적으로 제공할 경우 인도네시아 세법상 당해 법인은 고정사업장으로 간주해 과세가 부과될 수 있습니다. 건설업 또는 엔지니어링업을 하는 대한민국의 내국 법인이 인도네시아에 관련 용역을 제공할 경우 이에 해당할 수 있습니다.

만약 인도네시아 과세 당국이 특정 역외 사업자를 고정사업장으로 간주해 과세 대상이라고 판단할 경우 당해 사업자가 인도네시아에서 고정사업장을 보유하고 있지는 않음에도 발생한 소득에 대해 법인세 22%를 부과할 수 있으며, 법인세 납부 후 당기순이익의 10%에 해당하는 배당원천징수 명목의 지점세(Branch Profit Tax)도 부과할 수 있음을 유의해야 합니다.

인도네시아 조세 목표 및 수입액 (단위: 조 루피아)

자료: 인도네시아 재무부

SECTION 5
INDONESIA
Q52

사업장을 철수할 때 필요한 절차와 고려해야 할 사항은?

A52

인도네시아 사업 해산은 두 종류로 나뉩니다. 주주 결의에 의한 자발적 해산과 법원 명령 또는 파산 등 회사의 사업 허가 철회에 의한 비자발적 해산입니다.

인도네시아 세무 당국의 조사에 대응하기 위한 준비를 하면서 청산 대상 법인의 납세자 번호 말소 등을 위한 절차를 밟아야 합니다. 인도네시아 법상 청산에 요구되는 자세한 절차는 아래와 같습니다.

인도네시아에 법인을 설립해 운영해오던 사업을 정리하고 싶다면 현지 법에 따라 법인을 청산해야 합니다.

청산 관련 유의해야 할 사항

- 청산 결의를 위한 주주총회 소집 통보
- 청산 결의를 위한 주주총회 개최 및 이행
- 청산 대상 법인 정리 작업 착수
- 인도네시아 당국에 청산 결의를 통보
- 청산 대상 법인에 대한 채권자 등록 절차
- 청산 대상 법인의 자산·부채 및 잔여 재산 분배 계획에 대한 신문 공고 및 관보 게재
- 법인 납세자 번호 말소를 위한 세무 조사 대응
- 청산 주요 과정을 정리한 보고서 준비
- 주주총회로부터 청산 보고서에 대한 승인 취득
- 인도네시아 당국에 청산 절차 결과 통보
- 법인 지위 및 법인명 말소 및 법인 청산 완료 공고

청산 착수 전 사전 준비는 필수

인도네시아에서 법인 청산은 복잡한 절차와 오랜 시간 소요로 외국인투자자 사이에 악명 높습니다. 일반적으로 법인 청산 착수를 위한 주주총회 결의부터 납세자 번호 말소에 이르기까지 짧게는 1년, 길게는 대략 2년 반 정도의 시간이 소요되기도 합니다. 신속한 법인 청산을 위해서는 착수 전 법률 및 세무 전문가의 도움을 받아 관련 절차에 대한 사전 준비를 철저히 해야 합니다.

인도네시아 법상 청산은 크게 법적 절차와 세무적 절차 두 방면에서 진행합니다. 먼저 법적으로는 청산 착수 및 청산을 진행하기 위해 이행해야 할 요건들을 준비해야 하며, 세무적으로는 청산 대상 법인에 대한

신정부령에 따른 퇴직보상금 지급 요건 및 산정 방식

구분	내용
지급 시점	기간제 근로계약 기간이 종료되는 시점에 지급
지급 대상	근속기간이 최소 1개월 이상인 기간제근로자 • 영세·소기업의 경우 노사 간 합의에 따라 지급 • 외국인 근로자의 경우 지급 대상에서 제외
보상금의 산정 방식	보상금=근로 기간(개월)/12x(1개월 치 임금)
보상금 산정의 기초가 되는 임금	기본급+고정수당
근로계약 기간 연장의 경우	기존 근로기간 종료 시 1차로 보상금을 지급한 후, 연장된 근로계약 기간이 종료되는 시점에서 연장된 기간에 대해서만 잔여 보상금 지급
경과 규정	• 신정부령 제정 시점(2021년 2월 2일)에 계약기간이 종료되지 않은 근로계약은 보상금 지급 대상 • 고용창출법 제정(2020년 11월 2일) 이전에 체결된 근로계약의 경우, 보상금 산정 시 근로기간은 실제 근로계약 체결일이 아닌 고용창출법 제정일부터 기산함. 예) 근로계약 기간이 2020년 3월 1일부터 2021년 2월 28일까지인 경우, 보상금 지급 대상에는 해당하나(신정부령 제정 시점에 계약기간 종료되지 않음) 보상금 산정 시 기초가 되는 근로기간은 2020년 11월 2일부터 2021년 2월 28일까지로 함 (고용창출법 제정 이전 체결된 근로계약에 해당).

자료: 법률신문

청산 착수 전 증자 완료 | 청산을 고려하고 있는 법인 중에는 자본 잠식 상태에 처한 경우가 많습니다. 자본 잠식 상태에서 법인을 청산하려면 우선 증자를 통해 자본 잠식 상태를 벗어나야 합니다. 또한 청산 절차를 수행하기 위해서는 청산 대상 법인에 대한 채권자 등록 절차 완료 및 청산 대상 법인의 부채를 해소해야 합니다. 이러한 절차를 수행하는 과정에서 청산 대상 법인이 보유 중인 자산을 통해 부채 상환을 완료해야 하지만, 자본 잠식 상태에 처해 있는 법인의 경우 당해 법인이 보유한 자산을 현금화한다고 해도 당해 절차를 수행할 여력이 없는 경우가 많습니다.

증자
회사가 일정한 자본 증가 절차를 밟아 자본금을 늘리는 것을 말한다. 실질적 자산의 증가로 연결되는 유상증자와 실질자산 증가 없이 주식자본만 늘어나는 무상증자로 구별된다.

용어 설명
자본잠식
기업의 적자 누적으로 잉여금이 마이너스가 되면서 자본 총계가 납입자본금보다 적은 상태를 말한다.

이 외에도 청산 대상 법인이 다수의 근로자를 고용하고 있을 경우 근로관계 해지에도 상당한 자금이 소요됩니다. 이에 법인 청산 절차 착수 전에 법인이 청산 절차를 수행할 수 있는 자금의 여력이 있는지 우선 확인해야 합니다.

세무 관련 분쟁 | 법인을 청산하기 위해서는 납세자 번호를 말소해야 하며, 이 과정에서 세무 당국으로부터 세무조사를 받아야 합니다. 세무조사 결과 당해 법인의 납세 이력에 문제가 없다고 판단되는 경우에는 납세자 번호가 말소됩니다. 만일 청산을 고려하고 있는 법인이 법인 운영과 관련하거나 인도네시아에서의 사업 수행 과정에서 부과받은 세금과 관련해 인도네시아 세무 당국과 분쟁 중일 경우 당해 분쟁을 해결한 이후 청산 절차에 착수해야 합니다.

근로관계 해지 | 근로자를 고용하고 있을 경우 근로관계를 인도네시아 노동법에 따라 적법하게 해지해야 합니다. 인도네시아 법상 적법한 근로관계 해지를 위해서는 근로자와 반드시 합의를 해야 합니다. 합의없는 근로관계 해지는 노사관계 법원 승인을 받지 않은 한 유효하지 않습니다. 적법한 근로관계 해지를 위해선 근로자와 합의 이후 근로관계해지계약(Mutual Employment Termination Agreement, META)을 체결하고, 이를 법원에 등록해야 합니다. 청산 절차 착수 전부터 고용 중인 근로자들과 원만한 관계를 유지하는 것이 필요하며, 평소 근로자와의 관계 설정을 위해 노력해야 합니다.

SECTION 5
INDONESIA
Q53

인도네시아에서 M&A 진행 시 유의 사항은?

A53 인도네시아에 진출하는 한국 기업이 늘면서 국제 세무 분쟁이 급증하고 있습니다. 다양한 분야에 투자하고 있는 만큼 준법 경영, 공정거래법 등에도 관심을 갖고, 체계적인 세무 리스크 관리가 필요합니다.

인도네시아에 진출하는 방법은 자체 법인 설립과 기업결합(M&A)을 통한 현지 기업 인수 방식이 있습니다. 자체 법인을 설립하면 비용 측면에서 유리하지만, 사업 안착을 위한 시행착오를 염두에 둬야 합니다. 반면 적절한 현지 회사를 인수할 경우 사업 관련 인허가 취득, 제품 및 서비스 홍보를 위한 과도한 마케팅 등의 번거로움을 피할 수 있다는 장점이 있습니다.

18억 달러
2021년 한국의 인도네시아 직접투자 규모는 18억 달러로 사상 최대치를 기록했다(전국경제인연합회).

현지 기업 지분 인수를 통한 인도네시아 진출

현지 기업을 인수할 수 있는 방법은 자산 인수 방식(Asset Acquisition Method)과 지분 인수 방식(Share Acquisition Method)이 있습니다. 통상 지분 인수 방식이 절차적 측면에서 더 효율적입니다. 법적 고려 사항도 적어서 대부분 지분 인수 방식을 채택하고 있습니다.

라이선스 보유 현황 점검 | 지분 인수 거래 과정에서 인수 대상 회사가 유효한 라이선스 또는 필요한 인허가를 취득했는지 확인해야 합니다. 기업을 인수하는 주요 목적이 사업 운영에 필요한 라이선스 또는 인허가를 취득하기 위한 시간과 비용 단축임을 고려한다면, 라이선스 보유 현황을 점검하는 일은 매우 중요합니다. 본격적인 지분 인수 거래 착수 전에 인수 대상 회사가 적법하고 만기를 넘기지 않은 유효한 라이선스 또는 인허가를 합법적으로 취득한 상태인지 반드시 확인해야 합니다.

회사 운영 관련 서류 및 중요 계약에 대한 실사 | 인수 대상 회사가 이사회 의사록, 주주총회 의사록 등 인도네시아 법령에 따라 보관해야 할 서류들을 갖추고 있지 못한 경우가 있습니다. 필수 서류들을 갖고 있는지, 지분을 매각하기 전에 한 의사결정들이 정관상 명시돼 있는 이사회 또는 주주총회의 결의에 따라 인도네시아 법상 효력을 갖추고 있는지 등을 검토해야 합니다. 인수 대상 회사가 주요 영업과 관련해 외부 고객 및 외부 관련자와 체결한 계약에 대한 실사도 중요합니다. 지분 인수는 계약

조건에 따라 기존 체결 계약의 권리와 의무를 양도받는 경우가 많습니다. 인수 과정에서 기존 계약의 주요 권리와 의무, 독소 조항 포함 여부를 확인해야 합니다.

인도네시아 노동법 관련 고려 사항 | 매도자가 보유하고 있는 회사의 주식을 50%+1주 이상 타인에게 양도할 경우, 인도네시아 법상 경영권 변동(Change of Control)을 초래하는 거래로 간주합니다. 인도네시아 노동법상 경영권 변동이 발생할 경우 근로자는 회사와의 근로관계를 종료할 수 있는 권한이 있습니다. 경영권 변동이 확정될 경우, 인수 대상 회사는 근로자들에게 곧 경영권 변동을 초래하는 인수 거래가 발생하리라는 사실 및 근로자가 희망할 경우 회사와 근로관계를 종료할 수 있는 권한이 있다는 사실을 공시해야 합니다.

근로자가 인수 대상 회사와 근로관계 종료를 희망할 경우, 회사는 퇴사 희망 근로자에게 인도네시아 노동법상 정해진 퇴직금을 지급해야 합니다. 매수자는 지분 인수 거래 착수에 앞서 경영권 변동 시 퇴사할 의향이 있는 인수 대상 회사의 근로자가 얼마나 있는지 미리 파악해야 합니다.

인수 대상 회사가 보유한 토지에 대한 실사 | 인수 대상 회사가 토지 등 부동산을 보유하고 있을 경우 이에 대한 면밀한 검토가 필요합니다. 인도네시아의 경우 거래 대상 물건에 대한 소유권의 연원을 증빙하기 위해 과거 네덜란드 및 일본의 식민 지배 시기에 관련 관청이 발행한 부동산 소유권 관련 문서를 현재까지 사용하는 경우도 있

> **용어 설명**
> **관습 토지**
> **(Tanah Girik)**
> 토지와 건물이 동일인에게 속했다가 매매 또는 기타의 원인으로 토지와 건물 소유자가 달라지게 된 경우 그 건물을 철거한다는 등 특약이 없는 한 건물 소유자는 관습법에 의해 등기 없이도 당연히 취득하는 지상권을 의미한다.

습니다. 또한 토지에 대한 권리의 변동을 관리하는 국토토지청(Badan Pertanahan Nasional)에 등록돼 있지 않은 관습 토지도 다수 존재합니다. 따라서 인도네시아에서 특정 부동산에 대한 소유권을 정확히 파악하려면 시간을 갖고 다수의 채널을 통해 다양한 문서를 검토해야 합니다.

또한 국토토지청에 특정 토지가 등록돼 있다 해도 토지 실제 면적이 등기부등록상의 면적과 다른 경우도 빈번합니다. 그러므로 위에서 언급한 바와 같이 인수 대상 회사가 토지 등을 보유하고 있을 경우 실사를 통해 등기된 사항이 실제 사항과 일치하는지 직접 방문해 확인해야 합니다.

SECTION 5
INDONESIA
Q54

인도네시아 진출 시 특별히 유념해야 할 점은 무엇인가요?

A54 인도네시아는 투자 형태와 상관없이 모든 자본투자 영역에 투자법이 적용됩니다. 즉 인도네시아 투자법상 규정 내용과 다른 방식의 투자는 법률상 허용되지 않습니다.

인도네시아는 지구상에서 가장 큰 이슬람 국가로 2억8000만 명의 인구가 약 300여 개의 다른 언어를 사용하고 있습니다. 또한 1만7000개 섬으로 이뤄진 도서 국가이기도 합니다.

외국인의 인도네시아 토지 매입

해외 기업이 인도네시아에 진출한 이후 제품의 생산과 판매를 위해 사업용 부지를 매입해야 하는 경우가 있습니다. 다만 인도네시아 법상 토지에 대한 소유권(Hak Milik) 취득은 인도네시아 국적을 가진 개인에게만 허용됩니다. 주식회사 형태로 인도네시아에 진출한 국내 기업의 경우 인도네시아 토지에 대한 소유권은 취득할 수 없으며, 그 대신 건축권(Hak Guna Bangunan)과 사용권(Hak Pakai) 등을 취득함으로써 사업부지로 활용할 토지를 매입할 수 있습니다. 단, 건축권 및 사용권의 경우 보유자가 당해 권리를 사용할 수 있는 연한이 별도로 정해져 있기 때문에 각 권리의 특징을 잘 파악하고 있어야 합니다.

건축권
건축권은 매매·교환·현물출자·증여·상속의 대상이 되고, 저당권을 설정할 수 있으며, 권리변동은 모두 등기해야 효력이 발생한다.

계약서 작성 시 인도네시아어 사용

인도네시아에 등록된 회사, 인도네시아 국적의 국민 또는 인도네시아 정부 기관(국영회사 포함, 이하 인도네시아 계약당사자)이 계약당사자로 참여하는 계약을 체결할 경우 인도네시아 법에 따라 당해 계약서는 반드시 인도네시아어로 체결해야 합니다. 만약 당해 계약서가 인도네시아어가 아닌 다른 언어로만 작성된 경우 인도네시아 법상 당해 계약은 법적 효력을 갖지 못합니다. 따라서 해외 기업이 인도네시아 계약 당사자와 상사계약을 체결하는 경우, 당해 계약서는 인도네시아어 및 영어를 병기하는 경우가 대부분입니다. 참고로 인도네시아어 및 영어(또는 프랑스어, 한국어 등 제3의 언어)로 병기된 계약서를 준비할 경우,

당사자들의 합의에 따라 영문본(또는 제3의 언어)의 효력이 인도네시아본의 효력을 앞설 수 있도록 원언어우선조항(Prevailing Language Clause)을 계약서에 삽입할 수 있습니다.

인도네시아 국적의 인사 담당자

인도네시아 노동법에 따르면 외국인은 인사와 관련한 직책을 맡을 수가 없습니다. 인도네시아에 처음 진출한 외국 기업의 경우 직원 채용 및 노동법 준수와 관련해 인사 담당자와 원활한 소통을 해야 함에도, 인도네시아어 능력 부족 또는 문화에 대한 이해 부족으로 인해 인도네시아 국적의 인사 담당자와 소통의 어려움을 호소하는 경우가 많습니다. 따라서 인도네시아 진출을 계획 중인 국내 기업이라면 외국계 기업에서 인사 담당자로 근무한 경험이 있으며, 사측 및 근로자 측과 원활하게 쌍방 소통을 할 수 있는 인사 담당자를 고용하는 것이 사업 성공의 중요한 요소임을 유념해야 합니다. 마찬가지로 근로관계 종료, 승진 및 채용 등의 인사 업무도 당연히 인도네시아 국적의 인사 담당자만 처리할 수 있으니 주의하기 바랍니다.

감사위원회는 필수

인도네시아 회사법에 따르면 인도네시아 주식회사는 사내 필수 기관으로 이사회(Board of Directors) 및 감사위원회(The Board of Commissioners)를 조직해야 합니다. 이 가운데 감사위원회는 국내 기업에 생소한 개념입니다. 인도네시아 회사법상 감사위원회는 이사회의 회사 운영에 대한 감독 권한을 행사하며, 회사의 운영과 관련해 이사회에 조언을 제공하는 역할을 수행합니다. 비상장회사의 감사위원회는 최소 1명 이상의 감사로, 상장회사의 감사위원회는 최소 2명 이상의 감사로 구성됩니다. 또한 감사위원회의 구성원이 2명 이상인 경우에는 감사 1인의 단독 직무 수행은 가능하지 않으며, 감사위원회의 명의로 직무를 수행해야 합니다. 참고로 감사로 선임되기 전 5년 이내에 파산선고를 받은 자, 파산선고를 받은 회사의 이사 혹은 감사로 봉직하며 당해 회사의 파산에 책임이 있는 자 혹은 국고에 손해를 끼친 금융 범죄로 유죄 선고를 받았던 자는 감사 자격이 없습니다.

용어 설명
차명 투자

인도네시아 관련 법령에서는 현지인 명의로 이뤄지는 차명 투자 계약 자체를 무효로 한다. 만약 명의를 대여한 현지인이 자신 명의로 부동산 등 재산이 등기돼 있다는 이유로 그 재산을 자신의 것이라고 주장하는 경우, 명의를 빌린 투자자가 보호받을 수 있는 방법은 많지 않다.

인도네시아 토지에 대한 권리

구분	권리주체	기간	비고
소유권 (HM)	인도네시아 국적 소지자	제한 없음	인도네시아 내국회사 및 외국인 또는 외국인 투자회사의 경우 투자권 취득 불허
건축권 (HGB)	• 인도네시아 내국회사 • 인도네시아 외국인 투자회사	최초 30년 연장 20년	• 사용 기간 제한을 제외하고는 소유권과 차이가 없음(담보 제공 가능). • 연장 기간까지 만료될 경우 건축권 갱신도 가능함. • 외국인 투자회사의 토지 취득 방법으로 가장 적합함.
경작권 (HGU)	인도네시아 국적 소지자	최초 35년 연장 25년	농업, 어업 및 목축업 관련해서만 허용
사용권 (HP)	• 인도네시아 내국회사 • 인도네시아 외국인 투자회사	최초 25년 연장 20년	• 국가 또는 타인 소유의 토지로부터 수확물을 수거하거나 토지를 사용할 수 있는 권리

SECTION 5
INDONESIA

Q55
외국 기업이 진출하는 데 지분이 제한되거나 현지 기업과의 합작이 필수적인 업종이 존재하나요?

A55
포지티브 리스트의 도입으로 외국인투자 제한 업종이 축소됐으며, 외국인투자 유치를 위한 정책이 시행될 예정입니다. 투자 환경 변화로 인도네시아의 외자 투자가 활성화될 것으로 전망됩니다.

인도네시아에서 2020년 11월 2일 일자리 창출에 관한 '옴니버스법(Omnibus Law)' 제정과 함께 '투자법(Investment Law)'도 개정됐습니다. 이에 따라 외국인투자자는 보다 쉽게 인도네시아에 대한 투자 활동 및 인도네시아 내 사업 운영을 할 수 있게 됐습니다. 이와 함께 2021년 2월 2일 자로 발효된 '투자 및 사업 활동에 관한 대통령령'(이하 대통령령)에 따라 포지티브 리스트(Positive List)가 도입되면서 외국인투자자가 제한된 사업 분야가 대폭 축소됐습니다. 외국인투자가 제한되던 사업 분야의 80% 이상에 외국인이 투자할 수 있도록 변경된 것이죠.

포지티브 리스트(Positive List)
옴니버스법의 시행 규정 중 하나로, 중앙정부가 수행해야 하거나 자본투자가 금지되는 분야를 제외한 모든 사업 분야에 대한 자본투자를 개방하는 것이 주요 내용이다.

20%
인도네시아 정부는 합작법인에 대해 일정 기간 법인세 20%를 면제해준다. 또한 공장 운영을 위한 설비 및 부품에 대한 관세(품목별 5~10%)를 면제하고 통관 우대 혜택을 제공하고 있다.

외국인투자 제한 분야
대통령령에 따르면 인도네시아 정부는 △투자 제한 대상으로 선정된 사업 분야 또는 △중앙정부가 독점적으로 행하는 활동을 제외한 모든 사업 분야에 대한 투자를 허용하고 있습니다. 다만 대통령령은 ①마약류 재배 및 관련 산업군 ②모든 형태의 도박 또는 카지노 활동 ③멸종위기에 처한 야생 동식물의 국제 거래에 관한 협약(CITES)에 포함된 어종에 대한 어획 활동 ④산호 이용 또는 채취, 수족관 및 기념품·장신구에 이용되는 산호 및 살아 있는 산호 또는 죽은 산호 이용 또는 채취 ⑤화학무기 제조업 ⑥산업 화학물질 및 산업 오존파괴 물질 등에 대한 투자는 완전히 제한하고 있습니다.

외국인투자 허용 분야
①우선 사업 분야 ②협동조합, 소상공인 및 중소기업(Usaha Mikro, Kecil, dan Menengah)과 관련된 지정 사업 분야 또는 제휴 사업 ③특정 요건 충족 시 허용되는 사업 분야에 대해 외국인에게 부분적 참여가 허용됩니다. ①~③ 이외의 모든 사업 분야에 외국인투자가 전면적으로 허용됩니다.

우선 사업 분야 | 대통령령에 따르면 우선 사업 분야는 총 245개 사업 분야가 포함돼 있고, 크게 ①국가 전략 프로그램 또는 우선 사업 ②자본 집약 ③노동 집약 ④첨단기술 ⑤개척 산업 ⑥수출 중심 ⑦연구, 개발 및 혁신 활동 중심 등으로 구분됩니다. 우선 사업 분야에 투자하는 투자자는 국내 및 해외 투자자 구분 없이 재정적 인센티브 또는 비재정적

인센티브의 혜택을 받을 수 있습니다.
재정적 인센티브는 조세 지원금, 세금 감면 또는 투자 지원금 등 조세 혜택뿐 아니라 산업 발전 및 투자에 사용되는 수입 기계류, 제품 및 재료에 적용되는 수입관세 면제 등 관세 및 소비세 관련 인센티브를 포함합니다. 비재정적 인센티브는 간소화된 면허 취득 절차, 관련 법률 및 규정의 시행에 따른 기타 편의를 의미합니다. 세부적으로 살펴보면 △조세 지원금 대상 183개 사업 분야 △세금 감면 대상 18개 사업 분야 △투자 지원금 대상 44개 사업 분야로 나뉩니다.

협동조합, 소상공인 및 중소기업과 관련된 지정 사업 분야 또는 제휴 사업 | 외국인투자자는 사업부지용 토지 및 건물을 제외한 실질 투자금이 100억 루피아를 초과하는 대규모 사업 관련 활동만 영위할 수 있습니다. 이러한 이유로 외국인투자자는 근본적으로 위의 노동 집약 기준을 충족시킬 수 없습니다. 이에 협동조합, 소상공인 및 중소기업 지정 사업 분야로 분류된 사업을 단독으로 진행할 수 없으며, 당해 사업에 참여를 희망하는 외국인투자자는 협동조합, 소상공인 및 중소기업과 반드시 제휴해야 합니다.

특정 요건 충족 시 허용되는 사업 분야 | 대통령령에 따르면 기존 350개였던 외국인투자 제한 대상 사업 분야의 수가 46개로 대폭 감소한 것을 확인할 수 있습니다. 이처럼 종전에 외국인 지분 보유 제한을 적용받던 다수의 사업 분야에 대한 규제가 완화되면서 외국인투자자의 인도네시아 투자가 한결 수월해질 것으로 기대됩니다.

포지티브 리스트 규정에 따른 사업 분야 구분

개방 분야	우선적 사업 분야	총 245가지 사업 분야 - 행정부령, 재무부 규정, BKPM 규정 등에 흩어져 있던 우선적 사업 분야를 종합함. - 별도 법규에서 정할 경우 위 245가지 사업 분야 외 다른 사업 분야도 혜택 향유 가능함.	기준 a. 국가 전략적 프로젝트 b. 자본 집약 c. 노동 집약 d. 고기술(High-Tech) 사용 e. 개척(Pioneering) 분야 f. 수출 중심 g. R&D 중심 세금공제, 면세 기간, 법인세 감면, 수입관세 면제 등 세제상 혜택(제4조 제5항) 및 인허가 부담 완화, 인프라 지원, 전력 상용·원자재·이민·고용·기타 편의 보장 등 비세제상의 혜택(제4조 제6항)
	협동조합·중소·영세 사업자 분야 또는 현지 합작이 요구되는 분야	총 112가지 협동조합·중소·영세 사업 분야	기준 a. 고기술·대규모 사업 제외 b. 문화유산, 노동 집약 등 특별 절차 필요 사업 제외 c. 100억 루피아(한화 약 8억원) 이하 자본(토지 및 건물 제외)
		총 89가지 협동조합·중소·영세 사업자와의 합작사업 분야	기준 a. 대규모 사업의 일환으로 협동조합 및 중소·영세사업자가 대부분 수행 b. 대규모 사업의 공급 체인으로 권장되는 사업
	외국인 소유 제한 또는 조건부 분야	총 46가지 사업 분야 - 경제특별구역 내 투자에는 적용 안 됨 (제8조 제1항)	언론, 해운, 수상교통, 항공, 우편, 방산, 전통·문화 등(후술)
	기타 국내외 투자 개방 분야	상기 분야에 해당하지 않는 분야(제3조 제(1)항 제d호)	- 목록 없음
폐쇄 분야	사업 금지 분야	총 6가지 분야	- Class I 항정신성의약품 - 도박 및 카지노 - 멸종 위기 종 어획 - 산호 및 암취 채취 관련업 - 화학무기 제조업 - 오존층 위해 화학물
	중앙정부 수행 분야	공무(Public Service) 및 전략적 안보 및 보안 분야(제2조 제3항)	

SECTION 5
INDONESIA
Q56

진출 이후 현지 업체와 분쟁이 발생할 경우 인도네시아 법률상 어떠한 조치를 취해야 할까요?

A56

외국 기업들은 인도네시아 사법부에 대한 불신이 있어 소송을 제기하기보다 인도네시아 국립중재위원회(BANI)를 활용하는 경우가 많습니다.

국내 기업은 인도네시아 기업과의 합작사업에서 다양한 분쟁 상황에 처하곤 합니다. 계약 위반 및 채무불이행이 빈번하기 때문입니다.

인도네시아 법상 보전 처분 절차

채권-채무 관계, 지식재산권 침해, 계약 불이행, 횡령 및 배임 등 이슈도 다양합니다. 하지만 인도네시아 법률은 채권자가 채무자에 대해 채무불이행 또는 계약위반 등을 원인으로 하는 본안소송을 먼저 제기하지 않고는 가처분 및 가압류 등 별도의 보전 처분 신청을 할 수 없습니다. 즉 <u>본안 소송</u>과 별개로 인정되는 가처분 및 가압류 신청 등의 보전 처분을 위한 법적 절차가 없음을 기억해야 합니다. 본안소송이 제기된 이후에 채무자 재산에 대한 보전 처분을 신청할 수 있습니다.

> **용어 설명**
>
> **보전 처분**
> 다툼이 있는 권리를 보전하기 위해 확정 판결에 따른 집행이 이뤄지기 전까지 법원이 명하는 처분이다. 소송 지연을 방지하기 위해 만들었다.
>
> **본안소송**
> 원고의 청구 또는 상소인의 불복 주장에 대해 판단하는 소송으로, 소송 요건의 해당 여부에 대한 소송과 구별된다.

다만, 이를 위해서는 채무자가 분쟁 중 재산을 처분·은닉할 것이라는 확실한 증거를 제시해야 하고, 채무자 재산에 대한 정보를 사전에 확보하고 있어야 합니다. 이 과정에서 채무자의 재산 처분·은닉을 입증할 증거를 확보하기가 쉽지 않습니다. 또 인도네시아 법원은 본안소송 착수 이후 제기되는 보전 처분 신청 인용 여부를 판단할 때도 매우 신중한 경우가 많습니다.

인도네시아 국립중재위원회 중재

현지 업체와 합작법인 및 공동작업 방식으로 사업을 할 때 발생하는 분쟁 해결 방식에 대해 현지 업체는 통상 ①인도네시아 법원을 통한 소송 ②인도네시아 국립중재위원회(Badan Arbitrase National Indonesia, 이하 BANI) 중재 가운데 하나를 선택하고, 준거법은 인도네시아 법으로 정하는 경우가 많습니다. 대개 인도네시아 법원을 통한 소송보다는 BANI 중재가 외국 업체의 입장에서 분쟁 해결을 위한 공정성을 담보할 수 있는 방안으로 인식되고 있습니다. 인도네시아 국립중재위원회는 인도네시아 상공회의소가 1977년 설립한 기관입니다.

BANI 중재를 통해 분쟁을 해결하려 할 경우, BANI에서 중재 판정을 받은 이후에도 중재 판정 집행 절차에 착수하기 위해 인도네시아 법원에 중재 판정을 등록하기 위한 별도의 절차를 이행해야 합니다. 또 중재 상대가 중재 판정에 불복하여 판정 취소를 위해 소를 제기하는 경우에는 인도네시아 법원에서 이에 대해 별도로 다투어야 하는 일이 발생할 수도 있습니다. 따라서 인도네시아에서 발생한 상사 분쟁 해결을 위해 BANI 중재를 고려하고 있는 국내 업체들은 이 같은 리스크를 주의해야 할 필요가 있습니다.

외국 중재를 통한 분쟁 해결

인도네시아 법이 외국법을 상사 계약의 준거법으로 지정하는 것을 금하고 있지 않은 탓에, 영국법 싱가포르법 등을 준거법으로 지정하고 싱가포르 국제중재센터(Singapore International Arbitraction Center, 이하 SIAC) 중재를 분쟁 해결 방법으로 선택하는 경우도 있습니다.

국내 업체들의 경우 현지 업체와 분쟁이 발생할 리스크에 대비해 SIAC 중재를 선호합니다. 이는 SIAC 중재가 BANI 중재 또는 인도네시아 법원을 통한 소송보다 비교적 중립적으로 분쟁을 해결할 수 있을 것이란 신뢰 때문입니다.

다만 SIAC 중재에 승소한다고 해도, 외국 중재 기관 판정을 인도네시아에서 집행하기 위해서는 자카르타 중앙지방법원(Central Jakarta District Court)의 승인(이하 Exequatur)을 별도로 취득해야 하는데, 이 과정에서 시간과 비용이 많이 소요됩니다. 또한 공공복리 등과 같은 이유로 자카르타 중앙지방법원이 중재 승소자의 Exequatur 신청을 인용하지 않는 경우도 있으며, 중재 승소자의 Exequatur 발급 신청에 대해 위와 동일한 이유를 근거로 중재 패소자가 당해 법원에 이의를 제기하는 경우도 있으므로 SIAC 판결을 인도네시아에서 집행할 때는 이 같은 리스크를 주의해야 합니다.

SECTION 5
사례로 보는 인도네시아 해외 진출

인도네시아 경제가 지속적으로 발전하면서 과거에는 필요로 하지 않던 상품 및 서비스에 대한 수요가 점진적으로 증가하고 있습니다. 이에 인도네시아 진출을 계획하고 있는 국내 기업이라면 인도네시아 경제 발전과 더불어 함께 성장할 산업에 관심을 가지고 투자 계획을 수립해야 합니다.

많은 한국 기업이 인도네시아에 진출했고, 그중 상당수 기업이 성공적으로 비즈니스를 안착시켰습니다. 현재 인도네시아에서 좋은 반응을 얻고 있는 기업의 성공 사례 3가지를 소개하려 합니다.

생활환경 문제를 기회로 삼은 코웨이

인도네시아 대도시에 거주하고 있는 2억 명 이상의 국민은 오랫동안 수질오염 및 공기질 저하로 인해 실질적으로 생활하는 데에 대한 어려움을 호소해왔습니다. 이러한 사실에 착안해 코웨이는 2019년 인도네시아에 진출해 현재까지 정수기 및 공기청정기 렌털 사업을 활발하게 진행해오고 있습니다. 인도네시아 경제성장에 힘입어 중산층이 두터워짐에 따라 과거에는 경제적 여유가 없어 관심을 갖지 못했던 좋은 물과 맑은 공기, 건강한 먹거리에 대한 관심이 날로 증가하고 있습니다. 이러한 영향으로 정수기 및 공기청정기에 관심을 갖는 인도네시아 소비층은 날이 갈수록 늘어날 것으로 보이며, 앞으로 코웨이 사업도 더욱 탄력을 받을 것으로 기대됩니다.

인도네시아 시장 흔든 현대자동차

인도네시아의 자동차 시장은 그간 일제 자동차가 점령했다고 해도 과언이 아닙니다. 그만큼 인도네시아 자동차 시장에서 일제 자동차의 점유율은 2021년 기준 약 95%로 타의 추종을 불허합니다. 인도네시아 소비자들은 일제 자동차를 애용하는 한편, 자국 자동차 시장에 다양한 국가의 자동차 브랜드가 진출하기를 오랫동안 기대해왔습니다. 이와 같은 인도네시아 소비자의 열망에 부응해 현대자동차가

2019년 인도네시아에 진출한 데 이어 2022년 3월 첫 생산 공장을 준공했습니다. 현대차는 오는 2030년까지 생산 공장을 추가로 증설해 연 25만 대의 생산 능력을 갖출 예정입니다. 참고로 인도네시아 자동차공업협회(GAIKINDO)에 따르면 2022년 1~5월 현대차 인도네시아 법인의 생산 실적은 약 2만 대를 기록했는데, 이는 인도네시아 자동차 시장에서 토요타, 다이하쓰, 스즈키, 미쓰비시, 혼다에 이어 6번째 규모입니다.

롯데마트, 대형마트 5위로 우뚝

2008년 마크로를 인수한 롯데마트는 19개 매장으로 인도네시아 사업을 시작해 현재는 전국에 걸쳐 50개에 이르는 점포를 운영하고 있습니다. 인도네시아 국민들의 소득수준이 증대되면서 다양한 먹거리와 고급 식료품에 대한 수요가 빠르게 늘고 있어 미래 전망도 밝습니다. 한편 인도네시아는 동남아시아 국가 중에서도 한류 선호도 1위를 차지하는 나라로, 한국 식품에 대한 소비자의 관심이 매우 높은 만큼 롯데마트는 한국 식품 판매의 전초기지로서도 크게 활약하고 있습니다. 롯데마트는 2022년 현재 인도네시아 대형마트 5위(점포 수 기준)에 위치하고 있으며, 향후 점포를 100개까지 늘리겠다는 야심 찬 계획을 가지고 있는 것으로 알려졌습니다.

SECTION 6

주목해야 할 해외 진출 이슈

〔 거대한 소비시장과 잠재력을 갖춘 페르시아의 후예 이란 〕

IRAN

이란은 아시아·유럽·아프리카 3대륙 간 통로의 중심에 위치한 국가로 인더스강과 티그리스강 사이 고원 지역에 자리잡고 있습니다. 페르시아만과 카스피해에 걸쳐 있는 유일한 국가인 이란은 튀르키예, 이라크, 아르메니아, 아제르바이잔, 투크르메니스탄, 아프가니스탄, 파키스탄 등 많은 국가와 국경을 접하고 있습니다. 이란은 세계 석유 수송량의 3분의 1이 통과하는 호르무즈 해협을 관할하고 있는 국가이며, 아시아 중동 및 유럽을 연결하는 허브로서 지정학적 요충지에 위치합니다.

#시아파

이란은 종교 최고 지도자 중심의 신정 체제 국가로서 전 세계 시아파 인구의 70%가 몰려 있는 대표적 이슬람 국가이기도 합니다. 인구는 8600만 명으로 세계 18위이며, 평균연령이 31.2세인 중동 최대의 시장이기도 합니다.

#에너지

이란은 세계 2위의 천연가스 매장량과 세계 4위의 원유 매장량을 보유한 에너지 부국이며, 아연·구리·철광석 등 다양한 자원이 풍부한 국가입니다.

이란은 중동 최대의 산업 기반을 보유한 국가로서 원유에 의존하지 않는 산업 다변화 정책을 지속적으로 추진해왔습니다. 2021년 전체 경제에서의 원유 의존도는 30% 수준으로 중동 산유국 가운데 최저 수준이며, 석유 수익금의 30%를 비석유 산업에 투자하고 있습니다.

#저항경제 #국산화

이러한 노력은 1979년 이슬람 혁명 이후 40년 넘게 지속되고 있는 미국과 유럽의 경제 제재에 대응하기 위한 것으로 자체적 제조업 육성을 통한 국산화를 추진하는 '저항경제'로 지칭되기도 합니다. 하지만 자국 내 생산 능력이 아직 부족한 상태여서 국내 수요 물품의 30% 이상을 수입에 의존하고 있습니다.

2021년 자국 가전산업 발전을 위해 한국산 전자제품 완성품 수입 금지령을 내리기도 했으며, 자동차 부품의 국산화에 주력하고 있습니다. 이란 정부는 외환 낭비를 방지하기 위해 수입 품목을 3개 그룹으로 구분해 필수재의 경우 정부 환율에 따라 수입하고, 일반재는 시장 환율로 기업들이 담당하며, 국내 생산이 가능한 제품의 경우 수입을 금지하고 있습니다.

#시아파　#에너지　#저항경제　#경제 제재　#동결자금　#국산화

#경제 제재

이란 경제에서 가장 핵심이 되는 것은 미국의 경제 제재입니다. 미국이 경제 재재를 다시 본격화한 2018년 이후 이란에 대한 외국인 직접투자는 대폭 감소했습니다. 이란 핵합의(JCPOA, 포괄적 공동행동계획) 이후 유럽을 중심으로 한 대이란 투자는 급격히 증가해 33억 달러에 이르기도 했지만, 2018년 이후 직접투자는 급감해 2020년에는 13억 달러 규모로 축소됐습니다. 이란에 대한 투자는 친이란 이슬람 국가들이 주도하고 있는 것으로 알려졌지만, 이란 정부는 2019년 이후 외국인직접투자 통계를 공개하지 않고 있습니다. 우리나라의 경우 2018년까지 27개 기업이 이란에 진출했으나 2018년 이후 대부분 철수한 상태입니다.

#동결자금

현재 우리나라와 이란의 가장 큰 현안은 90억 달러에 이르는 이란 동결 자금입니다. 이란은 1990년대 중반 이후 아시아 국가와의 관계를 강화하는 동진정책을 추진했으며 우리나라가 중요한 파트너로 부상했습니다. 이란의 주요 은행인 멜라트 은행이 서울에만 지점을 둔 것이 대표적 사례라 할 수 있습니다. 미국과 유럽 기업과의 경쟁이 없는 인구 8000만 명의 시장에서 한국의 전자, 자동차, 화장품 및 의약품 등이 많은 인기를 누렸습니다. 2010년 오바마 행정부가 이란의 핵개발을 이유로 '포괄적 이란 제제법'을 시행하자 우리나라와 이란은 우리은행과 IBK기업은행에 원화 결좌 계좌를 만들어 우리가 수입하는 이란산 원유 대금을 이곳에 예치하고 대신 우리 기업이 이란에 수출하는 물품 대금을 이 계좌에서 지불하는 시스템을 구축했습니다. 이란에서 원유 수입을 많이 했기에 계좌에는 70억 달러의 자금이 쌓였지만 2019년 5월 미국이 해당 계좌에 대한 제재 면제 연장을 거부함에 따라 해당 자금이 동결됐습니다. 이 밖에도 멜라트은행이 한국은행에 예치한 20억 달러 역시 동결된 상태입니다.

경제 제재가 지속되는 상황에서 이란에 대한 투자와 진출은 쉽지 않아 보입니다. 투명성이 낮고 투자 절차 역시 복잡합니다. 자국민 의무 채용 규정과 업종별로 차별적 인허가 규정, 고율의 세금, 까다로운 체류 허가와 출입국 제한도 대이란 투자와 진출을 망설이게 합니다. 하지만 중동 최대 시장이자 지정학적 요충지에 위치한 이란의 잠재력은 거대하기 때문에 많은 기업이 관심을 유지하며 상황 변화에 주목하고 있습니다.

SECTION 6

IRAN

Q57
미국이 이란 핵합의를 탈퇴하고 이란에 대한 경제 제재를 부활한 현 상황에서 이란 진출을 고려할 필요가 있나요?

A57
현 상황에선 이란 진출을 고려하지 않는 게 좋습니다. 만약 이란과 교역을 진행한다고 해도 대금을 지불받는 것이 현실적으로 어려우며, 미국의 제재 대상자가 될 가능성도 있기 때문입니다.

유일하게 현시점에서 이란과 교역 할 수 있는 부분은 식품 및 의약품을 포함하는 인도주의적 거래뿐입니다. 그러나 JCPOA 복원 협상이 어느 정도 진전된 모습을 보이는 만큼 JCPOA 복원 협상의 타결 경과와 국제 정세를 주시할 필요가 있습니다. JCPOA 복원 협상이 타결되면 미국의 이란에 대한 경제 제재가 완화될 전망입니다. 완화 이후의 제재 전망과 거래 진행 방법 등을 미리 숙지할 필요가 있습니다.

1차적 제재
미국 정부는 JCPOA 이행일 이후 대부분의

450억 원
2021년 28개 한국 기업이 약 450억원 상당액을 수출함으로써 대이란 인도적 물품 교역이 증가하는 추세다(한국무역협회 중동지역본부, 2021년).

2차적 제재가 해제됐던 2016년 1월부터 트럼프 전 대통령이 제재를 전면 복원한 2018년 8월 사이에 이뤄진 이란 관련 거래에 대해서도 1차적 제재 등의 위반이 있었던 경우 현재까지 제재를 부과하고 있습니다. 따라서 향후 JCPOA가 복원되더라도 이란 관련 거래를 할 때 1차적 제재 위반, 수출 통제 대상 품목의 대이란 수출, SDN과의 거래가 일어나지 않도록 상당한 주의를 기울일 필요가 있습니다.

실제로 대부분의 2차적 제재가 해제된 2017년 7월 OFAC은 싱가포르의 CSE 글로벌(CSE Global)과 그 자회사인 CES 트랜스텔(CSE TransTel)에 대해 1차적 제재 위반을 이유로 1202만7066달러(한화 약 172억원)의 제재금을 부과한 바 있습니다. CSE 트랜스텔은 2010년 8월부터 2011년 11월까지 다수의 이란 당사자와 계약을 체결했습니다. 거래 품목에 미국산 물품이 들어 있거나 미국인이 계약 이행에 직접 관여하진 않았습니다. 하지만 CSE 글로벌 및 트랜스텔이 미국 달러화(USD)를 송금하는 데 최소한 6개의 미국 금융기관이 1차적 제재를 위반하도록 야기한 것을 이유로 ITSR 제560.203조 및 IEEPA 제1705(a)조에 대한 제재를 부과한 것입니다. 이는 거래에 미국 달러화를 사용해 미국 금융기관 등 미국인이 간접적으로 개입하도록 한 점만으로도 제재가 부과될 수 있음을 보여주는 대표적 사례입니다.

트럼프 전 대통령이 제재를 전면 복원한 이후, 2차적 제재 위반은 물론 1차적 제재 위반에 대한 강력한 제재가 유지됐습니다. 2020년 9월 전 미국 회사의 핀란드 자회사인 '애나이트 핀란드 오이(Anite Finland

Oy)'가 JCPOA 이행일 이후인 2016년 1월부터 2016년 6월까지 수출 통제 대상인 미국산 시험용 장비를 미국 정부의 허가 없이 이란에 재수출한 행위에 대해 ITSR 제560.205조 위반을 이유로 OFAC에 33만1089달러(약 한화 4억7000만원)의 제재금을 지급한 사례가 있습니다. 이와 관련해 원칙적으로 미국인의 외국 자회사는 2016년 1월 16일부터 2018년 6월 27일까지는 일반면허 H(General License H)에 의해 이란과 일정한 거래를 진행할 수 있었습니다. 하지만 ITSR 제560.205조상의 수출 통제 대상인 물품, 기술, 서비스의 이란 재수출은 허용되지 않아 애나이트 핀란드 오이의 재수출 행위는 제재 대상이 됐습니다.

한-이란 간 원화 결제 계좌 운영 중단

대한무역투자진흥공사(KOTRA)는 2019년 5월 대이란 수출기업에 우리은행 및 기업은행의 원화 결제 시스템 운영 중단으로 한국과 이란 간 원화 결제 계좌를 이용한 수출입 교역이 불가함을 알렸습니다. 2010년 5월부터 미국은 '포괄적 이란 제재법(CISADA)' 시행으로 이란과 거래하는 외국 기업에 대해서도 제재를 부과했습니다. 이에 따라 이란과의 무역에서 달러 거래가 금지됐으며, 같은 해 10월 한국 정부는 미국 정부로부터 달러 대신 원화를 이용해 무역대금을 결제하는 방안을 만들어 승인받았습니다. 이 시스템을 통해 2009년 39억9190만 달러이던 한국의 이란 수출액은 2012년 62억5653만 달러까지 늘어날 수 있었습니다.

그러나 미국의 이란 제재 복원에 이어 한국도 예외 국가에서 제외되면서 이란산 원유 수입 금지와 함께 원화 결제 계좌까지 동결됐습니다. 현재 상황에선 이란에 물건을 수출해도 대금을 받을 길이 없습니다. 한국 기업의 이란 수출길이 모두 막힌 상황입니다. 원화 계좌가 모두 동결되면서 이란으로 수출하는 2100여 개 국내 수출기업의 피해는 불가피해졌습니다. 현재 해당 계좌들에 동결된 70억 달러에 달하는 자금을 해제하는 방안이 JCPOA 복원 협상과 더불어 JCPOA 체결 당사국 및 한국 정부 사이에 논의 중입니다.

현재 상황은 좋지 않지만, 기회는 항상 미리 준비하고 빠르게 판단하고 과감하게 행동하는 자에게 주어집니다. 이란의 잠재력, 그리고 이란을 둘러싼 복잡한 국제 정세를 고려한다면 의외로 기회의 문은 빨리 열릴 수도 있습니다.

> **용어 설명**
>
> **KOTRA(Korea Trade-Investment Promotion Agency)**
>
> 무역 진흥과 국내외 기업 간 투자 및 산업·기술 협력의 지원을 통해 국민 경제 발전에 이바지할 목적으로 설립한 정부 투자 기관이다.

한국 내 이란 동결 자금 코로나19 백신 구매안

① 미국의 대이란 제재 개시로 이란의 원유 수출 대금 70억 달러 동결 상태
② 한-이란, 동결 자금 중 1000~2000만 달러 코로나19 백신 구매안 추진 중
③ 이란, 동결 자금 중 10억 달러에 대해 의료 장비 구매 요청
④ 자금 송금 시 달러 환전을 위해 미국 은행 거쳐야 함.
⑤ 이란, 미국 은행의 자금 동결 우려, 한국 정부의 보증 요구

이란 — 코로나19 백신 공급 보장 — 스위스 은행 — 코백스 퍼실리티* 수금 계좌
한국 — 미국 은행 — 이란 자금 동결 가능성

*WHO 주도의 코로나19 백신 공동 구매 국제 프로젝트

자료: 연합뉴스, 2021년

SECTION 6

IRAN

Q58
미국이 이란에 부과한 경제 제재는 어떻게 구성돼 있나요?

A58
미국이 이란에 부과한 경제 제재는 크게 두 종류입니다. 1차적 제재(Primary Sanction)는 미국인과 제재 대상 국가 간 거래를 금지하는 포괄적 제재입니다. 2차적 제재(Secondary Sanction)는 외국인과 제재 대상 국가 간 거래를 제한하는 예외적 제재로, 이 제재에 주목할 필요가 있습니다.

2002년 8월, 이란의 반정부 단체인 국민저항위원회(NCRI)가 이란 정부의 우라늄 농축 시설 운영 사실을 폭로하면서 이란과 서방의 갈등이 시작됐습니다. 이란이 핵확산조약(NPT)과 국제원자력기구(IAEA) 안전협정을 위반했기 때문입니다. 유엔안전보장이사회는 미국의 주도하에 2006년 12월 이란 제재 결의안을 채택했습니다.

미국은 대외정책의 수단으로 경제 제재를 활용하고 있습니다. 미국의 경제 제재를 받는 국가는 이란, 러시아, 북한, 이라크, 리비아, 쿠바, 예멘, 부룬디, 베네수엘라 등입니다. 미 국무부, 재무부, 법무부 등이 경제 제재를 부과합니다.

> **용어 설명**
>
> **부문별 제재 대상**
> **(Sectoral Sanctions Identifications, SSI)**
> 특정 개인의 특정 분야 경제활동이 금지되는 것으로, SDN과 달리 자산동결이 되지 않고, 대상 금융권은 신규 거래 시 미국과 유럽 국가의 제재를 받을 수 있다.
>
> **저항 경제**
> 이란혁명 이후 40여 년간 지속되고 있는 서방 경제 제재에 대응해 원유 수출 등 대외

2차적 제재에 주목

미국이 이란에 부과한 경제 제재는 크게 두 종류입니다. 첫째, 1차적 제재는 미국인과 제재 대상 국가 간 거래를 금지하는 포괄적 제재입니다. 미국 시민권자, 영주권자에게 적용되는 것은 물론 외국 지사를 포함한 미국 법에 따라 설립된 법인에 적용됩니다. 또한 미국 내 거주하는 자, 예를 들어 미국인은 아니지만 출장이나 유학 등의 이유로 미국에 머무는 모든 사람이 1차적 제재 대상입니다.

둘째, 2차적 제재는 외국인과 제재 대상 국가 간 거래를 제한하는 예외적 제재로, 이 제재에 주목할 필요가 있습니다. 전 세계

세예드 에브라힘 라이시 이란 대통령이 2022년 9월 22일(현지 시각) 뉴욕에서 열린 제77차 유엔 총회에서 기자회견을 하고 있다.

모든 국가의 개인 및 법인을 대상으로 해 직접적 영향을 받을 수 있는 제재기 때문입니다. 또한 미국과의 거래 비중이 높을수록 강력한 영향을 받습니다. 미국과 거래하는 개인 및 법인 등은 피해를 입지 않도록 해당 제재의 내용을 꼼꼼히 파악하고 숙지해야 합니다.

국제비상경제권법 (IEEPA)

국가안보상 '이례적이고 특별한 위협'이 발생할 경우 미국 대통령이 상대국을 경제 제재할 수 있는 권한을 부여한 법안으로 1977년 제정됐다. 미 대통령은 이 법에 의거해 국가비상사태를 선포한 뒤 외환과 무역 거래 등을 차단할 수 있다.

미국의 다양한 제재 대상자 리스트

두 종류의 제재를 제외하고도 연방국인 미국은 주 차원의 제재도 자체적으로 부과하고 있습니다. 해당 부문의 제재를 받게 되면 조달 계약 등 주정부와의 계약이나 입찰 참여가 금지됩니다. 연기금과 같이 주정부나 기관이 보유하거나 운용하는 자산의 투자를 회수하거나 금지하는 등 불이익도 받을 수 있습니다.

미국의 제재 대상자 리스트는 그 종류가 다양합니다. 대표적으로 '특별 지정 제재 대상목록(Specially Designated Nationals and Blocked Persons List, SwDN List)', '산업부문별 제재대상자목록(Sectorial Sanctions Identifications List, SSI List)' 등이 있습니다. 제재 대상자는 국제비상경제권법(International Emergency Economic Powers Act, IEEPA)에 따라 대통령이 공포한 행정명령을 통해 제재 대상자 리스트에 등재됩니다. 다양한 정보, 수단 및 방법에 의존한 광범위한 조사를 통해 리스트 등재 필요 여부가 결정됩니다. 이때 충분한 검토를 위해 기록 전체가 검토 대상이 됩니다.

이란 1인당 국내총생산(GDP) 추이 (단위: 달러)

- 2011: 7781
- 2012: 7927 — 국제원자력기구(IAEA) 이란 핵 관련 보고서 발표, 서방 경제 제재 시작
- 2013: 6018
- 2014: 5585
- 2015: 4904 — 이란, 서방과 핵합의로 경제 제재 해제
- 2016: 5253
- 2017: 5520
- 2018: 3598 — 미국, 이란 핵합의 탈퇴로 다시 경제 제재 부과
- 2019: 3114
- 2020년: 2282

자료: 2020년 세계은행

해외 진출 성공 전략 151

SECTION 6
IRAN
Q59

이란 제재를 위반한 경우 구체적으로 어떤 제재를 받나요?

A59 2022년 8월 1일, 미국 정부는 이란산 석유와 석유화학 제품의 동아시아에 대한 판매를 도운 혐의로 중국 기업들에 대해 제재 조치를 발동해 이란에 대한 압력을 강화했습니다. 미국 재무부와 국방부가 개별적으로 발표한 제재 조치는 홍콩을 거점으로 하는 4개사, 싱가포르에 본부를 둔 1개사, 아랍에미리트연합(UAE)의 1개사 등 모두 6개사가 대상입니다.

제재 대상자로 지정되는 것은 큰 리스크를 수반합니다. 미국 정부는 금지 행위를 한 개인 및 단체를 제재 대상자로 지정하고, 이들의 미국 내 접근을 금지할 수 있습니다. 제재 대상자로 지정되면 자산동결, 소매, 투자, 보험, 재보험, 주식, 사채 및 은행 등 시장 접근이 모두 금지되고 평판에도 심각한 영향을 미치게 됩니다. 미국 제재 프로그램이 증가함에 따라 제재 대상 행위의 수와 유형이 늘어나 제재 대상자 지정 가능성도 커지고 있습니다.

1578억 배럴
이란 원유 매장량 세계 4위
(BP Statistical Review of World Energy, 2020년 말 기준)

모르고 거래해도 민형사상 책임
제재는 그다음으로 큰 리스크를 가져옵니다. 제재 대상자와 우연히 거래하게 된 경우, 해당 기업은 물론 그 임원들도 민형사상 책임에 직면할 수 있습니다. 그 결과 수십억 달러의 벌금, 기업에 대한 투자비 회수, 인허가 중지, 사후적 감시 등 기업과 임원의 평판도 상당한 타격을 받게 됩니다.

제재 대상자는 지속해서 증가하고 있으며, 다수의 집행 당국이 존재하므로 제재 대상자와의 거래 가능성 또한 늘고 있는 추세입니다.

거래 상대방의 컴플라이언스가 만족스럽지 않은 경우에도 제재 리스크에 노출될 수 있습니다. 이에 따라 다수의 주요 기업은 위험 요소 제거(De-risking) 조치를 시행 중이며, 직접적인 제재 대상자가 아닐지라도 제재 위험이 있는 고객·은행·투자자와의 거래 중단 등과 같은 대응 방식을 취하고 있습니다.

위험 요소 제거 조치를 시행 중인 기업들은 위험을 완전히 제거하는 일이 어렵다고 강조합니다. 평판에 미치는 피해, 제재 대상자로 지정되거나 벌금을 받을 위험이 매우 크기 때문입니다.

용어 설명

컴플라이언스 (compliance)

고객 재산의 선량한 관리자로서 금융기관과 그 종사자가 규정, 정책, 절차를 철저하게 준수하도록 함과 동시에 회사의 일반 정책과 내규를 준수하도록 내부적으로 사전적·상시적으로 통제, 감시하는 제도다.

일반 허가 (General License)

미국에서 일반 허가를 발급해 예외적으로 거래를 허용한 분야나 은행에 대해 동일한 기준으로 거래를 허용한다.

트럼프의 JCPOA 탈퇴 선언

일례로, 2018년 트럼프의 이란 핵 합의(JCPOA) 탈퇴 선언으로 미국이 제재를 부활시켰습니다. 이에 국내 일부 은행은 제재에 따르겠다며 유학생 등 국내 이란인들의 계좌를 정지했습니다. 이러한 개인들의 금융 거래는 사실상 일반 허가(General License) 규정을 적용하므로 제재 대상이 아닙니다. 하지만 은행들의 위험 회피로 인해 과도한 조치가 취해진 것입니다. 이 경우 해당 은행들의 과도한 조치를 철회해달라고 협조를 요청할 수 있지만, 개별 기업들이 경영 판단방침을 따라 정한 만큼 정부라고 해도 강제할 수는 없습니다.

도널드 트럼프 전 미국 대통령이 2020년 8월 15일(현지 시각) 뉴저지에서 열린 기자회견에서 이란에 대한 제재를 전면 복원하는 스냅백 가동을 발표했다.

SECTION 6
IRAN
Q60

이란에 대한 경제 제재 속에서 인도주의적 거래는 가능한가요?

A60 미국의 대이란 경제 제재가 지속되고 있지만 인도주의적 거래는 일정한 요건을 갖춘 경우 허용되고 있습니다. 인도적 물에는 미국의 이란 제재가 적용되지 않습니다.

이란은 장기간 이어진 경제 제재로 각종 생활필수품 부족 현상을 겪고 있습니다. 여기에 코로나19 확산으로 인해 수입의존도가 높은 의약품 및 의료기기 수급에 심각한 어려움을 겪었습니다. 미국의 대이란 경제 제재가 지속되고 있지만 인도주의적 거래는 일정한 요건을 갖춘 경우 허용되고 있습니다. 인도적 물품에는 미국의 이란 제재가 적용되지 않습니다.

하지만 금융 제재 탓에 대금 회수가 어려워 사실상 교역을 할 수 없었습니다. 또한 이란 내 거래처가 대금 지급을 위해 신용장을 받을 수 있는 이란의 주요 은행이 미국의 제재 대상입니다. 이에 정상적인 수출 대금 결제가 대부분 중단된 상태였습니다.

1억9000만 달러
이란은 유럽연합(EU) 회원국과 1억9000만 달러 상당의 광산 및 광물 제품을 거래했다(이란 광산상업개발 및 혁신기구, 2021~2022 회계연도 기준).

인도적 교역 현황

이런 문제를 해결하고자 스위스와 이란 사이에 약품과 식량 등 인도적 물품을 수출하는 '스위스 인도적 교역절차(이하 SHTA)'가 2020년 1월 시범 운영을 거쳐 같은 해 7월부터 공식 가동되고 있습니다. SHTA는 스위스에 본사를 둔 의약·의료, 식품 관련 업체와 무역 업체가 이란에 인도적 물품을 수출하고 그 대금을 스위스의 은행이 보증하는 방식입니다. 미국 정부도 이를 허가했습니다.

한국의 경우 이란과의 인도적 교역을 위해 2020년 4월부터 ① 스위스형 인도적 채널(SHTA) ② 일반 라이선스8 기반 ③ 한국형 교역 채널 설립을 동시에 추진했습니다. 이 가운데 '라이선스8 기반'은 2020년 2월 미국이 발표한 규정에 기반한 것입니다. 미국의 제재 대상인 이란 중앙은행이 관여했다 해도, 인도적 물품에 한해 거래할 수 있도록 라이선스를 발급해주는 방식입니다. 한국형 교역 채널 설립은 제재 대상이 아닌 이란은행 계좌를 개설한 뒤 제재 대상인 이란 중앙은행에 묶여 있는 원화 자금을 집어넣어 활용하는 방식입니다. 그동안 한국과 이란은 양국 간 인도적 교역 확대를 위한 워킹 그룹 회의를 다수 개최했습니다. 이를 통해 인도적 교역 현황 점검 및 인도적 교역 관련 양측 애로 사항을 공유하기도 했습니다. 한

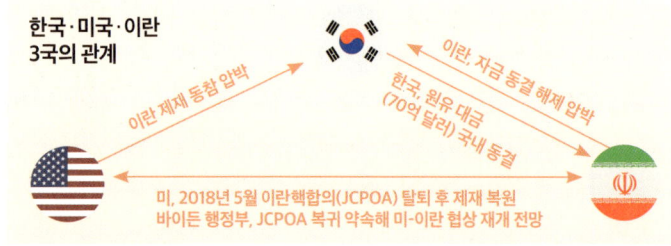

한국·미국·이란 3국의 관계

국무역협회(KITA) 발표에 따르면 이란 동결 자금을 활용한 의약품, 의료기기에 대한 인도적 교역량은 2020년 15개 한국 기업이 약 171억원 상당액을 수출하는 것에 불과했습니다. 하지만 이듬해인 2021년 28개 한국 기업이 약 450억원을 수출하는 등 인도적 물품 교역이 증가했습니다. 특히 2022년 1월 한국과 이란은 워킹 그룹 회의에서 인도적 교역을 통해서라도 이란 측이 동결 자금을 활용할 수 있도록 논의한 만큼, 이란과의 인도적 교역 규모는 향후 더욱 증가할 전망입니다.

미국이 이란의 석유 제품 수출에 관계된 기업 6곳을 제재했다. 이란 핵합의 협상이 장기간 교착 상태에 빠지자 이란에 대한 압박 수위를 높인 것이다. 사진은 이란 테헤란의 모습.

라이선스 종류와 신청 절차

이란과의 교역에는 라이선스가 필요합니다. 경제 제재를 받지 않고 거래하기 위한 라이선스에 두가지 종류가 있습니다. 첫째, 일반 라이선스(General License)는 금지된 거래를 제한된 사안이나 대상에 대해 일반적으로 허용하는 규정으로 개별 허가가 불필요합니다. 법령에 기재돼 있거나, 행정명령 서명 후 발급됩니다. 그 내용은 미 재무부의 해외자산통제국(Office of Foreign Assets Control, 이하 OFAC) 웹사이트에 게재됩니다. 다만 인도주의적 거래라 해도 악용 방지를 위해 강화된 실사 절차(Enhanced Due Diligence, EDD)를 거쳤다는 확인서 발급이 필요합니다. 확인서 발급은 제재 대상자가 교역 과정에 개입해 물품이 자금세탁 등으로 전용되지 않도록 거래 단계별로 확인하는 절차입니다. 이란 수입자, 한국 수출자, 지정 이란은행, 대한무역투자진흥공사(KOTRA) 및 전략물자관리원(KOSTI), 우리은행 또는 IBK기업은행의 본점 이란 전담 부서 및 국내 법무법인이 참여해 이행합니다.

둘째, 특정 라이선스(Specific License)가 있습니다. 이는 사안별로 특정 개인 또는 기업에 발급하는 라이선스로, 원칙적으로 금지된 행위를 할 수 있도록 허가해줍니다. 이 내용은 일반 라이선스와 달리 웹사이트를 통해 일반에 공개하지 않습니다.

예정된 사업이 미국의 제재와 관련이 없거나, 당사자 및 사업이 미국인 등과 관련이 없다면 라이선스를 요구하지 않을 가능성이 높습니다. 하지만 이에 해당하고 제재 면제 대상에 해당하지 않는 사업을 진행할 경우, 라이선스가 있어야만 제재를 피할 수 있습니다. 이때 사업이 미국의 대외정책에 부합하는지, 특정 라이선스가 제재 프로그램 목적을 약화하거나 해칠 수 있는지, 예정된 사업에서 얻은 이득을 제재 대상자들이 향유하지 못하도록 제한하기 위해 충분한 통제를 하고 있는지 등 합리적 사유를 제시하면서 담당자를 접촉해 라이선스 발급을 요청할 수 있습니다. 담당자 접촉이 결정되면 어떻게, 누구와, 언제 접촉할 것인지, 어떤 논리를 전개할 것인지에 대해 충분한 검토가 필요합니다. OFAC은 재량에 따라 라이선스에 별도의 조건을 부여할 수 있습니다.

> **용어 설명**
>
> **해외자산통제국 (Office of Foreign Assets Control, OFAC)**
> 해외자산통제국은 특별 지정 제재 대상(Specially Designated Nationals, SDN)을 발표해 홈페이지에 게시한다. 미국 SDN 명단에 오른 인물은 미국 은행 계좌를 보유하는 것이 금지되며, 미국인이 SDN 명단에 오른 인물과 사업 거래를 할 경우 민형사상 책임을 질 수 있다.
>
> **실사 절차**
> 지분 혹은 자본 구조에서의 변화나 거래가 있는 기업에 대한 재무적·영업적 활동에 대해 조사하는 용역을 말한다.

SECTION 6
IRAN
Q61

EU의 중재로 이란 핵합의를 부활하는 협의가 이란과 미국 사이에 진행 중이라고 하는데, 현재 상황은 어떠한가요?

A61 이란의 핵합의가 부활할 수 있을지는 여전히 미지수입니다. 바이든 행정부 출범 이후 얼마 지나지 않은 2021년 6월 이란 대통령 선거에서 강경하고 보수적인 성향으로 알려진 세예드 에브라힘 라이시 대통령이 당선됐습니다. 라이시 대통령은 협상이 재개되자마자 미국이 협정에서 일방적으로 탈퇴한 책임을 묻겠다며, 그에 대한 배상과 전면적 제재 해제를 요구하는 강경안을 내놓았습니다.

트럼프 미국 전 대통령은 2016년 대선 당시 전임자인 오바마 대통령이 재임 중 체결한 이란핵합의, 즉 ==포괄적 공동행동계획== (JCPOA)에 대해 매우 비판적으로 말하며 "내가 당선된다면 JCPOA에서 탈퇴할 것"이라고 공언했습니다. 결국 2018년 5월 8일 JCPOA의 개정 요구가 받아들여지지 않았다는 이유로 합의 탈퇴를 공식적으로 선언하고, 행정명령 제13846호에 서명했습니다. 이에 JCPOA 이행일 도래로 해제된 미국의 대이란 제재를 90~180일의 철수 기간을 거쳐 모두 부활시키겠다고 발표했습니다.

포괄적 공동행동계획 (Joint Comprehensive Plan of Action, JCPOA)
2015년 7월 이란이 유엔 안보리 상임이사국인 미국, 영국, 프랑스, 중국, 러시아와 독일 등 6개국 및 유럽연합(EU)과 맺은 협정을 말한다. 이란이 핵개발 프로그램을 포기하는 대가로, 미국과 EU가 이란에 대한 경제 제재를 해제한다는 내용이 주요 골자다.

제재 대상자 리스트 재지정

이로써 JCPOA 이행 과정에서 발급한 라이선스가 수정 또는 철회됐습니다. 그리고 제재 대상자 리스트 제외 기업 및 단체를 대상자로 재지정하기에 이르렀습니다. 90일의 철수 기간이 종료되는 2018년 8월 7일부터 △이란 정부의 미국 달러화 은행권 매수 또는 취득에 대한 제재 △이란의 금, 기타 귀금속 무역에 대한 제재 △흑연·알루미늄·철강·석탄 등 원자재 또는 반가공 금속 및 제조 공정 통합 소프트웨어의 이란으로부터 또는 이란으로의 직간접적 판매, 공급, 이전에 대한 제재를 부활시켰습니다.

또한 △이란 리얄화 매매와 관련한 상당한 거래 또는 이란 이외 국가에서 이란 리얄화로 표시된 자금을 보유하거나 계좌를 유지하는 것에 대한 제재 △이란 정부 발행 채권의 매수, 청약 또는 채권 발행을 용이하게 하는 행위에 대한 제재 △이란의 자동차 산업 분야에 대한 제재를 부활시켰습니

라파엘 그로시(오른쪽) 국제원자력기구(IAEA) 사무총장이 2021년 11월 22일(현지 시각) 핵합의 복원 협상 재개를 앞두고 이란 수도 테헤란을 방문, 베흐루즈 카말반디 이란 원자력청 부청장과 만났다.

다. 180일의 철수 기간이 종료되는 2018년 11월 5일부터 △이란의 항만, 선박 및 조선 분야에 대한 제재 △이란으로부터 석유, 석유제품, 석유화학제품 구매 등에 대한 제재 △이란중앙은행 및 주요 이란 금융기관과의 거래에 대한 제재 △이란 중앙은행 및 이란 금융기관을 위한 금융 전신 서비스 제공에 대한 제재 △이란 관련 거래에 대한 보증, 보험, 재보험 제공 등에 대한 제재 △이란의 에너지 분야에 대한 제재를 부활시켰습니다. 이 같은 상황은 지금도 이어지고 있습니다.

바이든 행정부 출범 이후 시작된 복원 협상

조 바이든 미 대통령은 2020년 11월 대통령 선거 유세 당시 이란 핵합의 복원을 공약으로 내세웠습니다. 바이든 행정부 출범 이후 2021년 4월부터 오스트리아의 수도 빈에서 이란 핵합의 복원 협상이 진행되고 있습니다

> **용어 설명**
>
> **이슬람혁명수비대 (Islamic Revolutionary Guard Corps, IRGC)**
>
> 이란 정규군과 함께 양대 조직을 형성하고 있는 최정예 부대로, 이란의 이슬람체제를 수호하는 것을 주요 임무로 한다.
>
> **국제원자력기구 (IAEA)**
>
> 원자력의 평화적 이용 증진과 군사적 사용 제지를 목적으로 설립한 국제기구다.

다. 이란이 미국과 직접적인 협상은 하지 않겠다고 선언했기 때문에 유럽연합(EU)의 중재를 통해 협상이 이뤄지고 있습니다.

이란 핵합의 복원 협상은 최종 마무리 단계에 있지만 가장 중요한 문제를 해결하지 못한 채 교착 국면에 빠져 있습니다. 가장 큰 문제인 이슬람혁명수비대(IRGC)의 외국 테러 조직(FTO) 지정 해제와 관련해 이란이 한 발짝 물러난 상태입니다. 세이프가드 협정(Safeguard Agreement, 핵안전조치협정) 문제도 아직 남아 있습니다. 국제원자력기구(IAEA)는 이란의 미신고 지역에 핵물질이 있을 가능성에 대해 우려를 표했습니다. 이란은 JCPOA 복원과 이는 관련이 없는 사안이라고 주장하면서, IAEA의 사찰을 제한하고 우라늄 농축 농도를 높이고 있습니다. 해당 문제에 대한 견해차가 좁혀진다면 복원 협상이 결론에 다다를 수 있을 것으로 예상됩니다. 현재로서는 복원 협상의 타결 가능성을 쉽게 장담할 수 없습니다.

SECTION 6
IRAN

Q62
이란 핵합의가 부활할 경우 미국의 경제 제재가 해제 또는 완화될 수 있나요?

A62
미국은 바이든 정부 출범 이후 이란 핵협상 타결을 위한 논의가 진행중입니다. 이란이 핵무기 개발 노력을 중단하는 대가로 이란을 상대로 한 경제 제재를 해제한다는 내용이 골자입니다.

핵합의가 부활할 경우 이 합의가 처음 타결된 시점의 경제 제재 수준으로 돌아갈 가능성이 높습니다. 당시 유럽연합은 이란 핵합의(JCPOA) 이행일 이후 무기 거래, 인권탄압 행위, 테러 행위 등과 관련된 물품 거래 금지를 제외한 대이란 제재를 모두 해제했습니다. 다만 유럽연합의 제재는 회원국의 국민과 기업에 적용되는 것이기 때문에 실질적으로 한국 기업에 미치는 영향력은 미미합니다. 주목해야 할 부분은 미국이 이란에 부과하는 제재입니다.

미국 정부는 2016년 JCPOA 이행일 도래 이후 이란에 대한 핵개발 관련 경제 제재 중 외국인·외국 기업의 이란과의 거래에 대한 2차적 제재를 대부분 해제하거나 집행을 유예했습니다. JCPOA가 복원될 경우 미국 정부는 과거와 유사하게 이란 당사자와 거래하는 외국 기업에 부과할 수 있는 2차적 제재를 해제할 것으로 보입니다. 다만 미국 정부는 2016년 JCPOA 이행일 이후에도 ① 미국인들에게 부과하는 1차적 제재 ② 미국산 물품 등의 이란에 대한 수출 통제 ③ SDN으로 지정된 자 및 이들과 거래한 자에 대한 제재 ④그 밖에 이란의 인권탄압, 테러 지원, 시리아 및 예멘과 같은 중동 지역의 불안정화, 탄도미사일 개발 등을 이유로 한 제재는 JCPOA 시행 여부와 무관하게 시행했습니다. 따라서 JCPOA가 복원된다 해도 일부 제재는 존속할 가능성이 있습니다. JCPOA 복원 이후 현재 시행 중인 에너지, 건설, 물류, 통신 등 산업 분야별로 적용되는 2차적 제재는 해제될 가능성이 높습니다. 주로 1차적 제재, SDN 및 관련인에 대한 제재 위주로 제재가 유지될 것으로 보입니다. 따라서 이란 관련 거래를 진행하는 한국 기업에 실질적으로 영향을 미칠 수 있는 제재는 산업별로 구별되기보다 모든 기업에 공통으로 적용될 것으로 예상됩니다.

유지되는 제재 사항

1차적 제재 | 이란 거래 및 제재 규정(Iran Transactions and Sanctions Regulations, ITSR) 등 미국의 자국민에 대한 1차적 제재는 2016년 JCPOA 시행에 따른 해제 대상이 아니었기 때문에 향후 JCPOA 복원 후에도 유효하게 시행될 전망입니다. ITSR은 미국인이 연방정부로부터 별도의 허가를 받지 않는 한 물품·기술·서비스를 이란으로 수출할 수 없고(제560.204조), 물품·기술·서

> **용어 설명**
> **특별 제재 대상 (Specially Designated Nationals, SDN)**
> 미국과 유럽 국가에서 개인이나 기업 자산을 동결하는 방법으로, 제재를 가한 국가에서 비즈니스 활동이 금지되며, 개인의 출입국이 거부된다.

비스의 직간접적 수출 등과 관련된 모든 거래에 관여할 수 없도록 규정하고 있습니다(제560.206조). 이에 따라 JCPOA 복원 이후 이란에 진출하고자 하는 한국 기업들은 거래를 진행하면서 미국인이 거래에 직간접적으로 관여하지 않도록 해야 합니다. 또 미국산 물품, 기술 등이 수출되지 않도록 유의해야 합니다.

미국산 물품 수출 통제 | 미국산 물품, 기술, 서비스가 사용된 제품을 이란에 공급하는 경우 ITSR에 따른 규제 외에도 수출 관리 규정(Export Administration Regulations, EAR)에 따른 규제가 중첩적으로 적용되는 점에 유의해야 합니다. 이 역시 JCPOA에 따른 제재 해제 대상이 아닙니다. 따라서 향후 JCPOA 복원 이후 이란 관련 거래를 진행하는 국내 기업들은 EAR에 따른 수출 통제 내용도 숙지할 필요가 있습니다.

또한 미국은 핵 관련 물품에 대해서도 별도의 수출 통제 제도를 두고 있으며, 그 집행에 상무부 외에 에너지부와 원자력규제위원회(USNRC)가 관여하고 있습니다. 핵 관련 물품의 수출 통제를 규율하는 기본 법규는 미국연방규정집 중 '핵 설비 및 물질의 수출입에 관한 규정(Export and Import of Nuclear Equipment and Material)'이며, 규정은 EAR 중 핵 관련 물품 및 기술에 대한 내용과 별도로 독립적으로 적용됩니다.

SDN과의 거래 금지 | 별도의 승인이나 예외 지위를 인정받은 경우가 아닌 한 미국인 또는 미국 기업은 SDN 리스트에 등재된 자의 재산 또는 재산과 관련된 권리를 이전, 지급,

수출 관리 규정 (Export Administration Regulations, EAR)
미국 상무부는 산업안보국(BIS)을 통해 상업 및 군사 목적과 특정 방위 항목 모두에 사용할 수 있는 '이중 사용' 품목을 포함한 대부분의 상용 상품, 소프트웨어 및 기술의 수출 및 재수출에 대한 제어를 광범위하게 실행한다.

수출, 포기 또는 거래할 수 없습니다. SDN 리스트에 등재된 자가 50% 이상의 지분을 소유하고 있는 법인이 소유한 재산이나, 재산에 관한 권리도 거래가 금지됩니다.

거래 전 확인 사항 | 이란 제재의 위반을 피하기 위해 확인해야 할 사항에 여러 가지가 있습니다. 이 중 거래와 관여하는 당사자가 SDN 등에 의한 거래 제한을 받고 있는지 확인하는 것은 필수입니다. 거래 당사자의 사업 분야, 설립 시기, 대주주나 임원 등 지배구조, 과거 SDN이나 EU 제재 리스트에 등재된 사실이 있는지 등에 대해서도 확인하는 것이 안전합니다.

이란과 거래 전 확인 사항

구분	내용
거래에 관여하는 당사자	• SDN 등 거래가 제한되는 당사자 또는 그 계열사가 거래에 직간접적으로 관여하고 있지는 않은가 • 사업 분야, 설립 시기, 실질적 사업 수행 경력, 지배구조, 과거 제재 대상자 등재 여부는 어떠한가
거래 품목 및 성격	• 미국의 특정 물품, 서비스, 기술이 사용된 경우, 필요한 허가를 거쳐 거래가 허용될 수 있는 경우인가 • 필요한 허가를 모두 받았는가 • 원자력 사업 분야의 경우 허용될 수 있는 경우인가 • 여전히 유효한 미국의 2차적 제재(테러 지원, 인권 탄압 등)가 적용될 수 있는 거래나 품목은 아닌가
미국 관련 요소 배제	• 미국인 또는 미국 기업 등이 거래에 직간접적으로 관여하고 있지 않은가 • 거래를 진행하고자 하는 한국 기업이 미국인 또는 미국 기업에 의해 소유 또는 통제받고 있지 않은가
거래 대금 송·수금 방법	• 거래 대금 송·수금 과정에서 미국 금융기관이 개입할 여지가 있는가
이란 내 제재 항만 등 이용 여부 확인	• 거래에 관여하는 거래 당사자가 SDN 등 제재 목록에 등재된 자에 의해 운영되는 항만 등을 이용하는가
제재 당국 등의 통지에 대한 처리 방안	• 제재 당국 등으로부터 수령하는 이란 사업 관련 통지를 처리할 전담 부서를 지정했는가 • 전사적으로 위 통지에 대한 대응 방안(전담 부서에 대한 신속한 고지)에 관해 안내했는가
회계의 분리	• 이란 관련 거래의 회계를 일반회계와 분리해 엄격하게 관리하고 있는가

SECTION 6
IRAN

Q63
한국에 수조원 규모의 이란 소유 동결 자금이 있는데 이란 거래처 미수금을 이 자금으로 회수할 수 있나요?

A63 한국과 석유 무역을 하던 이란은 제재 복원 이후 한국에서 석유 수출 대금으로 받은 70억 달러를 가져가지 못했습니다. 이란의 동결 자산 가운데 최대 규모지만, 한국 정부의 노력과 별개로 미국 정부의 협의가 필요했기 때문입니다.

2019년 5월 미국이 한국의 이란산 원유 수입에 대한 한시적 제재 예외 조치를 중단하면서 한국과 이란 간 원화 결제 계좌가 동결됐고, 지금까지 그 상태가 유지되고 있습니다. 이전까지 이란과 거래하는 국내 수출업자들은 우리은행과 IBK기업은행에 개설된 이란 중앙은행 계좌를 통해 수출 대금을 지급해 왔습니다.

한-이란 간 원화 결제 계좌란

2010년 10월부터 우리은행과 IBK기업은행

120억 달러

도널드 트럼프 전 미국 대통령이 이란 핵합의를 깨고 대이란 제재를 복원하기 전인 2017년, 한국과 이란의 무역 규모는 120억 달러에 달했다.

은 이란 중앙은행과 원화 결제 계좌를 개설해 대금을 지급해왔습니다. 이를 통한 대금 지급은 대외 지급 영수 절차를 필요로 하지 않아, 금융 제재 대상자와의 거래에 관리 체계가 수립됐습니다. 교역 대금의 지급과 영수는 이란 중앙은행 이름으로 원화 결제 계좌가 개설된 한국의 은행을 통해 할 수 있었으나, 원칙적으로 관련 계약서와 신용장이 필요해 진행 중인 계약도 그 계약 조건을 원화 결제로 수정한 후 해당 결제서비스를 이용할 수 있었습니다. 원화 결제 계좌는 자금의 송금, 수출환의 추심과 매입, 수입 신용장 개설, 수출입 거래를 위한 보증 제공 기능도 했습니다.

이란 국영석유공사(NIOC)가 한국에 원유를 수출하고 원유 판매 대금으로 받은 원화를 두 은행의 계좌에 넣어두면, 이란에 제품을 수출한 국내 기업은 이 계좌에서 이란에 수출한 물품 대금을 받아가는 형식입니다. 이러한 수출입 대금 결제는 원화 결제 계좌 동결로 불가능해졌습니다. 당초 이란 국영석유회사에서 수입한 원유 대금이 한국 기업들의 수출 물품 대금을 넘어섰기 때문에 원화 결제 계좌에 이란으로 전달되지 못한 대금이 남아 있었습니다. 현재는 계좌 동결로 약 70억 달러(한화 약 10조원)의 자금이 해당 은행들의 원화 결제 계좌에 있는 것으로 추산됩니다.

미국의 이러한 조처로 인해 국내 기업의 대이란 수출은 완전히 차단됐습니다. 미수금이 남은 기업들의 피해는 불가피해졌습니다. 원화 결제 계좌를 이용할 수 있었던 2018년에는 2111개 국내 기업이 이란으로 제품을 수출했습니다. 수출기업 중에 대기

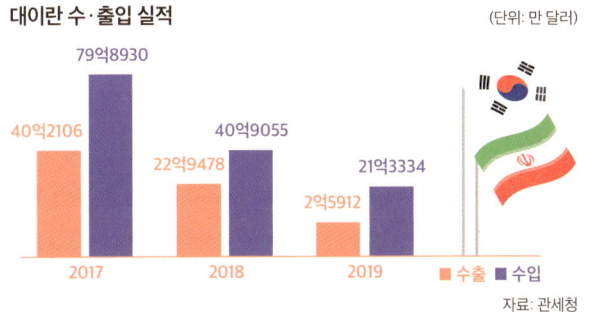

분위기가 아직 완고합니다. JCPOA 복원 협상과 관련 사안을 함께 논의하고 있는 만큼 이에 주목할 필요가 있습니다. 이란은 동결 자금을 이유로 국내 선박들을 상대로 호르무즈 해협 차단 등 조치를 하겠다고 했으며, 2022년 7월 외교부는 이란 당국과 관련 협의를 진행하기도 했습니다. 하지만 아직 뚜렷하게 진전된 사항은 없습니다. 현재 이란으로부터 결제 대금을 받을 수 있는 유일한 방법은 미국 재무부의 해외자산통제국(OFAC)에서 라이선스를 발급받는 것입니다.

라이선스 발급이 가능한 경우

라이선스 발급을 위한 가장 기본적인 조건은 거래 품목이 비제재 대상 품목이어야 한다는 것입니다. 이와 함께 일정한 요건이 충족되면 OFAC에 유권해석을 요구해볼 수 있는데, 이는 전문가와 협의가 필요합니다.

특정 라이선스는 사안별로 특정 개인 또는 기업에 발급되며, 당초 금지된 행위를 할 수 있도록 허가해줍니다. 일례로, 국내 건설사가 이란 내에 플랜트를 건설했으나 미국의 제재로 인해 발생한 미수금을 특정 라이선스 발급을 통해 회수한 사례가 있습니다. 국내 건설사가 이란에 이미 플랜트를 건설한 이후였기 때문에 미수금을 회수하지 못하면 이란은 대금을 지급하지 않고도 플랜트를 소유할 수 있는 상황이었습니다. 이 경우 국내 건설사가 미수금을 받지 못하는 것이 미국의 대외정책인 제재 목적과 부합하지 않기 때문에 이 점을 강조해 특별 라이선스를 발급받아 미수금을 회수할 수 있었습니다.

업도 일부 있지만 대부분 생활필수품이나 전자·기계 부품 등을 제조하는 중소·중견 기업이었습니다. 2018년 이란으로 수출한 한국의 제품 중 자동차 부품이 5219만 달러로 가장 많았으며, 기계류(4100만 달러), 플라스틱(3432만 달러), 철강(2064만 달러), 전자부품(1611만 달러) 등이 뒤를 이었습니다. 원화 결제 계좌가 모두 동결되면서 이란으로 수출하던 2100여 개 국내 기업은 상황이 막막해졌습니다.

정부는 이와 관련해 기획재정부, 산업통상자원부 등과 협의해 대책 마련에 나섰습니다. 원화 결제 시스템을 부활시키기 위해서는 미국 정부를 설득하는 방법밖에 없습니다. 하지만 이란 제재에 대한 미국 정부의

용어 설명

미수금

기업회계에서 기업의 일반적 상거래, 즉 당해 회사의 상거래 이외의 경상적 비정상적 영업활동에서 발생한 미수채권을 말한다.

SECTION 6

사례로 보는 이란 해외 진출

제재 위반에 따른 처벌 사례

2017년 3월 7일 중국 기업 중싱(Zhongxing)이 1차적 제재 및 EAR 수출 통제를 위반한 혐의로 미화 1억87만 달러의 제재금을 부과받았습니다. 미국 해외자산통제국(Office of Foreign Assets Control, OFAC)은 중싱이 2010년 1월부터 2016년 3월까지 ①미국으로부터 이란 내 또는 이란 정부에 대해 직간접적으로 물품을 수출·판매·공급했고 ②EAR 수출 통제 대상에 해당하는 미국산 물품을 제3국에서 해당 물품이 특별히 이란 및 이란 정부를 위한 것임을 알면서 재수출했으며 ③ITSR상 금지돼 있는 행위를 잠탈하거나, 공모해 위반하거나, 그 위반을 야기하는 행위를 함으로써 약 251건의 ITSR 제560.203조, 제560.204조, 제560.205조에 대한 위반 행위를 했다고 발표했습니다. OFAC은 중싱 측이 제재 위반 행위임을 알면서도 거래 내역을 조직적으로 은폐하고 자발적으로 공개하지 않았다는 점을 고려해 이와 같은 행위는 미국 제재 법령에 대한 중대한 위반행위에 해당한다고 보고, 이에 따라 미화 1억87만 달러의 제재금을 부과했습니다.

2021년 3월 26일에는 이탈리아의 가스보일러 시스템 및 응용프로그램 개발 회사인 노르드가스 S.r.l.(Nordgas S.r.l.)이 제재조치 위반 대상으로 제재금을 부과받는 일이 발생했습니다. 동 기업은 2013년 3월 23일부터 2017년 3월 31일까지 미국 회사에서 공급 받은 기압 장치 스위치를 이란에 재수출하는 방식으로 미국 회사가 이란에 수출하도록 함으로써 ITSR 제560.203조 및 제560.204조를 위반한 것으로 간주해 미화 95만 달러의 제재금을 부과받았습니다.

2021년 4월 29일에는 독일의 소프트웨어 회사인 SAP SE(이하 SAP)가 1차적 제재 및 수출 통제 위반 등의 혐의로 미화 213만 달러 제재금을 부과받았습니다. OFAC에 따르면 SAP는 2013년 6월부터 2018년 1월까지 특별히 이란을 위한 것이라는 점을 알면서도 13건의 소프트웨어 라이선스, 169건의 관련 업데이트 및 유지보수 서비스, 8건의 클라우드베이스 구독 서비스를 미국에서 아랍에미리트, 말레이시아, 독일에 있는 제3의 재판매회사들을 통해 이란으로 수출함으로써 ITSR 제560.204조를 위반했습니다. 다만 OFAC은 SAP이 위와 같은 위반행위를 자발적으로 공개하고 이후 재발 방지 조치를 시행한 점을 참작해 제재금을 감액했습니다. 해당 건에 대한 조사는 OFAC이 미국 법무부(Department of Justice, DOJ) 및 미국 상무부 BIS와 공동으로 진행했습니다.

제재 위반 혐의에 대한 극복 사례

국내 건설업체 A사는 동남아시아에서 유럽 기업의 하청업체로 도로 건설공사에 참여하면서 이란산 건축자재를 사용했습니다. A사는 나중에 유럽 원청사와 공사대금 관련 분쟁이 생겨 소송을 진행했는데, 소송 진행 중에 유럽 원청사는 A사가 미국의 대(對)이란 제재를 위반했다는 이유로 자신들도 미국의 대이란 제재를 위반하게 됐다고 주장하면서 미국 재무부의 OFAC에 위반행위를 자진 신고(Voluntary

Self-Disclosure, VSD)해 제재 위반에 따른 처벌에 직면했습니다.

A사는 고민 끝에 법무법인 율촌에 법률 자문을 의뢰했습니다. 율촌은 검토 결과 원청사의 OFAC 신고를 방관할 경우 원청사 측의 일방적 주장에 따라 OFAC이 A사에 가혹한 제재를 내릴 가능성이 있다고 판단했습니다. 이에 A사 역시 원청사의 행위에 대응해 별도로 OFAC에 자진신고하기로 결단하고, 미국 로펌을 한 곳 선정해 OFAC에 자진신고서를 제출했습니다.

자진신고서 제출 후 A사는 OFAC에서 요청하는 사실관계 추가 확인, 이란 제재 위반 여부에 대한 질의에 변호사들과 충분히 협의해 성실하게 응했습니다. A사는 이 자진신고 기회를 이란 제재에 대한 사내 준수 프로그램(Compliance Program)을 철저하게 구축하는 계기로 삼았으며, 이러한 A사의 노력은 OFAC에 정상참작 사유로 고려됐습니다. 또한 A사는 율촌의 변호사를 초빙해 임직원을 대상으로 한 이란 제재 준수를 위한 교육을 실시했으며, 이 역시 OFAC으로부터 매우 긍정적으로 평가받았습니다.

결국 수년에 걸쳐 조사를 진행한 결과 OFAC은 A사의 이란 제재 위반행위는 인정되지만 A사가 자진신고를 했고, OFAC의 조사에 적극적으로 협력했으며, 이란 제재 준수 프로그램을 구축하고, 이란 제재를 준수하기 위한 사내 교육을 실시한 점 등을 높이 평가해 A사를 불문 경고 조치하는 취지의 이른바 비조치의견서(No Action Letter)를 A사에 발급해 A사는 제재를 받지 않고 이 건을 잘 마무리할 수 있었습니다.

SECTION 7

주목 해야 할
해외 진출
이슈

(전쟁 그리고 제재와 보복을 이어가는 러시아)

RUSSIA

#지정학

러시아는 거대한 국가입니다. 1709만km²로 한반도의 78배, 미국의 1.8배에 이르는 세계 최대 영토 보유국이며, 세계 9위의 인구 규모(1억4674만 명)를 보유하고 있습니다. 러시아 경제는 글로벌 금융위기 당시 -7.8%를 기록하면서 큰 타격을 입었으나 그 이후 4%대의 안정적 성장을 유지해왔습니다. 하지만 2014년 크림반도 강제 병합으로 인한 서방의 제재가 이어지면서 다시 마이너스 성장을 했습니다. 2017년 이후 완만한 상승세를 기록했으나 코로나19 그리고 러시아의 우크라이나 침공으로 인한 제재 강화로 다시 어려운 상황에 직면했습니다. 러시아는 막대한 잠재력을 보유하고 있지만 정치적·외교적 리스크 탓에 어려움이 반복되고 있는 상황입니다.

#원자재

2022년 2월 24일 시작된 러시아의 우크라이나 침공은 많은 것을 변화시켰습니다. 제2차 세계대전 이후 불문율로 인정되던 무력에 의한 국경 변경 금지가 붕괴하면서 국제사회는 큰 충격을 받았고, 유럽을 중심으로 한 지정학적 질서는 엄청난 변화를 겪고 있습니다. 러시아의 침공에 대해 미국을 중심으로 한 유럽연합(EU)과 동맹국들은 강력한 경제 제재 조치를 시행했으며, 러시아는 여기에 맞서 유럽에 대한 에너지 수출 중단 및 원자재 수출 통제 등으로 보복에 나서고 있습니다. 단기적으로 끝날 것으로 전망되던 전쟁이 해를 넘기며 장기화함에 따라 패권국 간 대립과 분쟁은 격화되고 있으며, 그 영향의 범주 역시 확대되고 있습니다.

#곡물 #원자재 #천연가스

러시아는 지난 20년 동안 곡물, 가스, 석유 등 원자재 수출 국가로 위상을 높여왔습니다. 밀의 경우 2000년대 초반부터 수출 시장에 복귀하면서 세계 최대의 밀 수출국이 됐습니다. 천연가스의 경우 세계 1위 매장량, 생산량 2위 국가로서 유럽의 에너지 공급원 역할을 해왔습니다. 러시아의 천연가스는 주로 파이프라인을 통해 공급됐으며, 전체 수출량의 70%는 EU 국가로 향했습니다. 중국의 천연가스 수요 확대에 따라 중국으로 향하는 천연가스 공급이 확대됐지만 아직까지는 전체 수출 물량의 10% 수준에 머무르고 있습니다. 독일을 중심으로 한 유럽은 러시아가 공급하는 안정적이고 저렴한 에너지와 원자재에 의존하고, 러시아에 대해 각종 소비재와 생산재를 공급해왔

#원자재 **#천연가스** **#곡물** **#제재** **#유라시아경제연합** **#지정학**

는데 이러한 관계가 전쟁으로 인해 붕괴되고 있습니다.

#유라시아경제연합

러시아는 2010년 중반 이후 벨라루스, 카자흐스탄, 아르메니아, 키르기스스탄 등과 함께 유라시아경제연합(Eurasian Economic Union, EAEU)을 결성해 경제통합을 도모해왔습니다. 구소련 붕괴 이후 다시 이를 복원하기 위한 노력은 가시적 성과를 내는 것으로 보였지만 우크라이나 침공 이후 경제 통합 논의는 중단된 상태입니다.

#제재

전쟁 이후 러시아 경제는 고립된 상태이며, 러시아에 투자했던 서방 기업 대부분은 사업체를 폐쇄하거나 철수, 매각하고 있습니다. 각종 제재로 인해 대금의 결제와 인력의 이동 등이 자유롭지 못한 것이 큰 원인으로 작용했습니다. 미국과 유럽이 주도하고 있는 러시아에 대한 제재는 광범위하며 적발 시 큰 대가를 치러야 하기 때문에 수출입이나 투자 과정에서 많은 주의를 기울여야 합니다.

러시아에 대한 투자는 현시점에서 거의 봉쇄됐지만 미래의 정세는 어떻게 변화할지 예측할 수 없습니다. 서방과 러시아의 관계가 다시 돌아올 수 없는 수준으로 갈 것인지, 아니면 예전만큼은 아니지만 일정 부분 회복 단계로 접어들 것인지는 예단하기 어렵습니다. 하지만 에너지 위기에 직면하고 있는 서방국가들로서는 러시아로부터의 에너지 수입을 완전히 대체할 방안을 찾지 못하는 상황에서 국내적으로 커지는 정치적 압력으로 인해 러시아와의 관계 개선을 도모할 가능성은 언제나 열려 있습니다. 미국으로서도 중국과의 본격적인 경쟁을 대비해야 하기 때문에 러시아와의 관계 악화를 계속 밀어붙이기에는 부담스러운 면이 있습니다.

러시아는 많은 잠재력을 지닌 국가입니다. 과거의 역사를 돌이켜보면 러시아는 위기와 축소 이후 다시 빠르게 회복과 성장을 해왔습니다. 곡물과 에너지자원, 그리고 대도시의 중산층이 만들어내는 소비시장은 포기하기 어렵습니다. 상황이 어렵다고 무시하기보다는 언젠가 찾아올 변화의 시점을 기다리면서 관심의 끈을 놓지 않는 것이 필요한 시기라고 생각합니다. 좁아진 틈에서 기회를 찾고, 미래의 투자를 준비한다면 좋은 결과를 기대할 수 있는 곳이 러시아가 아닐까 합니다.

SECTION 7
RUSSIA
Q64

러시아의 우크라이나 침공으로 국제사회가 러시아에 대한 경제 제재를 강화하는 현 상황에서 러시아 진출을 고려해야 하나요?

A64 국제사회는 미국과 유럽의 주도하에 러시아의 우크라이나 침공을 규탄하며 국제은행간통신협회(SWIFT) 퇴출, 전략물자 수출 금지, 정부 주요 인사의 자산동결 등 강력한 경제 제재를 단행했습니다. 러시아도 한국을 포함한 비우호적 행동을 한 국가와 지역 목록을 발표하는 등 제재를 예고해 러시아에 진출한 한국 기업들이 타격을 입을 것으로 예상됩니다.

최근 러시아-우크라이나 전쟁의 영향으로 미국, 유럽연합(EU) 등 서방 국가들이 러시아 제재를 강화하면서 미국 및 EU 기업들과 기타 미국의 제재를 철저히 준수하는 국가(일본, 캐나다, 호주, 대만 등)의 기업들이 러시아 관련 사업을 전면 중단하거나 축소했습니다. 특히 세계적으로 유명한 맥도날드와 스타벅스 같은 초대형 프랜차이즈가 전쟁 초기에 러시아에서 전면 철수했고, 최근에는 일본의 자동차 제조기업 토요타와 마쓰다까지 러시아 공장 운영을 중단하기로 결정하면서 해외 기업의 러시아 철수는 계속되고 있습니다.

99억8000만 달러
한국의 러시아 수출액은 99억8000만 달러(한화 약 12조원)로 전체 교역국 가운데 12위를 차지했다(한국무역협회 무역통계정보시스템, 2021년 기준).

그동안 러시아 시장 진출을 고려하던 기업이라면, 세계적 대기업들이 철수해 경쟁자가 사라진 지금이 러시아로 진출할 절호의 기회처럼 보일 수도 있습니다.

미국 경제 제재 집행의 빈틈을 노린 백필링

미국에서는 미국의 경제 제재로 인해 시장에 생긴 빈틈을 노려 사업을 확장하는 행위를 일컬어 '백필링(Backfilling)'이라고 합니다. 이러한 고유명사가 널리 쓰이고 있다는 것은 미국이 국제 제재를 새로운 시장 확대 및 진출의 기회로 여기는 자들이 존재하고 있음을 인지하고 있다는 것을 의미합니다. 즉 백필링 행위는 언제든 미국 재무부의 경제 제재 집행에 수반되는 확인과 감시를 위한 정보망에 포착될 위험이 있으며, 적발될 경우 미국 재무부로부터 위반 수준에 따른 개별적 제재를 당하게 됩니다.

이번 러시아-우크라이나 전쟁으로 인한 미국의 대러시아 제재의 경우 특히 중국 기업들의 백필링 행위가 문제되고 있는데, 향후 미국 재무부가 이러한 백필링 기업들을 어떻게 제재할지 지켜보는 것은 좋은 참조 사례가 될 듯합니다. 실제로 눈앞의 작은 수익을 취하려던 기업 중에는 미국의 자산동결을 비롯한 각종 제재 조치로 예금 인출 불가 등 자금의 유동성에 큰 타격을 입어 존폐 위기에 놓인 경우도 찾아볼 수 있습니다.

현 상황이 얼마나 지속될 것인가

과거 사례를 보면 현 상황은 장기간 지속될 가능성이 높습니다. 2014년 러시아의 크림반도 합병 이후 2022년 2월 러시아가 우크라이나를 전면적으로 침공하기 전까지 약 8년의 시간 동안 미국과 EU를 중심으로 한 서방의 러시아 제재는 전혀 완화되지 않았습니다. 그렇다면 이번에도 전쟁이 중단된다고 해서 러시아에 대한 제재가 완화될 것이라고 예단하기는 어렵습니다. 러시아가 강제로 병합했던 크림반도와 반군 세력을 지원해 분리상태로 놓여 있던 도네츠크 및 루간스크 지역을 우크라이나에 반환하는 정도의 원상복구 조치가 있지 않은 이상 서방이 러시아에 대한 제재를 완화할 가능성은 매우 적어 보입니다.

즉 러시아가 불법적으로 점령한 모든 우크라이나 영토를 반환하고, 모든 적대행위를 종결하고, 우크라이나의 독립과 주권 및 영토를 존중하는 입장으로 방향을 선회하지 않는다면 현재의 제재 조치들은 그대로 남아 있을 가능성이 커 보입니다. 이러한 상황에서 러시아 사업을 확장하거나 새로 진출하는 것은 리스크가 매우 크다고 볼 수 있습니다.

왼쪽) 미국 패스트푸드 체인점 맥도날드가 러시아의 우크라이나 침공으로 2022년 5월 16일 러시아 시장 철수를 발표했다. 사진은 상트페테르부르크 내 맥도날드 폐점 모습.
오른쪽) 나이키는 러시아의 우크라이나 침공 직후인 2022년 3월 3일부터 러시아 내 모든 나이키 매장 100여 곳의 영업을 일시 중단한 데 이어 6월 23일 러시아 시장에서 완전 철수를 결정했다.

용어 설명

크림반도 합병
러시아가 2014년 3월 무력을 동원해 우크라이나로부터 크림반도를 병합한 것을 말한다. 그러나 유럽연합(EU)과 미국을 포함한 국제사회는 러시아의 크림반도 병합을 인정하지 않고 있다.

국제은행간통신협회(SWIFT)
전 세계 은행들이 공동으로 정보를 공유해 은행·증권사 등의 금융기관과 일반 기업들이 표준화된 금융 정보를 안전하게 교환할 수 있도록 지원하는 세계은행 간 금융 전자 통신 기구다.

6조9970억원
한국조선해양·대우조선해양·삼성중공업 등 국내 조선 3사가 러시아와 계약한 액화천연가스(LNG)선과 LNG 프로젝트 총금액(조선업계, 2022년 2월 기준)

기존에 러시아 관련 사업을 하던 기업이라면 현재 기준으로 해당 사업이 서방의 제재 위반이 아니라고 하더라도 향후에는 제재 위반에 해당할 가능성이 높습니다. 러시아-우크라이나 전쟁이 장기화하면서 러시아와 서방의 갈등이 고조되고 있고, 이에 발맞춰 서방의 대러시아 제재는 계속 추가되고 있으며, 러시아 또한 맞불 제재를 가하고 있기 때문입니다.

특히 러시아는 우리나라가 서방의 제재에 동참했다는 이유로 우리나라를 비우호국으로 지정한 상황입니다. 따라서 기존에 러시아 사업을 영위하던 기업 입장에서 꾸준한 모니터링과 발빠른 대응이 필요한 시기입니다. 다만 의약품 관련 거래나 필수소비재 거래 등 인도주의적 성격의 거래인 경우 미국 재무부는 일반 허가(General License)를 발급해 허용하고 있습니다. 인도주의적 거래는 전쟁이 지속되더라도 계속해서 허용될 가능성이 높으므로, 이러한 분야의 사업을 영위하는 기업이라면 상대적으로 제재 관련 리스크가 낮다고 볼 수 있습니다.

SECTION 7
RUSSIA

Q65 미국과 EU가 러시아에 부과한 경제 제재는 어떻게 구성돼 있나요?

A65 미국과 동맹국이 주도하는 대러 경제 제재는 러시아 정계와 군부 수뇌부, 대부호와 기업들에 대한 자산 압류 또는 동결, 러시아산 원유와 천연가스 수입 금지, 러시아 기업에 대한 투자 금지, 첨단기술 관련 제품의 러시아 수출 통제 등 전방위적 제재입니다.

미국의 대(對)러시아 제재

미국은 많은 국가에 대해 각종 제재를 단독 혹은 다른 국가와 공동으로 취하고 있습니다. 미국은 세계 어느 나라보다 제재에 대한 노하우가 풍부합니다. 집행·점검·평가 등 각 과정에 대한 점검 체계도 갖추고 있습니다. 특히 미국은 국제적 차원의 결제·송금 등 금융 부문에 대해 강력한 통제력을 지니고 있기 때문에 당하는 입장에서 미국의 제재는 매우 엄격하고 가혹하다고 볼 수 있습니다. 현재 러시아에 대한 미국의 제재는 크게 산업적 측면과 인적 측면으로 나눠볼 수 있습니다.

산업적 측면 | 산업적 측면에서 가장 중요한 제재는 바이든 대통령이 2022년 3월 8일에 서명한 행정명령 제14066호에 따른 러시아산 원유, 가스, 석탄 등의 수입 금지입니다. 원칙적으로 이러한 금지 조치는 미국인 또는 미국 기업에만 적용됩니다. 하지만 외국 기업에 의한 거래라 할지라도 해당 거래가 미국인에 의해서나 미국에서 행해졌다면 이 조항에 따라 금지 대상이 될 수 있습니다. 또한 이러한 거래에 대해 미국인 또는 미국 기업이 승인하거나 자금조달을 지원·보증하는 행위 역시 금지됩니다. 따라서 미국 국적의 은행 등 미국 기업이 외국인에 의한 제재 대상 거래에 관여하는 것은 금지돼 있다고 볼 수 있습니다.

나아가 이렇게 미국 기업의 관점에서 금지된 행위를 미국 기업이 수행하도록 원인을 제공하는 외국인 또는 외국 기업은 국제비상경제권법(International Emergency Economic Powers Act, 이하 IEEPA) 제206조에 따른 민형사상 책임을 져야 하는 2차적 제재 대상이 될 가능성도 있습니다.

인적 측면 | 현재 이란이나 북한, 쿠바 관련 거래는 미국인이 거래에 관여하는 것이 포괄적으로 금지되고 있습니다. 러시아의 경우 2022년 9월 기준으로 포괄적으로 금지되지 않고 있습니다. 그러나 미국인이 러

용어 설명

유엔 안보리 상임이사국(UN)
유엔(UN)의 한 기관인 안전보장이사회는 회원국의 평화와 안보를 목적으로 설립됐다. 현재 15개국이 참여 중이지만 미국, 중국, 러시아, 영국, 프랑스 등 5개국이 상임이사국 역할을 담당하고 있다.

우르줄라 폰데어라이엔 유럽연합 집행위원장이 2022년 9월 28일 벨기에 브뤼셀 EU 본부 기자회견에서 러시아에 대한 추가 제재안을 발표했다.

시아 제재 관련 행정명령을 통해 특별 지정 제재 대상(이하 SDN)로 지정되거나 부문별 제재 대상(이하 SSI)에 포함된 개인 또는 기업과 거래하는 것은 전면적으로 금지되고 있습니다. 한편 SDN 또는 SSI로 지정된 자가 지분의 50% 이상을 보유한 기업 역시 이른바 '50% 룰'에 따라 SDN 또는 SSI로 지정된 것과 동일하게 취급해 이들과의 거래에 미국인이 참여하는 것은 금지되고 있습니다.

원칙적으로 외국인이나 외국 기업은 위와 같은 제재의 적용 대상이 아닙니다. 하지만 한국의 외환거래 대부분은 미국 달러화를 기반으로 진행되며, 이에 따라 필연적으로 미국 금융기관으로부터 금융 서비스를 받게 됩니다. 따라서 SDN과의 거래 혹은 SSI와 제한된 거래를 진행할 경우 미국은 해당 거래에 관여한 자가 미국인의 제재 법령 위반행위를 야기하는 것으로 판단합니다. 이에 따라 IEEPA 제206조 위반에 따른 2차적 제재를 가할 위험이 있습니다.

EU의 대(對)러시아 제재

EU의 러시아 제재는 원칙적으로 EU 회원국 국민 또는 EU 관할권 내에서 설립된 법인에 적용되며, 미국의 제재와 같이 역외 적용되지 않습니다. 또한 제재를 실제로 집행하기 위해서는 개별 회원국의 집행 법령 제정이 별도로 필요할 것으로 보입니다. EU 회원국 국민 또는 법인이 아닌 제3국의 기업이나 개인을 상대로 적용된 선례를 찾아보기 어렵습니다.

다만, 러시아와 거래하는 제3국 기업의 임직원 중 EU 회원국 국적자가 있거나, 자회사나 지사 등 관계 회사 중 EU 회원국 법에 따라 설립된 법인 등 또는 그 임직원이 거래에 관여했거나 할 예정이라면, EU 러시아 제재를 위반한 것으로 판단될 가능성이 있으므로 유의해야 합니다.

UN 제재가 없는 이유

현재 러시아는 미국과 유럽연합(EU)에 의한 경제 제재를 받고 있습니다. 그런데 왜 국제사회를 대표하는 유엔(UN)에 의한 제재는 없을까요? 통상적으로 국제적 차원에서 이뤄지는 경제 제재 조치는 크게 미국, EU, UN에 의한 제재로 구분됩니다. 그런데 러시아는 UN의 가장 핵심적 기구인 안전보장이사회 상임이사국으로서 UN 차원에서 이뤄지는 모든 결정에 거부권을 행사할 수 있습니다. 따라서 러시아에 대한 UN 차원의 제재는 현재 UN 체제에서 불가능합니다.

6000억 달러
서방 제재로 인해 러시아에서 1000개 이상의 글로벌 기업이 사업을 축소하거나 전면 철수했다. 이들 기업의 가치는 약 6000억 달러에 달한다고 추산했다(제프리 소넨펠드 예일대학교 경영대학원 교수, 보고서, 2022년).

유럽연합(EU)
유럽의 정치·경제 통합을 실현하기 위해 1993년 11월 1일 발효된 마스트리히트조약에 따라 1994년 1월부터 사용된 유럽공동체(EC)의 새 명칭이다. EU는 2012년 노벨평화상을 수상하기도 했다.

유엔(UN)
전쟁 방지와 평화 유지를 위해 설립한 국제기구로, 활동은 크게 평화 유지 활동·군비 축소 활동·국제 협력 활동으로 나뉘며, 주요 기구와 보조 기구·전문 기구로 구성돼 있다.

SECTION 7
RUSSIA

Q66
한국이 실시하고 있는 러시아에 대한 제재의 주요 내용은 무엇인가요?

A66
러시아에 대한 제재는 특정 물품이나 제품의 거래를 규제하는 산업적 측면과 특정 기업 또는 개인과의 거래를 규제하는 인적 측면으로 구분됩니다. 한국은 국제사회의 대러 제재에 동참하기 위해 러시아 주요 7개 은행과 거래를 중지하고, 러시아 국고채에 대한 투자 중단, 국제은행간통신협회(SWIFT) 배제 등에 적극 협력하고 있습니다.

산업적 측면에서 한국이 실시하고 있는 러시아 제재를 이해하기 위해서는 먼저 미국의 해외직접제품규칙(Foreign Direct Product Rule, 이하 FDPR)을 이해해야 합니다. 한국의 러시아에 대한 수출 통제는 기본적으로 미국의 FDPR과 유사한 수준으로 이뤄지고 있기 때문입니다. 미국 상무부 산하의 산업안보국(BIS)은 2022년 3월 3일 자로 수출 관리 규정(Export Administration Regulations, 이하 EAR)을 개정해 러시아를 대상으로 하는 FDPR을 도입했습니다.

이에 따르면 제재 적용 대상 제품을 제재 적용 대상 거래를 통해 러시아에 판매하려는 경우 미국의 파트너 국가 가운데 사전적으로 예외 인정을 받은 국가 또는 기업이 아니면 미국 정부의 승인을 받아야 합니다. 즉 미국의 파트너 국가로 예외가 인정된 나라들이 수행하는 거래는 FDPR 적용 대상에서 제외됩니다.

FDPR 적용 대상 제품 및 거래

FDPR이 적용되는 대상 품목은 ①통제 품목 목록상 품목식별번호(Export Control Classification Number, 이하 ECCN) 카테고리 3, 4, 5, 6, 7, 8, 또는 9로 분류되는 미국산 소프트웨어·기술이 공정시장 가격의 25% 이상 차지하는 직접 제품 ②통제 품목

> **용어 설명**
> **우려 거래자**
> 국제안보 및 세계평화를 위해 무역거래가 제한되거나 무역거래 시 주의를 기울일 필요가 있는 단체 및 개인을 말한다. UN 안전보장이사회, 다자간 국제 수출통제체제 회원국 및 각국 정부는 이러한 우려 거래자를 선별해 통보 및 게시하고 있다.

목록상 ECCN 카테고리 3, 4, 5, 6, 7, 8, 또는 9로 분류된 미국산 소프트웨어·기술의 직접 제품에 해당하는 특정 공장 또는 설비에 의해 생산된 제품을 가리킵니다.

FDPR이 적용되는 거래는 ①러시아에 대한 수출 거래 ②러시아로 수출하는 부속, 부품, 장비 또는 러시아 내에서 생산 예정인 부속, 부품, 장비의 생산·개발에 사용하는 제품의 거래 ③FDPR(Supplement No. 4)의 기업목록에 포함된 군사 최종 사용자(Military End User, MED)가 당사자인 거래 또는 해당 업체가 생산·매수·주문한 부속, 부품, 장비의 생산·개발에 사용하는 제품의 거래를 의미합니다.

한국은 FDPR 예외국

미국은 FDPR에 준하는 수준으로 러시아 제재에 동참하는 국가들에 대해 FDPR 예외국 지위를 부여했는데, 한국도 예외국으로 분류됐습니다. 이에 따라 한국은 대외무역법상 규정된 전략관리 물자를 러시아에 수출하기 위해 별도의 허가를 받도록 하는 등 러시아에 대한 수출 통제 강화 조치를 취한 바 있습니다. 이 같은 한국 정부의 행보를 감안하면 미국의 러시아 제재가 강화될수록 한국의 제재 또한 강화될 가능성이 높은 상황입니다.

인적 측면과 관련해 산업통상자원부는 2022년 3월 4일 러시아 국방부 등 미국이 지정한 49개 기업을 '우려 거래자' 목록에 올리기로 했습니다. 일단 우려 거래자로 지정된 기업 등에 물품과 기술을 수출하려면 대외무역법상의 전략물자가 아니어도 이와 동일한 수준의 절차를 거쳐 정부에서 수출

용어 설명

전략물자
대외무역법에 근거해 재래식무기, 대량파괴무기 및 미사일에 이용할 수 있는 물품, 소프트웨어 등을 포함한 것을 말한다.

가격상한제
정부가 특정 재화나 서비스 가격의 최고가를 설정하고, 그 이상의 가격으로 거래가 이뤄지지 못하도록 규제하는 제도다.

허가를 받아야 합니다. 그러나 우려 거래자와의 거래라 해도 수입하는 거래에 대해 특별히 제재를 가하고 있지 않습니다. 이 때문에 수입의 경우 제재로부터 비교적 자유롭다 할 수 있습니다.

세계 주요 7개국(G7)은 2022년 9월 2일 러시아산 에너지에 대한 가격상한제를 시행하기로 합의했습니다. 가격상한제가 성공하려면 최대한 여러 국가의 동참을 끌어내야 하는데 한국도 여기에 동참하고 있습니다. 그런데 러시아 푸틴 대통령은 2022년 9월 7일에 개최된 '제7차 동방경제포럼'에서 "가격상한제에 동참하는 국가에 에너지를 수출하지 않겠다"라는 입장을 공식적으로 밝혔습니다. 따라서 앞으로는 러시아로부터 에너지 수입이 제한될 가능성이 매우 높은 상황입니다.

블라디미르 푸틴 러시아 대통령이 2022년 9월 7일 러시아 블라디보스토크에서 열린 제7차 동방경제포럼 본회의에 참석해 연설하고 있다. 동방경제포럼은 극동 지역 개발을 위한 투자 유치, 주변국과의 경제협력 활성화를 위해 마련한 행사로, 2015년에 처음 열렸다.

SECTION 7
RUSSIA
Q67

대러시아 제재를 위반하면 구체적으로 어떤 제재를 받나요?

A67 미국 바이든 대통령은 2022년 4월 6일 대러시아 추가 경제 제재 조치를 시행한다고 발표했습니다. 이번 제재는 기존의 '분야별 제재'와 달리 러시아에 대한 전면적인 투자 및 서비스 제공 금지를 포함하고 있습니다. 러시아에 대한 제재는 다양하게 구성돼 있습니다. 국내 기업에 가장 중요한 것은 미국의 대러 제재를 위반하는 경우입니다.

러시아에 대한 제재는 다양하게 구성돼 있습니다.

1차적 제재 위반 시

미국인이 SDN으로 지정된 개인 또는 기업과 거래하는 것은 전면 금지돼 있습니다. 또한 SDN으로 지정된 자가 지분의 50% 이상을 보유한 기업 역시 소위 '50% 룰'에 따라 SDN과 동일하게 취급합니다. 미국 정부는 SDN과 별도로 SSI 또한 지정하고 있습니다. SDN과의 거래가 거래 유형에 관계없이 일률적으

GDP −0.01~0.06%p
대러 제재로 인한 수출통제(FDPR)의 장기화만으로도 경제성장률이 감소할 가능성이 있다(대외경제정책연구원, 한국무역협회, 2022년 4월).

로 제한되는 것과 달리, SSI와의 거래는 미국인이 'OFAC Directive'에서 규정하는 바에 따라 ①OFAC이 지정한 거래 상대방과 ②특정 산업 분야와 관련된 ③특수한 형태의 거래를 하는 경우에 한해 제한을 받습니다.

이에 대해 '분명히 미국인이 SDN 또는 SSI와 거래하는 것이 제한된다고 한 듯한데, 이게 나와 무슨 상관이지?'라고 생각한다면 큰 오산입니다.

외국인이나 외국 기업은 원칙적으로 1차적 제재의 적용 대상이 아닙니다. 하지만 외국인 또는 외국 기업이 미국인으로 하여금 제재 법령의 위반행위를 하도록 야기하는 경우 해당 외국인이나 외국 기업도 IEEPA 제206조(50 U.S.C. 1705)에 따른 민형사상 책임을 부담할 수 있다는 점을 유의해야 합니다. 과실에 의한 위반의 경우 33만947달러의 벌금과 위반 금액의 두 배 중 더 큰 금액

이 민사 처벌로 부과될 수 있습니다. 고의적 위반의 경우 100만 달러 이내 벌금 및 20년 이상 징역 등에 처해질 수 있습니다. 위반자가 법인인 경우 책임 있는 임직원이 징역형을 받을 수 있습니다.

특히 한국 외국환거래 시스템상 대부분의 외국환거래에 미국 달러화가 끼어 있고, 이로 인해 필연적으로 미국 금융기관으로부터 금융서비스를 제공받게 됩니다. 이 경우 제재 당국은 해당 거래에 관여한 자가 미국인의 제재 법령 위반행위를 야기한 것으로 판단할 위험이 매우 큽니다.

2차적 제재 위반 시

2차적 제재는 외국인 또는 외국 기업이 제재 대상 국가 또는 개인과 거래하는 것을 제한합니다. 미국 제재 법령의 수범자는 원칙적으로 미국인 또는 미국 기업이지만, 미국 정부가 관할권을 행사하는 사항(미국 입국 금지, 미국 내 자산동결, 미국 내 대리 계좌 개설 금지 등)에 관해 외국인이나 외국 기업에 대해서도 일정한 요건하에 제재를 부과하고 있습니다.

외국인이 이런 내용을 알면서도 SDN 또는 SSI로 지정된 개인 또는 기업, 단체를 위해 중요한 거래를 용이하게 하는 경우 제재를 통한 미국의 적국에 대한 대응법(CAATSA) 제228조에 따라 미국 대통령은 해당 외국인에 대해 의무적으로 미국 내 자산동결, IEEPA 제206조에 따른 민형사상 책임 등 제재를 부과하고 있습니다.

만약 외국인이 알면서 러시아 정부의 에너지 수출용 파이프라인을 건설하는 능력에 상당히 직접적으로 기여하는 투자를 하는 경우 또는 러시아의 에너지 수출 파이프라인의 건설, 개선, 보수 공사의 유지 및 확장을 상당히 직접적으로 용이하게 하는 물품(건당 100만 달러 이상, 1년간 합계 500만 달러 이상), 서비스, 기술, 정보 또는 지원을 제공할 경우 CAATSA 제232조에 따라 제재를 부과할 수 있습니다.

이 밖에도 외국인이 러시아의 특별 원유 프로젝트와 관련해 '알면서' 상당한 수준의 투자를 했다고 판단될 경우 우크라이나 자유지원법(UFSA) 제4(b)조에서 규정한 미국 금융기관으로부터 차입 금지, 미국 정부 조달 절차 참여 금지, 미국 금융기관을 통한 금융거래 금지 등 가운데 세 가지 이상의 제재를 부과받게 됩니다.

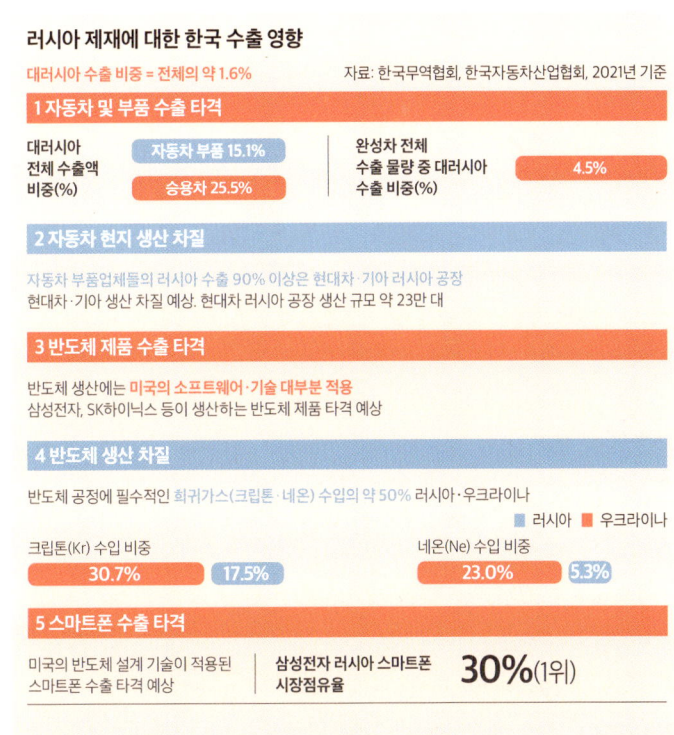

SECTION 7
RUSSIA
Q68

러시아에 대한 인도주의적 거래는 가능하다는데, 구체적인 내용이 궁금합니다

A68 대러 제재 조치는 경제성장률을 낮추고 대외 교역을 줄이는 데 분명한 효과가 있습니다. 하지만 인간의 생존과 직결된 농업과 의료 분야 무역은 제재를 해제했습니다.

미국을 비롯한 서방의 대러 제재는 '포괄적인 전면 금지'까지 강화되지는 않았습니다. 즉 합리적으로 필요한 경우에는 러시아와의 거래를 허용하는데, 예를 들어 의약품 관련 거래나 필수소비재 거래 등 인도주의적 성격의 거래는 미국 재무부의 일반 허가(General License) 6B호에 따라 허용하고 있습니다.

일반 허가 6B호에 의거해 △농산물 △농기계 △의약품 △의료기기 △의료기기의 교체 부품 및 구성품 △의료기기의 소프트웨어 업데이트를 생산, 제조, 판매 또는 운송하는 거래 △코로나19의 예방, 진단 또는 치료 관련 거래 △진행 중인 임상시험 및 기타 의료 연구 활동 관련 거래는 허용합니다. 그렇지만 △행정명령 제14024호에 따른 Directive 2에서 지정한 기업을 위해 지급 결제 계좌를 개설하거나 유지하는 행위 △러시아 중앙은행, 러시아 국부펀드, 러시아 재무부가 소유한 미국 금융기관 계좌로의 이체 △러시아에 대한 새로운 투자 행위 △러시아산 주류, 어류, 해산물 등을 미국으로 반입하는 행위 등은 금지됩니다.

OFAC은 특히 인도주의적 거래에 관한 제재의 내용을 명확히 하기 위해 2022년 7월 14일 'OFAC Food Security Fact Sheet on Russia Sanctions and Agricultural Trade'라는 제목의 자료를 배포했습니다. 주요 내용은 다음과 같습니다.

+52.3%
국제 곡물 가격이 급등했다. 인도분 밀은 1톤당 2021년 평균 258달러 대비 52.3% 급등한 392.88달러에 거래됐다.

농업 및 의료 관련 무역 거래는 미국의 대러 제재 대상이 아닙니다

Q. 미국의 대러 제재는 러시아산 농산물 수출입, 운송 등 러시아 관련 농산물 거래를 금지하나요?

A. OFAC은 일반 허가 제6B호를 발급해 러시아로부터 들여오거나 러시아와 관련된 농산물 거래를 예외적으로 허용하고 있습니다. 다만, 미국은 러시아산 주류·어류·해산물 등을 수입하는 행위는 금지하고 있는데, 러시아가 아닌 다른 나라에서 수입하는 것까지 금지하는 것은 아닙니다.

Q. 미국의 대러 제재는 러시아산 비료 수출입, 운송 등 러시아 관련 비료 거래를 금지하나요?

A. OFAC은 일반 허가 제6B호를 발급해 러시아로부터 들여오거나 기타 러시아와 관련된 비료 거래를 예외적으로 허용하고 있습니다.

Q. 러시아산 어류, 해산물 등의 미국 내 수입 금지와 관련해 미국이 아닌 제3국에서 해당 품목을 계속적으로 수입하는 경우 제재 대상이 되나요?

A. 행정명령 제14068호는 러시아산 어류, 해산물, 관련 조제품, 주류 및 비산업용 다이아몬드의 미국 수입을 금지합니다. 그러나 미국 외의 제3국에서 수입하는 것은 (해당 거래의 당사자가 제재 대상이거나 기타 다른 제재 사유를 포함하고 있지 않은 이상) 허용합니다.

Q. 러시아에서 출발하거나, 러시아로 향하거나, 러시아를 경유하는 농산물의 운송 관련 보험 및 재보험 서비스도 허용하나요?

A. 네, 허용합니다. 미국은 농산물의 수출입을 제재하고 있지 않으므로 당연히 관련 보험 및 재보험 서비스도 제재하고 있지 않습니다.

Q. 농기계 및 관련 부품의 러시아 수출입도 허용하나요?

A. 네, 허용합니다. 미국은 농기계 및 관련 부품의 수출입을 제재하고 있지 않습니다.

Q. 노보로시스크 항구를 이용한 농업 및 의료 관련 제품들의 수출입도 허용하나요?

A. 노보로시스크(Novorossiysk) 항구는 SDN 리스트에 등재된 항구가 아닙니다. 따라서 노보로시스크 항구를 통한 거래라고 해서 특별히 제한되는 것은 아닙니다.

Q. 미국의 금융기관은 농산품, 의약품, 의료기기 등의 러시아 수출입, 운송, 기타 러시아 관련 거래를 처리할 수 있나요?

A. 미국의 금융기관은 일반 허가 6B에 따라 승인된 거래를 처리할 수 있습니다.

Q. 러시아 농업은행은 미국의 제재 대상이 아닌가요?

A. 러시아 농업은행(Russian Agricultural Bank)은 SDN 리스트에 등재돼 있지 않으므로 러시아 농업은행과의 거래를 전면적으로 제한하는 것은 아닙니다. 다만, 행정명령 제14024호에 따른 Directive 3 및 행정명령 제13662에 따른 Directive 1에 따른 제재는 준수해야 합니다. 예를 들어 미국인 또는 미국 내에 있는 자는 러시아 농업은행이 2022년 3월 26일부터 발행하는 만기 14일 초과 채권을 거래할 수 없습니다.

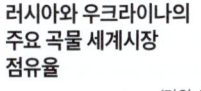

러시아와 우크라이나의 주요 곡물 세계시장 점유율
(단위: %)
■ 러시아 ■ 우크라이나 ■ 합계

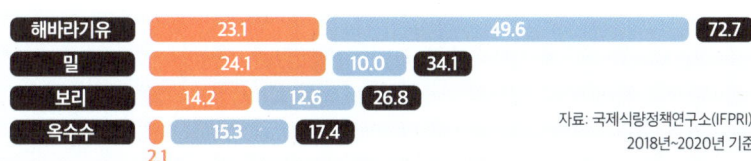

자료: 국제식량정책연구소(IFPRI), 2018년~2020년 기준

SECTION 7
RUSSIA

Q69
러시아에 대한 경제 제재의 해제 또는 완화 가능성이 있나요? 그 경우 준비해야 할 사항은 무엇인가요?

2014년, 러시아의 크림반도 합병 및 미국의 대러 제재

푸틴 대통령은 2014년 2월 20일 우크라이나 영토이던 크림반도를 무력으로 점령하고 병합한 전례가 있습니다. 2014년 3월 2일, 당시 미국의 존 케리 국무장관은 러시아에 크림반도에서 군사를 철수할 것을 요구했습니다. 이를 이행하지 않을 경우 미국 기업의 철수와 같은 경제 제재를 가하거나 G8에서 러시아를 제외하겠다고 경고했습니다.

실제로 2014년 3월 25일 러시아를 제외한 G7은 소치 G8 회담 불참을 선언하고, 브뤼셀에서 G7 회담을 구성하기도 했습니다. 그리고 2014년 3월 27일, 당시 미국 대통령이던 오바마와 미국 의회는 러시아를 제재하는 내용의 행정명령 제13660호 개정안에 서명했습니다.

2016~2017년, 미국의 경제 제재 유지

트럼프 행정부는 러시아에 상당히 우호적인 정부였습니다. 실제로 트럼프 전 대통령은 2016년 8월 "크림반도 병합은 해당 지역 주민 대다수가 원하던 것이었다"라는 발언을 할 정도로 크림 문제에 대 친러적 입장을 드러내기도 했습니다.

그 후 2016년 11월 30일, 우크라이나군이 크림 부근에서 미사일 발사 실험을 강행했습니다. 이에 당시 트럼프 미국 대통령 당선인의 외교정책 고문 담당을 맡은 카터 페이지가 "러시아의 크림 영유권 주장 부정은 잘못된 것"이라며 "크림반도를 러시아 영토로 인정하지 않는 건 잘못됐다"는 주장을 내놓기도 했습니다.

A69
러시아가 우크라이나를 침공한 후 미국, 영국 등 서방국가들은 러시아에 대한 전면적 제재를 가했습니다. 이후 러시아와 우크라이나 수출이 차단되면서 전 세계는 에너지와 식량 인플레이션 공포와 마주하고 있습니다.

최근 국제 정세는 한 치 앞을 내다보기 어려운 상황입니다. 다만, 미국을 비롯한 서방국가들의 러시아에 대한 경제 제재가 금방 해제 또는 완화되지 않을 것이라는 점은 쉽게 예상해볼 수 있습니다. 근거는 무엇일까요. 바로 미국 정부의 과거 행적입니다.

용어 설명

G7
세계경제가 나아갈 방향과 각국 사이의 경제정책에 대한 협조 및 조정에 관한 문제를 논의하기 위한 주요 7개국의 모임으로, 미국·영국·프랑스·독일·이탈리아·캐나다·일본이 회원국이다.

러시아에 우호적인 정부가 들어섰음에도 2017년 2월 2일 니키 헤일리 유엔 주재 미국 대사는 유엔 안전보장이사회 연설에서 러시아가 크림반도를 우크라이나에 돌려주지 않으면 러시아 제재를 풀지 않겠다고 강조했습니다. 당초 예상한 트럼프 행정부의 친러 행보는 실제로 나타나지 않은 것이죠.

러시아가 2022년 2월 24일 우크라이나를 다시 한번 침공하기 전까지 8년간 소강상태에 있었지만, 미국의 제재가 완화되지 않았습니다. 이는 미국 정부가 러시아에 대한 제재를 해제하는 것이 얼마나 어려운 일인지를 잘 보여주는 사례입니다.

2022~현재, 미국의 대러 제재 강화

2022년에 추가된 미국의 제재는 러시아가 우크라이나 침공 행위를 중단하고, 도네츠크 및 루간스크 지역뿐 아니라 크림반도까지 모두 우크라이나에 반환하지 않는 이상 해제되거나 완화될 가능성은 매우 낮다고 볼 수 있겠습니다. 미국이 제재를 해제하거나 완화하지 않는 이상, 미국 외 서방 국가들 또한 동일한 기조를 유지할 것으로 예상됩니다.

따라서 미국 및 서방국가들의 대러 제재가 해제 또는 완화되지 않을 것이라는 점을 전제로 행동하는 게 적절합니다. 특히 거래 전에 특별 제재 대상(SDN) 또는 부문별 제재 대상(SSI) 리스트에 등재된 당사자가 없는지 확인해야 합니다. 거래 상대방을 대상으로 다음 표와 같은 사항들을 확인하는 실사(due diligence) 과정을 거치는 것이 바람직합니다.

273억3400만 달러

한국과 러시아 간 교역 규모는 우리나라 전체 교역(약 1조2600억 달러)의 2.2%에 불과하지만, 러시아가 글로벌 주요 원자재를 공급하는 국가인 만큼 대러 에너지 수입 비중이 높다.

우크라이나 사태에 따른 주요 영향

구분	내용	국내외 영향
공급망	• 러시아의 유럽 천연가스 공급 중단 • 국제 유가·천연가스 등 원자재 가격 추가 상승	• 기업의 제조원가 상승 • 사태 장기화 시 에너지 수급난
경제 제재	• 미국 기술이 포함된 첨단 제품 수출 제한(반도체, 인공지능(AI) 등 다양한 품목에 적용 가능)	• 국내 기업의 현지 공장 부품 조달 애로(자동차·가전 등 현지 공장 운영 제한)
	• SWIFT에서 러시아 금융기관 배제(달러 결제 제한) • 러시아 주요 인사 및 법인의 자산동결	• 대금 결제 회수 지연, 무역 보증 제한, 우회 결제에 따른 비용 증가
환율 변동	• 루블화 평가절하	• 현지법인 매출 감소, 환차손(러시아 수입물가 상승, 구매력 감소)

실사 시 확인 사항

확인 사항	확인란
• 본 거래는 미국 시민권자, 미국 영주권자, 미국 연방 또는 주 법에 따라 설립된 법인 및 미국 내에 소재한 자(이하 미국인)와 관련이 없습니다.	
• 본 거래 관련 당사자들의 제3국 당사자와의 거래 대금 지급 또는 영수 시 미국 달러화(USD)가 직접적 또는 간접적으로 개입하지 않습니다.	
• 본 거래는 미국 현지에서 러시아로의 물품, 기술 또는 서비스를 공급하는 행위, 미국 이외의 제3국에서 미국산 원자재를 25% 이상 포함하는 제품을 러시아로 수출하는 행위와 관련이 없습니다.	
• 본 거래와 관련해 SDN(Specially Designated Nationals) 리스트를 비롯해 한국, 미국, 유엔(UN), 유럽연합(EU) 등 국제사회의 제재 대상자가 직접적 또는 간접적으로 연관되지 않음을 확인했습니다(SDN에 의해 직간접적으로 50% 이상의 소유 및 통제를 받는 대상자 일체 포함).	
• 러시아와의 무역 거래 시 제재 항공사 및 선박을 통해 선적하지 않으며, 러시아의 제재 대상자가 운영하는 항만·선사·공항·항공사를 이용하지 않을 것을 확약합니다.	
• 당사의 미국인 주주 또는 임·직원은 러시아와의 해당 거래에 전혀 관여하지 않았고, 거래 대금 지급·영수 이후에도 해당 거래에 전혀 관여하지 않을 것임을 확약합니다.	
• 당사는 국제사회의 대러시아 제재 법규에 위반될 가능성이 있는 거래를 사전에 차단하고 회피하기 위한 업무 규정, 매뉴얼 또는 사내교육 등 안전장치를 마련했고, 내부통제(Compliance) 시스템을 구축했습니다.	
• 본 거래와 관련해 모든 서류의 진위를 확인했고, 귀사 요청 시 거래 사실을 확인할 수 있는 증빙자료(계약 관련 서류 등)를 귀사에 제출하겠습니다.	
• 본 거래와 관련해 제재 대상자와의 거래, 부적격 항만 또는 공항 이용, 위장 거래, 중계무역이나 이와 유사한 거래 등이 확인되면 거래대금 지급 또는 수령이 거부되며, 관련 법규에 따라 거래 대금이 동결 또는 몰수될 수 있음을 인지했습니다. 본 거래가 적법한 거래임을 입증할 필요가 있을 경우 최대한 협조하겠습니다.	
• 귀사의 귀책 사유가 아닌 사항으로 귀사에 손실이 발생한 경우에는 당사가 모든 책임 및 비용을 부담할 것을 확약합니다.	

SECTION 7

RUSSIA

Q70

러시아도 대러 제재 동참국에 대한 맞불 제재를 시행 중이라고 하는데 구체적인 내용이 어떻게 되나요?

A70 2022년 2월 24일 러시아의 우크라이나 침공에 따른 미국과 유럽연합(EU) 등 서방국가의 대러 제재 조치가 확대되고 있는 가운데, 러시아는 대러 제재 조치에 대응하기 위한 보복 제재(Counter-Sanctions) 법안을 제정했습니다. (대통령령 제79호, 제81호, 제95호, 제252호, 제254호, 제851호)

러시아는 미국 및 서방국가들의 제재에 보복하기 위한 '맞불 제재'를 곧바로 도입해 시행하고 있습니다.

전 세계 모든 국가를 대상으로 일부 원자재와 소재 수출 금지

러시아가 해외 수출을 전면 금지한 품목은 219개, 수출을 제한한 품목은 281개에 이를 정도로 광범위합니다. 다만, 수출 금지(219개 품목) 조치는 러시아에서 이전에 수입한 제품·장비에 대한 재반출을 금지하는 것이 목적입니다. 그 때문에 단기적으로

> **용어 설명**
> **유라시아경제연합 (EAEU)**
> 러시아를 주축으로 카자흐스탄, 벨라루시, 키르기스스탄, 아르메니아 등 구소련권 5개국이 서유럽 국가 중심의 유럽연합(EU)에 대응하기 위해 결성한 경제공동체다.

러시아 현지 및 국내 기업에 미치는 영향은 크지 않을 것으로 예상합니다.

수출 제한 조치(281개 품목)의 경우 러시아에서 **유라시아경제연합**(EAEU) 회원국인 카자흐스탄, 벨라루스, 키르기스스탄, 아르메니아 및 미승인 국가인 압하지야, 남오세티야를 제외한 다른 국가로의 수출을 제한하는 조치를 의미합니다.

한편, 러시아는 수출 제한에 대해 일부 예외를 적용하고 있습니다. 공통적으로는 ① 러 연방 영토를 원산지로 하는 물품(ST-1 양식에 따른 원산지 증명서 첨부) ②도네츠

크, 루간스크로의 수출(원산지 불문) ③러시아 단순 경유 물품 ④해외 러시아군 활동 보장을 위한 수출 ⑤러 국방부 승인 목록에 따라 기술 및 수출 통제를 위한 연방 서비스 면허로 수출되는 물품 및 군사·기술 협력을 위한 연방 서비스의 면허와 목록에 따라 수출되는 물품 ⑥국제 운송 차량 ⑦개인에 의해 수출되는 개인용 물품 등은 제재 대상에서 제외하고 있습니다.

수출 금지에서 제외하는 경우는 ①통관 절차 완료 목적으로 세관 지역에 수출한 상품 ②EAEU산 상품으로 EAEU 회원국 내 통관절차를 진행 중인 상품 ③스피츠베르겐 군도에 있는 러 연방 조직의 활동을 담보하기 위해 러 연방의 영토에서 수출하는 물품 등입니다. 수출 제한 예외의 경우도 있는데, 카자흐스탄에 주둔하는 러 연방 조직의 활동 보장 목적으로 수출하는 상품입니다.

서방국가들의 금융 제재에 대한 러시아의 외환거래 통제

러시아는 수출 금지 및 제한 조치 외에도 서방국가들의 '금융 제재'에 대응한 맞불 제재도 시행하고 있습니다. 외환거래의 경우 2022년 3월 1일부터 '러시아연방의 재정적 안정 보장을 위한 추가적인 임시 경제 조치'에 관한 대통령령 제81호에 따라 엄격하게 제한하고 있습니다. 이에 따라 2022년 3월 2일부터 ①러시아 거주자와 러시아 법인 및 개인을 상대로 비우호적 국가의 국적을 보유하고 있거나 비우호적인 국가에서 등록·주요 사업 활동·주요 이익 창출을 하는 거주자 및 사업자 ②등록 소재지 또는 주된 경제 활동 장소와 상관없이 ①에 해당하는

1067% 증가

중국 위안화와 러시아 루블화 간 외환거래량이 연간 12배 가까이 급증했다. 위안화 규모는 259억1000만 위안(한화 약 4조8100억원)이다(모스크바 외환거래소, 2022년 5월 기준).

패닉 바잉

사회·환경 변화 등으로 발생한 심리적 불안 때문에 물품을 사들이는 걸 뜻한다. 물량 확보를 위해 거래량은 급격히 늘어나고 가격은 치솟는 현상이 나타난다.

외국인의 통제하에 있는 자와의 거래를 제한하고 있습니다. 거래를 원한다면 러시아연방 외국인투자 감독위원회의 특별 허가를 취득해야 가능합니다. 증권 거래의 경우 러시아 중앙은행의 허가가 필요합니다.

이와 함께 미화 1만 달러(한화 약 1207만원)를 초과하는 금액에 대한 외화(현금) 반출을 금지하고 있습니다. 외국인투자자의 경우 2022년 3월 1일 러시아 국무총리 미하일 미슈스틴은 임시 금지령을 통해 외국인투자자의 엑시트를 제한하는 조치에 발표한 바 있습니다. 또한 2022년 2월 28일 러시아 중앙은행은 해외 송금과 관련해 금융기관에 러시아 제재 동참 국가(46개국)의 국적을 지닌 비거주자(개인 및 법인)에 대한 해외송금을 금지하는 지침을 내렸습니다. 러시아 제재에 동참하지 않은 국가에 대한 해외 송금은 허용하고 있습니다. 단, 월 송금액 합계는 미화 5000달러(한화 약 604만원)로 제한을 둔 상태입니다.

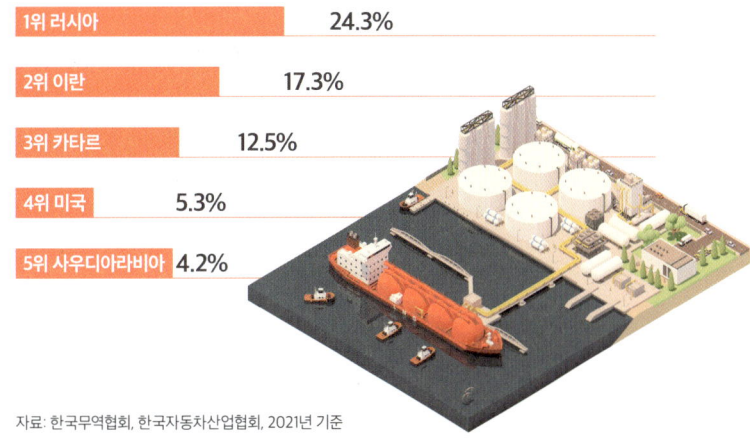

전 세계 천연가스 매장량 비중

순위	국가	비중
1위	러시아	24.3%
2위	이란	17.3%
3위	카타르	12.5%
4위	미국	5.3%
5위	사우디아라비아	4.2%

자료: 한국무역협회, 한국자동차산업협회, 2021년 기준

SECTION 7

사례로 보는
러시아 해외 진출

대러 경제 제재 영향 속
현지 사업 지속 가능했던 이유

국내 B사는 러시아의 IT 부문에 투자해 사업을 지속해 왔습니다. 하지만 러시아의 우크라이나 침공 후에 미국과 유럽연합(EU)의 대(對)러 제재가 강화됨에 따라 B사는 러시아에서의 사업에 어려움을 겪기 시작했습니다. B사는 우회 경로로 제재를 회피하며 러시아 사업을 계속하기보다 율촌에 법률자문을 의뢰했습니다. 검토 결과 해당 기업과 거래하는 러시아 기업이 2022년 9월 15일 개정된 미국 수출 관리 규정(EAR)에서 정하고 있는 군사 최종 사용자(Military End User, MEU)로 지정돼 있는지를 확인하고, 거래 물품에 대해서도 수출 관리 규정이 적용되는지를 파악한 후 필요하다면 라이선스를 발급받아야 한다는 사실을 확인했습니다. 이 과정에서 러시아 기업 이외에 Connec Electronic Ltd.(중국·영국), King-Pai Technology Co.,Ltd.(중국·러시아·베트남), Sinno Electronics Co., Ltd.(중국·리투아니아), Winninc ElectronicCo., Ltd.(중국),

Jetta Company(홍콩), Logistics Limited(중국), Promcomplektlogistic Private Company(우즈베키스탄) 등 다양한 해외 기업이 MEU로 지정돼 있음을 확인하고 이들과의 거래 관계 여부를 내부적으로 검토할 수 있었습니다.

B사는 러시아에서의 철수보다 지속적으로 확대, 강화되는 대러 제재의 내용을 꼼꼼히 숙지하며 대러 제재를 준수하되, 제재에 저촉되지 않는 범위 내에서만 러시아에서의 사업을 수행하기로 최종 결정했습니다. 제재 규정을 준수하면서 사업을 계속하는 일은 쉽지 않은 결정이었지만 제재 조항에 대한 합리적 검토와 사전 확인 절차를 거치면 문제가 없을 것이라는 판단이었습니다.

이 과정에서 가장 문제가 된 것은 금융거래였습니다. 당초 B사와 거래하고 있는 러시아 은행이 미국의 특별 지정 제재 대상(Specially Designated Nationals, SDN) 리스트에 등재되자 B사는 동 은행과의 거래를 중단하고, SDN 리스트에 등재되지 않은 다른 러시아 국내 은행으로 거래 은행을 변경하는 방식으로 일단 상황에 대처했습니다. 또한 B사의 러시아 거래처가 사용하는 은행이 SDN 리스트에 등재되자 B사는 거래처에 은행 변경을 요청했고, 이것이 받아들여지면서 힘들지만 사업은 계속 지속할 수 있었습니다. 이 과정에서 러시아의 거래처가 이어갈 제재 대상자로 등재됐는지를 지속적으로 확인했으며, 등재된 것이 확인되면 지체없이 거래를 중단했습니다.

또한 B사는 러시아 사업으로 얻은 수익을 국내로 송금할 경우 미국 달러화 관련 거래가 금융기관을 통해 개재될 수밖에 없고 그 과정에서 미국 금융기관이 미국의 1차 제재(Primary Sanction)를 위반하게끔 야기하게 할 가능성이 있다는 율촌 의견에 따라 해당 수익을 당분간 러시아 현지에서 지사의 운영 경비 등으로 소진하는 방안을 채택했습니다. 문제의 발생 가능성 자체를 차단함으로써 제재 조치 위반의 리스크를 피하기로 한 것입니다.

러시아에 대한 제재 조치는 시간이 갈수록 강화되고 있으며 대상은 계속 변화하고 있습니다. 하지만 모든 거래와 관련된 사항이 제재 대상이기는 아니기 때문에 번거롭더라도 관련 사항을 확인하고 검토하는 작업을 꾸준히 진행하고, 필요한 경우 전문가와 관련 기관의 협조를 얻는 방식으로 사업을 영위할 수 있다는 점을 기억할 필요가 있습니다. 힘든 시기를 버티고 나면 그만큼의 기회가 주어질 가능성이 높기 때문입니다.

CLOSING

Checklist ☑

해외 진출 주의사항 이것만 알자!

국내 투자보다 훨씬 복잡하고 까다로운 해외 투자. 사업 환경을 충분히 파악하고 현지 운영 과정에서 발생 가능한 문제에 대비하는 자세가 필요합니다.

자료: KOTRA

1. 충실한 사업계획이 우선

법인 설립 및 공장 건설 등 행정적 절차는 투자가 결정되면 대행사를 통해 처리할 수 있습니다. 먼저 투자를 위한 조사 및 사업계획 수립에 충실해 투자에 대한 결정이 제대로 될 수 있도록 해야 합니다.

2. 先 판매망 확보 後 투자

판로 개척과 투자를 병행해서 추진하거나 현지에 투자하면 물건을 사겠다는 현지 바이어의 말만 믿고 투자를 결정하는 실수를 범하지 말아야 합니다. 완제품 판매 또는 조립식 부품의 현지 단순 조립을 통해 판로를 먼저 확보하고 판매 가능성을 확인한 후 투자해도 늦지 않습니다.

3. 계약 내용은 꼼꼼하게 확인

투자와 수반되는 계약(합자 계약, 기술지원 계약, 판매 계약 등)은 변호사 등 전문가에게 자문을 받는 것이 좋습니다. 특히 기술정보 사용 및 판매의 독점권 부여 여부는 향후 현지에서 사업 방향을 고려해 신중하게 결정하고 혹시 발생할 수 있는 분쟁에서 피해를 보지 않도록 하는 문구는 계약서에 포함해야 하므로 전문가 의견은 반드시 필요합니다. 다만 전문가에게 검토를 일임해서는 안 되며 당사자인 투자자도 같이 면밀히 검토해야 합니다.

4. 동반 진출 시에도 현지 판로 개척은 필수

생산한 제품을 구매할 업체와 동반 진출할 경우에도 동반 업체에 전적으로 의존하기보다 독자적으로 현지 판로를 개척해 투자 리스크를 줄이는 전략이 유용합니다.

5. 공장은 시스템 먼저 구축한 후 가동

공장을 가동하기 전에 제조·품질·구매·전산·판매 등 부문별로 시스템 운영을 위한 기준을 만들어 평가한 후 합격 시 정상적으로 공장이 가동되도록 해야 합니다. 사전에 정해놓은 가동 일정에 맞추느라 준비가 덜된 상태에서 가동했다가 나중에 품질 문제와 납기 차질로 더 큰 경영 손실을 볼 수 있기 때문입니다.

6. 본사와 현지법인 간 거래 기준 마련

공장 가동 초기에는 크고 작은 문제가 발생할 수 있어 본사의 지원이 필요합니다. 그러나 아무런 기준 없이 퍼주기식 지원을 하면 현지법인이 자생력을 확보하는 데 오히려 방해가 되고 본사에도 지장을 줄 수 있습니다. 사전에 본사와 현지법인 간 거래 기준을 수립하고 준수하는 노력이 필요합니다.

7. 최우선은 아니지만 중요한 주재원의 어학 능력

현지 공장에서 주재원 파견 시 어학과 업무 능력이 모두 뛰어난 적임자를 찾기란 쉽지 않습니다. 경험이 없거나 부족한 현지 근로자들과 함께 주재 업무를 수행하려면 조직관리에 탁월하고 업무 능력이 있는 사람이 어학 능력만 보유한 사람보다 낫습니다. 하지만 현지인과 원활히 소통하기 위해서는 언어 구사력이 필요합니다. 따라서 기업은 사전에 내부적으로 능력을 겸비한 적임자를 양성하는 노력을 해야 합니다.

8. 현지 문화 이해가 중요

투자 기업이 성공적으로 자리 잡으려면 한국과는 다른 현지의 문화를 배우고 조화를 이루려는 노력이 필요합니다. 특히 현지 근로자들에게 한국식 근로 문화를 강요했다가 높은 이직률과 노동분쟁을 야기할 수 있습니다. 한국에서도 강압적·일방적 상의하달식 관리 방식은 환영받지 못하며 성과를 올리는 데도 도움이 되지 않습니다.

CLOSING — SpecialList

최용환 — 미국

✉ ywchoi@yulchon.com
☏ 02-528-0709

- 현 법무법인(유) 율촌 조세 부문 국제조세 팀장
- 사법연수원 36기
- 연세대학교 법학박사(국제조세)
- 미국 뉴욕 대학교 International Taxation 국제조세 LLM 수료

법무법인(유) 율촌에서 파트너 변호사로 재직하고 있으며, 2017년부터 현재까지 기획재정부 디지털세대응팀 자문위원, 경제협력개발기구(OECD) BEPS 대응지원센터 자문위원을 역임하고 있다. 일본의 빅4 로펌 중 하나인 Nagashima Ohno & Tsunematsu 파견근무를 포함한 다양한 경험을 토대로 2019년 영국 <International Tax Review>가 선정한 '이전가격 Practice Leader'에 이름을 올렸다.

홍욱선 — 미국

✉ wshong@yulchon.com
☏ 02-528-5568

- 미국 보스턴 대학교 법학전문대학원 조세 LLM 수료
- 미국 서픽 대학교 법학전문대학원
- 미국 코넬 대학교 경제학학사

법무법인(유) 율촌의 조세 부문에서 외국변호사로 근무하고 있다. 제일제당 법무 담당 부장으로 근무했으며, KPMG 삼정회계법인에서는 Global Tax, Senior Manager를 지냈다. KPMG LLP, 뉴욕에서는 Merger & Acquisition Tax Group과 CIT Group Inc., International Tax Group 등에서 국제조세 업무를 담당했다. 미국을 중심으로 한 해외 조세 업무에 대해 다양한 경험을 쌓았다.

김정민 — 중국

✉ jungminkim@yulchon.com
☏ 02-528-5696

- 현 법무법인(유) 율촌 변호사
- 전 한솔제지 주식회사 사내 변호사, 준법지원인
- 전 현대중공업 주식회사 법무실
- 변호사시험 제8회
- 한국외국어대학교 법학전문대학원 법학전문석사
- 중국 베이징대학교 법학원 법학사

한국과 중국 기업을 위한 M&A, 조인트 벤처, 투자 관련 법률 자문 및 양국에서 진행되는 소송 및 중재 업무를 담당하고 있다. 다년간에 걸친 기업 법무 및 기업 내부 경험을 바탕으로 고객에게 최적의 법률 자문을 제공하기 위해 노력하고 있으며, 한중 양국의 민간 교류에도 힘쓰고 있다.

주영애 — 중국

✉ yazhu@yulchon.com
☏ 02-528-5072

- 현 법무법인(유) 율촌 외국변호사
- 중국 사법시험 통과(2015년)
- 이화여자대학교 법학석사
- 중국 베이징공상대학교 법학학사

중국에 수출하고 현지에서 활약하는 한국 기업은 물론 한국에 진출하는 중국 기업을 위한 계약, 협상, 조인트 벤처, M&A 관련 투자·금융·소송·중재 등 분쟁 해결을 포함한 한중 비즈니스 전 분야에 걸친 종합 법률 서비스를 제공하고 있다.

이 책을 만든 스페셜리스트

이승범 ☑ 일본

✉ seungbumlee@yulchon.com
☎ 02-528-5091

- 현 법무법인(유) 율촌 구성원 변호사
- 전 김앤장 법률사무소 변호사
- 일본 Mori Hamada & Matsumoto 법률사무소 파견근무
- 사법시험 제40회
- 서울대학교 법학과

법무법인(유) 율촌에서 파트너 변호사로 재직하고 있으며, 크로스보더, M&A, 외국인직접투자 및 공정거래 관련 업무를 담당하고 있다. 김앤장 법률사무소에서 14년간 국내외 다수의 기업을 성공적으로 대리해왔으며, 자동차·전자·화학 업종의 주요 일본 기업을 고객으로 보유하고 있다. 이 외에도 한국 시장에 진출한 해외 기업의 각종 규제 및 컴플라이언스 관련 업무, 라이선싱, 국제분쟁 등 업무를 하고 있다.

유시형 ☑ 일본

✉ sihyungyoo@yulchon.com
☎ 02-528-5736

- 현 법무법인(유) 율촌 소속 변호사
- 일본 City-Yuwa Partners 법률사무소 외국변호사 근무
- 변호사시험 제5회
- 전남대학교 법학전문대학원 졸업
- 고려대학교 일반대학원 법학과 석사 수료
- 고려대학교 법학과

법무법인(유) 율촌의 기업법무 및 금융 부문 소속 변호사, 일본 기업법무 및 금융, 인사노무가 주된 업무 분야다. 특히 일본 City-Yuwa Partners 법률사무소에서 한국변호사로 다년간 근무하면서 일본에 진출한 한국 기업의 일본 내 원활한 사업 전개를 돕고, 한국에 진출한 일본 기업에 한국법 전반을 자문하는 등 폭넓은 경험을 축적했다.

이홍배 ☑ 베트남

✉ hbyi@yulchon.com
☎ 02-528-5815

- 현 법무법인(유) 율촌 변호사
- 현 대한상사중재인(국제중재)
- 현 베트남 법무부 파산관재인
- 사법시험 41회
- 서울대학교 사회학과

베트남이 본격적으로 시장개방을 시작하던 2006년부터 베트남 하노이와 호찌민에서 10년 이상 거주하면서 한국 기업의 베트남 투자와 한국계 투자 기업의 법률문제에 관해 광범위하게 자문해왔다. M&A 거래, 부동산 개발 사업, 금융 회사에 대한 자문뿐 아니라 다수의 소송 및 중재 사건을 처리했다.

이진우 ☑ 베트남

✉ jinwoolee@yulchon.com
☎ 02-528-5815

- 현 법무법인(유) 율촌 소속 변호사
- 전 교보생명보험 주식회사 법무지원팀 변호사
- 사법시험 58회
- 한양대학교 법학과

교보생명보험에서 자산운용 부문, 금융소비자보호 부문 자문 및 보험금 관련 소송을 담당했다. 이후 법무법인(유) 율촌에서 금융회사 컴플라이언스 및 금융소비자보호 업무를 담당했으며, 현재는 베트남 등록 외국변호사로 율촌 하노이 사무소에서 베트남 내 투자 및 베트남에 진출한 기업 전반에 대한 법률 자문을 맡고 있다. 최근에는 베트남 디지털 시장의 잠재력과 새로운 발전 가능성을 확인해 클라우드 및 전자상거래, 스타트업 투자 관련 법률에도 관심을 기울이고 있다.

SpeciaList

 **민경식** ☑ 베트남

✉ ksmin@yulchon.com
☎ 02-528-5775

- 현 법무법인(유) 율촌 소속 변호사
- 전 국가인권위원회 조사관/국제형사재판소 수습
- 변호사 시험 제8회
- 미국(D.C.) 변호사 자격
- 미국 일리노이 대학교 법학대학원 법학석사
- 성균관대학교 법학학사, 전문석사

2019년 한국과 미국 양국에서 변호사 자격을 취득한 후 국제형사재판소 상소심 재판부에서 수습을 거쳐 국가인권위원회 기획조사팀에서 조사관으로 활동했다. 이후 법무법인(유) 율촌 기업금융 부문에 소속돼 해외투자 및 금융 관련 업무를 담당했다. 2022년부터는 호찌민 지사로 파견돼 베트남 등록 외국변호사로 활동하고 있다.

 **임민택** ☑ 인도네시아

✉ mtlim@yulchon.com
☎ +62-878-8994-7958

- 법무법인(유) 율촌 외국변호사(워싱턴 D.C. 및 앨라배마주)
- POSCO E&C Saudi Arabia General Counsel
- 포스코건설 법무실 외국변호사
- 법무법인 한중 외국변호사
- 한동대학교 국제법률대학원
- 한동대학교 법학과

2017년 국내 메이저 로펌 변호사 중 처음으로 인도네시아 자카르타에서 상주하며 근무했다. 율촌의 인도네시아 자카르타 데스크를 담당하면서 국내 금융사의 인도네시아 은행, 보험사, 멀티파이낸싱 회사 등의 인수 업무와 인도네시아에 진출해 있는 국내 건설사의 다양한 건설 및 개발 프로젝트를 자문했다.

 **신동찬** ☑ 이란·러시아

✉ tcshin@yulchon.com
☎ 02-528-5356

- 현 법무법인(유) 율촌 구성원(파트너) 변호사
- 한국 및 미국 뉴욕주 변호사
- 사법연수원 제26기
- 미국 노스웨스턴 대학교 법과대학원 법학석사
- 서울대학교 법과대학 사법학과

현재 법무법인(유) 율촌 Corporate & Finance 부문에서 이란·러시아·중국·미얀마·베네수엘라·북한 등에 대한 국제경제 제재, 수출 통제 등 관련 법률 업무를 처리하고 있다. 2012년부터 2015년까지 아랍에미리트 아부다비와 두바이에 있는 영국 로펌들에 파견근무한 경력 덕분에 중동에 진출한 한국 기업 및 한국에 투자하고자 하는 중동 기업을 돕고 있다.

 **박시준** ☑ 이란·러시아

✉ sijoonpark@yulchon.com
☎ 02-528-5883

- 현 법무법인(유) 율촌 소속 변호사
- 전 (주)LG상사 사원
- 변호사시험 제9회
- 성균관대학교 법학전문대학원
- 연세대학교 정치외교학과

법무법인(유) 율촌 Corporate & Finance 부문에서 기업 인수합병(M&A), 기업법무, 보험, 국제경제 제재, 금융일반 등 관련 법률 자문 업무를 수행하고 있다. 특이하게 중국 베이징에서 태어난 최초의 대한민국 국적자라는 이력을 가지고 있으며, 이러한 특징을 살려 향후 중국, 북한 관련 법률 자문 전문성을 더욱 키워나갈 계획이다.

이 책을 만든 스페셜리스트

☑ 이란·러시아

전소연

✉ s_soyeonjeon@yulchon.com
☎ 02-528-5665

- 현 법무법인(유) 율촌 선임연구원
- 전 주한 이란이슬람공화국대사관
- 이란 외교부 국제관계대학원
- 한국외국어대학교 페르시아어·이란학과

이란 핵합의(JCPOA) 타결 직후인 2016년부터 법무법인(유) 율촌 번역패러리걸팀에서 페르시아어 번역 및 중동 관련 리서치를 담당하고 있다. 다양한 기업 번역을 담당한 바 있으며, 최근에는 대이란 제재를 바탕으로 기타 국가들에 대한 제재 관련 리서치 및 해외 시장 모니터링을 진행하고 있다.

법무법인(유) 율촌

☑ 총괄

김동수

✉ dskim@yulchon.com
☎ 02-528-5219

- 현 법무법인(유) 율촌 조세 부문 변호사(부문장)
- 기획재정부 세제실 자문변호사
- 사법연수원 제19기
- 미국 플로리다 대학교 법학대학원 법학석사
- 서울대학교 법과대학

현재 법무법인(유) 율촌에서 조세 부문을 총괄하는 부문장으로서 20년 이상 조세 부문을 전담해오고 있다. 조세 부문 전반에 걸친 다양하고 풍부한 경험을 토대로 정부, 학계 및 기업과 관련한 다양한 활동을 수행하고 있다. 북한과 관련한 다양한 자문 경험을 보유하고 있으며, 현재 한국거래소 남북금융협력 자문위원으로 재임하면서 북한과 관련한 미래를 준비하고 있다.

☑ 총괄

최준영

✉ junyoungchoi@yulchon.com
☎ 02-528-5806

- 현 법무법인(유) 율촌 전문위원
- 전 국회입법조사처 입법조사연구관
- 전 문화체육관광부 일반계약직5호
- 서울대학교 환경대학원

법무법인(유) 율촌 전문위원으로 환경, 에너지, 원자력 및 입법 분야에 대한 지원 활동을 담당하고 있다. 행정부, 입법부를 모두 거친 경험을 토대로 다양한 영역에 대한 활동을 수행하고 있다. 유튜브 채널 '최준영 박사의 지구본연구소'를 운영 중이다.

한경 MOOK

해외 진출 성공 전략
주목해야 할 7개국 비즈니스 가이드

펴낸 날	초판 1쇄 발행 2022년 12월 8일
발행인	김정호
편집인	유근석
펴낸 곳	한국경제신문
기획 총괄	이관우·최진석
편집·제작 총괄	이선정
편집	이진이·강은영·윤제나·이다희
글	최용환·홍욱선·김정민·주영애·이승범·유시형·이홍배·이진우·민경식· 임민택·신동찬·박시준·전소연·김동수·최준영
디자인	윤범식·엄정윤
판매 유통	정갑철·선상헌·조종현
인쇄	제이엠프린팅
등록	제2006-000008호
주소	서울시 중구 청파로 463 한국경제신문
구입 문의	02-360-4859
홈페이지	www.hankyung.com

값 20,000원
ISBN 979-11-92522-32-6(93320)

- 잘못 만들어진 책은 구입하신 곳에서 교환해드립니다.
- 이 책은 저작권법에 따라 보호받는 저작물이므로 무단 전재와 복제를 금합니다.